明治前期の国家と地域教育

荒井明夫著

吉川弘文館

はしがき

二〇一一年に筆者は、吉川弘文館から『明治国家と地域教育—府県管理中学校の研究—』を上梓した。この研究書で、筆者は一八八六年諸学校通則第一条（以下「通則一条」と略す）の適用になる府県管理中学校の設立を対象事例とし、国家（文部省）・府県・地域との、国家的公共性と地域的公共性の、錯綜する関係を解明しようと試みた。

この研究をまとめる過程において、近代学校制度が成立する過程と学校間の接続関係（アーティキュレーション）の成立や、地域の人々が歴史的にみると一度は拒否（学校焼き討ち・打ち壊し等）していた学校に、なぜ行くようになったのか、成立した学校を通じて人々はなぜ社会的上昇を志向するようになったか、等々の研究関心を深めることができた。

本書は、前著の残した研究課題（第三部）と、前著をまとめる過程で醸成した研究関心を発展させ、いくつかの論文としてまとめたもの（第一部と第二部）である。本書の諸論文を貫く基本的視点と対象は、前著同様、主として地域を中心視点とし国家（文部省）・府県・地域との国家と地域の公共性の関係を問い直すものである。前著で展開した視点を、明治前期に限定して各地域に即して多様な角度から考察しようとした。その意味で前著の残した課題の達成と、より詳細な解明を意図した。

本書の第一部は、上述したように、前著の研究過程において深めてきたこうした研究関心に即してまとめた論文

（第一章から第五章まで）である。第一章では学校間のアーティキュレーションの形成史と民衆の上昇志向を、心性レベルまで視野を広げて検討した。第二章から第五章は、一八七〇年代と八〇年代を対象にして同じく地域を中心視点として「就学」勧奨政策と督責政策の関係を整理した。

本書の第二部は、前著に関係する問題を取り上げた論文である。すなわち、第一章は「通則一条」に基づく府県管理中学校（庄内・米沢）を県内にもつ山形県における尋常中学校の成立をまとめ、第二章は「通則一条」の適用になる府県管理中学校に類似する性格をもつ徴兵令認定中学校の性格を、長崎県の大村尋常中学校を対象として解明した。

本書の第三部は、「通則一条」の適用を受けた文部大臣管理の鹿児島高等中学造士館と山口高等中学校を研究対象として、その性格解明を意図した。前著では、府県管理中学校の設立を対象事例としたため、鹿児島と山口の二校の文部大臣管理高等中学校を対象としなかった。この課題は、前著で残した課題であった。鹿児島高等中学造士館については、鹿児島県における近代的中等教育機関の成立（第一章）から文部大臣管理鹿児島高等中学造士館を経て（第二章）鹿児島県管理尋常中学造士館までの経緯を辿り（第三章）その性格を解明した。山口高等中学校については、設立主体である防長教育会の成立と性格の解明（第四章）および山口高等中学校の「管理」の内実を対象として、その性格を明らかにした（第五章）。

目を現代社会に転じてみると、地域と学校との関係はさまざまな形で問い直されている。地域の過疎化に対し、学校教育のあり方を地域的視点に立って見つめ直し、地域主導で学校を再編する中で過疎化を克服している例（その代表的事例として島根県立隠岐島前高等学校と地域との関係の事例がある）もある。

本書が、そうした地域と学校との関係を原理的に問い直す問題提起となること、さらに教育史研究のみならず、広く教育学研究や歴史学研究への問題提起となれば幸いである。

最後になったが、学術図書刊行の厳しい状況の中で、本書の刊行を引き受けて下さった吉川弘文館の吉川道郎社長と、前著に続いてお世話になった同社・編集部の石津輝真さん、並木隆さん、歴史の森・関昌弘さんに心から感謝申し上げる次第である。

二〇二四年五月

荒井明夫

目次

第三部　文部大臣管理高等中学校研究

2 教育機関の成立過程……三八
三 近代的中学校の成立と展開（一）――鹿児島中学の設立……三九
四 近代的中学校の成立と展開（二）――公立鹿児島学校の設立……四三
五 近代的中学校の成立と展開（三）――「県立」中学造士館の成立……四八
おわりに……五一

第二章 文部省管理鹿児島高等中学造士館の地域性……五六
課題設定……五六
一 文部省管理高等中学造士館への途……五九
1 鹿児島「県立」中学造士館成立過程における地域性……五九
2 「県立」中学造士館の高等中学造士館への途……六一
二 高等中学造士館の学校資本金にみる地域性……六四
三 高等中学造士館の学校管理運営形態と生徒出身地にみる地域性……七五
1 学校管理運営形態……七五
2 生徒の出身地……七八
おわりに……七九

第三章 鹿児島県管理尋常中学造士館の地域性……八四
課題設定……八四

図表目次

凡例

一、用字・用語は、原則として常用漢字体・現代仮名遣いに統一した。

二、原則として漢数字を用いた。ただし、史料原文で用いられている場合にはそのままとした。例・26→二六とした が、史料中で用いられている場合には、十六などそのまま引用した。表はアラビア数字を用いた。研究書の題名 などでもアラビア数字が用いられている場合にはそのまま用いた。

三、年号表記は、原則として西暦年（元号）表記とした。ただし、煩雑を避けるため西暦表記を下二桁のみにとどめ た場合もある。

四、政府・文部省が発布した法令については「　」をつけていない（例・学制布告書）が、府県の発した行政布達類 には「　」を付した（例・「乙第二百三十八号児童就学法」など）。

五、一八八六年（明治一九）勅令第一六号諸学校通則第一条を通則一条と略記し、その適用になる中学校については 通則一条校と略記した。

六、筆者の前著である『明治国家と地域教育─府県管理中学校の研究─』（吉川弘文館、二〇一一年）については頻 出するため、拙著と略した。同じく、筆者が代表者となった第一次就学告諭研究会とその共同研究の成果である 荒井明夫編『近代日本における「就学告諭」の研究』（東信堂）は二〇〇八年に、その共同研究を発展させた第 二次就学告諭研究会による共同研究の成果である荒井明夫・川村肇編『就学告諭と近代教育の形成─勧奨の論理 と学校創設─』（東京大学出版会）は二〇一六年に、それぞれ刊行された。これも頻出するため、前者を『研究』、 後者を『形成』と略記した。

七、本書の構成は、章・節・(1)・見出し、に分節した。
八、註記については各章の終わりにまとめた。
九、図・表は、全体を通じて通し番号を付した。
一〇、法令の引用は、『太政類典』、『公文類聚』、『法令全書』に依拠した。煩雑を避けるため一々註記していない。
一一、引用史料中の圏点は、とくに断らない限り、すべて引用者が付したものである。
一二、筆者が過去に発表した論文からの引用で本書を構成している論文については「あとがき」に初出を示してある。註記においては初出論文題目を明記した上で、「本書第〇部第〇章所収」と表記した。
一三、本書は、事例研究として山形県(第一部第五章、第二部第一章)・長崎県(第二部第二章)・鹿児島県(第三部第一章～第三章)・山口県(第三部第四章・第五章)を対象としている。そのため「事項索引」「人名索引」が非常に煩雑になり、それを避けるために「事項・人名索引」は主要な事項・人名に限定した。

序章　日本における国家の近代化と教育の近代化

はじめに

国民国家の近代化と教育の近代化との連関は、これまで何度となく議論されてきた課題である。(1)「国民国家の近代化」自体が多義的なテーマであるがゆえにそれと教育の関係を問うこと、さらに教育の近代化との関係を問うことは、より一層問題構造を重層化させることになる。

それはさておき、今日、国民国家の近代化を少なくとも主導し、かつ国民国家の枠内で教育制度として近代化してきた公教育制度は、グローバル化の波の中で、達成してきた近代化それ自体を問われる形で問いなおされている。(2) いわば、根本から問いなおされているのである。

本序章は、近世社会から近代社会への変化・変質を、とくに身分制的知の秩序から近代的知の秩序への変容、として描き、その内容構造と担い手に着目することで近代公教育の日本的特質を抉出し、国家の近代化と教育の近代化の関係論議の中に位置付けようとするものである。

日本近代化の特質については、長期間の鎖国政策の中、欧米諸国の外圧によって急速に近代化を達成せねばならず、それを遠因にして近代化政策が政府主導の、いわゆる「上から」の近代化と下層士族・豪農層を中心とした「下から」の近代化の対立図式において展開したこと、その結果、一八九〇年代に天皇制国家として近代国民国家を成立させ、さらにはアジア諸国を相手に侵略戦争へと進んでいったことを確認しておく必要があろう。

一　近代日本における近代公教育の特質

1　近代的な知の秩序の形成史——身分制的知の秩序からの解放

開港による日本の世界資本主義への参入は、徳川幕府が崩壊し天皇親政としての王政復古から廃藩置県が断行され、日本が封建的政治制度から近代国家建設への移行に突入した時期で、先進資本主義諸国による日本の植民地化・危機の時代でもあった。

知をめぐる枠組みも身分制的秩序から近代的秩序へと変革が求められた。つまり、欧米先進諸国が長い年月をかけ実現した初等教育と高等教育の確立、それらを制度的に繋ぐアーティキュレーションを、日本は国家の近代化のために、短期間のうちに実現せねばならなかった。そこでは近世社会の教育遺産を活用せざるをえず、だからこそ日本の近代公教育の性格解明にとって、それらをどう捉えるかが重要なのである(3)。

知の秩序の変容を、武士社会の価値意識である「立身」と教育機関に導入された「試験制度」の近代以降の汎化について注目し、その角度から近世・近代の連続性を捉え近代公教育の歴史的性格にアプローチしてみよう。

「立身」とは『孝経』の中の「身ヲ立テ道ヲ行ヒ、名ヲ後世ニ揚テ以テ父母ヲ顕スハ、孝之終也」に由来し、武士世界固有の価値用語であった(4)。封建制身分社会の枠内で「知行を加増」し「立身」を実現する手段に昌平坂学問所や藩校における試験制度があった。江戸幕府の試験制度を分析した橋本昭彦は、学問吟味及第者の中から彼らの業績次第で役職に優先的に任用する慣行があったという。[5] 寛政改革以降、多くの藩は試験制度を採用、中小の藩は「人才」養成のため江戸・昌平坂学問所に優秀な若者を送り込んだ。石川謙は、万延・慶応の動乱期でさえ全藩数の二〇%から二五%の藩が昌平坂学問所の書生寮へ入寮者を送っていた、という。[6] こうした試験制度の全国的広がりは、武士世界（江戸期人口の僅か七%）での変化とはいえ、後の試験制度定着の土台となった。そして江戸（東京）は若者が「立身」を志向・実現する象徴的な都市空間となっていく。

一八六八年（明治元）の新政府による五ヵ条の誓文の一節「官武一途庶民ニ至ル迄各其志ヲ遂ケ人心ヲシテ倦マサラシメン事ヲ要ス」は、士族という分限範囲内にあった「立身」の解放を意味した。また、一八七二年の学制布告書は「学問ハ身ヲ立ツルノ財本」として身分制の枠を超え「人々自ラ」学問に勉励することが「立身」であるとし、「才芸ヲ長ズルハ学ニアラザレバ能ハズ是レ学校ノ設」として、あえて学問と学校とをストレートに結び付け、新時代の学問とは文部省の管理する近代学校でこそ習得できるという学校観を押し出した。明治維新以後「立身」は士族の分限から解放され、「人々」は学問で「立身」が可能となる、だから地域的共同の公共事業として近代学校設立に参加すること、そこで学ぶこと、が勧奨された。

政府は、一八六九年六月大学校設置に伴って従来の教育機関を大学へと改組し、最初のエリート育成政策を示す。一八七〇年二月大学規則中の「学制」は、大学に入学する者の資格として「先ツ其レ地方ノ考課ヲ歴、諸学漸ク熟シテ、始テ輦下ニ貢進スル」とした。貢進生制度である。つまり地元での選抜をクリアできた若者のみが知事の証明を得て東京の高等教育機関で学ぶ仕組みである。その意味で最初期のエリート育成政策・仕組みが江戸時代末期の仕組みと連続するのである。

「立身」による移動・流動化は、一八七二年学制を契機にした本格的な小学校設置以降、急速に普及していく試験制度により民衆の間に加速度的に展開していく[7]。学制章程の試験規定によれば、試験は進級試験と大試験の二種で、大試験では官員他の臨席が可能、成績優秀者には褒賞が与えられた。奈良県は、恒例・学期卒業・上下等小学卒業・比較、の四試験を実施したが[8]、学制章程の規程（二種類の試験）を超えている。とりわけ、学制には規程されていないはずの「比較試験」[9]は大規模化して普及していた[10]。

2　近代的知の秩序の担い手――地域的指導者層の啓蒙活動

さて、「立身」思想の汎化と「試験制度」の普及・定着に最も貢献したのは地域指導者たちであった。福沢諭吉のような国家の近代化を指導する知識人は「一身独立して一国独立す」と述べた[11]。すなわち日本の欧米化にこそ文明開化の目標があり、文明開化＝西洋化となる根拠がここにあった。

他方、政府が急速に求めた近代化政策の一環である近代学校設立の課題は、一大地域的公共事業で、それゆえに近世社会以来の伝統的な地域的共同性に依拠し、地域民衆の支持の取り付けと物心両面の支援抜きには実現できない公共事業であった[12]。ここに地域指導者たちの果たした第一の啓蒙的役割がある。一例として筑摩県下・学区取締の栗林球三による一八七七年一一月の日誌によると、一ヵ月の活動のほぼ全部が試験立ち会いのための学校巡回であり、時折、元資延滞者の説諭などをしている[13]。栗林の活動は、他の学区取締にもみられた活動だったと思われる。学制下の近代学校設立およびそこでの試験制度の急速な普及と定着、しかも学制章程の規程を超えて実施された背景には、地域指導者たちの政府の啓蒙的開化政策を下から、しかも独創的に支えた活動があった。

しかし、文明開化は西洋化だけではない。彼らは政府の啓蒙的開化政策に関与しながら、他方、地域において新たな時代の新たな社会を自覚的に構想し、その担い手＝主体形成を独自に追求した。例えば、武蔵国多摩郡・小野郷学を組織した石阪昌孝は、一八七二年五月神奈川県参事に郷学設立の趣意書を提出するが、そこには「偏僻ノ民善師ニ乏シク、国（固―編集者）陋寡聞自幼至老聖言賢語ヲ聞知セズ、生涯蒙昧愚魯ニ終」ることを危惧し「孝悌ヲ教仁義ヲ説諭聖経ノ一斑ヲ窺知セシメ」るために郷校を設立するとある。(14)

政治指導者たちが国家の独立を説いた論理とは対照的に、地域の指導者たちは、まずは「儒教倫理と勤勉実直を説く通俗道徳」(15)による社会秩序の回復を目指したが、時代が進むにつれその内容もしだいに変化していった。(16)

要するに地域指導者たちは、封建社会から近代社会への大きな転換期に、自らの儒学的教養と時代認識に基づき、自発的に啓蒙活動を展開した。そこで新社会の構想と次世代養成の課題とを、地域の現実に立って描き実現しようとした。知の秩序の主体的変革である。

このように近代学校成立期においてその支持基盤であったのは地域的共同性であり、そのリーダーたる地域指導者たちの啓蒙活動こそ近代化を担った主体であった。ここにこそ日本における国家と教育の近代化の最も重大な特徴がある。(17)

「立身」を社会の隅々にまで浸透させた媒体は、第一に地域指導者が発した就学告諭である。筆者らは幕末維新期から府県域がほぼ現在の形となる一八七六年までに、地域指導者たちが僅か一〇年余の間に夥しい数の就学告諭を発布した事実に注目、その全体像を明らかにした。「地域指導者によって発せられた学びに就くことを奨励した文書・言説」が就学告諭である。そこでは、新たな時代の新たな学問が地域性において具体的に示され、旧習の何が否定されるべきなのか、さらに「学び」の内容・方法・主体が具体的に示された。(18)「立身」は具体的な内実を伴ってキャナライズされた。第二に学制布告書による「立身」の奨励である。同布告書末尾で「地方官ニ於テ辺隅小民ニ至ル迄不洩様便宜解釈ヲ加ヘ精細申諭」と地方官の活動を促した。第三に「立身」を説く啓蒙書の普及である。どれも大ベストセラーとなり「立身」を具体的にわかりやすく示した。

かくして「立身」思想は、社会の隅々にまで広がりをみせた。その一つの具体例として『穎才新誌』の普及がある。同誌は一八七七年三月一〇日創刊の、少年少女たちの投稿作文集で、毎週約一万部の売れゆきであったという(19)。創刊号に掲載された茨城県下水海道小学校下等一級生枝川留吉（年齢一二年三月）の作文は「（前略）嗚呼今之世ニ生テ苟モ男児タル者立志偉業ヲナサズシテ徒ニ碌々目一丁無キ奴輩ト齢ヲ同フスル豈又慚チサル可ケンヤ（中略）管見井蛙ノ志ヲ蟬脱シテ一大偉業ヲナサシメンコトヲ（後略）」とある(20)。このように『穎才新誌』掲載の作文は、どれも「立身」の意欲に溢れる文章だがステレオタイプ化している。親や教師が代筆した可能性があるが、仮にそうだとしてもそれこそ「立身」を強く志向していることの証左である。『穎才新誌』の普及こそ「立身」思想が社会に浸透したことを示すものである。

近代的知の秩序の形成史の考察から、その特質についてまとめる。第一に、武士の価値意識であった「立身」思想の社会への普及である。「読み書き能力」の下層民衆への普及とともに「立身」思想の普及は、近代公教育が未整備ではあってもその成立過程における加速モーターの役割を果たした。一八七七年の東京大学が成立した年に『穎才新誌』が刊行され広く普及したのも「立身」の象徴といえるだろう。第二に、近代学校の地域的基盤となった地域共同性と地域指導者たちの果たした決定的ともいえる役割である。就学告諭の普及・学校の設立・試験制度の定着、など近代公教育を下から支えるとともに、独自な啓蒙活動を展開し、転換期の中で彼らは近代的知の秩序形成に大きな啓蒙的役割を果たしたのである。そこに近代日本公教育の大きな特徴がある。

3　近代的知の秩序の序列化

明治政府にとって一八八〇年代は、植民地化の危険を根底から払拭すべく社会の近代化と資本主義化を加速させ、同時に自由民権運動に対峙しなければならない時代であった。一八七〇年代から八〇年代に、世界資本主義への対応として資本主義育成政策（殖産興業政策）が採用されたが、政策転換は一八八〇年の国内・国際的条件による財政危機が原因であった。いわゆる一八八一年（明治一四）の政変は、この危機に対してさらに激化する政治的対立を乗り越えるための専制的中央集権制の強化にあった。(21)

こうした情勢下、一八八〇年代と九〇年代にかけて近代日本公教育は、その制度的原型を確立していく。重要なことは、いまだ不十分な近代資本主義の生成による国家の近代化を促進させ、他方で近代日本国家を天皇制国家として形成していくこと、その性格が公教育政策の先蹤的形態として措定された点である。前者に対応する課題は国家主義的な政策として、後者に対する課題は国体主義的な政策として発現する。

まず前者の展開をみておこう。一八八〇年代の近代公教育政策は七〇年代末の第一次教育令（一八七九年）による自由化政策の軌道修正から始まり、翌一八八〇年の第二次教育令の全面実施など、七二年学制以来の最大の改革であった。(23)その結果、文部省による中央集権的教育行政など国家主義的な教育統制や学校教育の機能強化政策が強力に推進された。(24)

総括的にいえば民衆の就学強制政策の徹底、法令上位置する学校の規格化の強化であり、専門教育機関の高等教育機関への統合化の進展、中学校と高等教育機関との学校間接続の模索などが構想された。こうした動向は、森文政期の一八八六年（明治一九）帝国大学登場をもって一つの頂点を確立するが、勃興しつつあった日本資本主義に即した学校体系整備の本格的成立は一八九〇年代を待たねばならなかった。

4　道徳的国民統合シンボルとしての天皇の登場

次に後者、すなわち国体主義的な教育政策の展開過程を概観しておく。一八八〇年（明治一三）の第二次教育令で「修身」が筆頭教科となったことは、啓蒙開化主義路線に立つ学校観の重要な転回であった。近代学校の役割・教育的機能が、知育重視から徳育へと転回を示したまさにそのとき、国体主義的教育政策が導入された。翌八一年（同一四）の小学校教員心得は教育の目的を「国家の隆替」とし「教員」に対し「皇室ニ忠」かつ「国家ヲ愛」する生徒の育成を求めた。(25)

一八八〇年代初頭のほぼ二年間は、一八七二年学制後最初の全面的抜本的な修正であった。その最中の一八八二年（同一五）文部省は全国府県学務課長を対象に学事諮問会を開催した。一ヵ月に及ぶこの学事諮問会は、国家主義的教育政策に対する文部省自身の公式解説で、この教育政策は、直後の松方財政による経済不況、内閣制度下での立憲国家体制・天皇制国家体制下の成立を経て近代公教育体制の確立へとシフトしていく。

一八八〇年代前半の教育政策の特徴は、啓蒙主義的政策を収束・転回し国家主義かつ国体主義を政策の機軸に据えた点にあった。

一八八六年（明治一九）初代文部大臣森有禮が中心となった学校制度改革は、一八八〇年代前半の大規模な公教育制度改変の動向を継承しそれらを立憲国家体制へと繋ぐ性格・内容をもつものであった。

森文政の学校設置政策の特徴は、第一に、帝国大学から小学校までの学校種別機能を明確化し学校体系を立憲国家体制成立に向け対応させること、第二に、一八八〇年代後半以降の経済主義を土台にした教育政策を継続展開することにあった。(26) 教育財政の重点投資と地方・民力依存は森有禮自身の構想であると同時に七〇年代以降の教育財政政策の基本でもあった。したがって、従来の地域的共同性に依拠する学校設置政策は、森の教育構想と矛盾することなく、また森文政期においても踏襲された。

教育財政の重点投資という経済主義的観点から森文政を概観すると、高等教育政策の成果は、東京大学と専門教育機関を再編・統合し帝国大学を創出したことである。そしてそこに特権的な措置を拡充したことは[27]、近代日本における学歴（学校歴）主義の制度化の契機となった。さらに帝国大学に繋ぐ地方専門教育機関の統合と準大学教育機関の地方分散化構想なども構想段階として浮上しており今後の研究を待ちたい[28]。中学校政策では中学校教則大綱以来の中学校の目的・「中人」の育成、を「実業に就く」または「高等の学校」に進学するという異なった目的を併置させ規定した。彼の構想には、福沢のいう「ミズルカラッス」の養成が念頭にあったのかもしれない。

森文政は、教育財政の重点投資という経済主義的観点から重点校を全国に配置し、そこに特権を付与、そのための異種学校間の接続を学校体系として構想した。その意味で典型的な国家主義的教育政策であったが、反面、森文政期には国体主義的政策は大きく後景に退くことになった[29]。

5　天皇制公教育制度の形成——地域的共同性の学校からの収奪

さて、一八九〇年代の公教育政策の展開は、一八八九年（明治二二）の大日本帝国憲法発布と発布式典当日における森有禮の横死直後から始まる。同年の大日本帝国憲法、翌九〇年帝国議会の開設と教育勅語の発布等々を根幹とし、森文政に対する軌道修正として天皇制国家体制は成立、同時に明治公教育体制が形成された。言い換えると一八八〇年代の教育政策の性格において、萌芽的形態であった国体主義と国家主義の政策的本質が全面的に展開されることになる。

前者に関していえば、一八九〇年の教育勅語の発布では、教育における人間形成・日本人形成の基本方向が全国民に公然と宣言された。しかしその制定以後、近代日本が直面する政治・経済・国際情勢の中で、教育勅語は常に改変の対象となったことも事実である。一八八〇年代以後、勅語改定論や新たな詔書の発布など国体主義も一貫したものではない。

一八九〇年（同二三）第二次小学校令は、教育内容の国家決定権・市町村の設立維持責任規定などわが国の公教育の原型が示された。第二次小学校令の重要な意義は、同時期に制定された地方自治制との関連で考察されねばならない。かつての自然村（地縁共同体）を行政村・行政区画である町村に改変し、そこに小学校の設立維持責任を負わせ、そこでは知育・徳育の教授を小学校教育の「本旨」と規定し、教育内容編成や学校管理を「国家ノ事務」と定めた。つまり教育行政は「国ノ教育事務」で市町村・教員は国家からの「委任」とされた(30)。

ここにおいて、近代日本公教育の成立基盤であった地域的共同性は否定され近代公教育・学校教育は国家的公共事業として位置付くことになった。ここに、国家主義的教育政策遂行の「地域的」基盤が新たに創出された。一八九〇年代、こうした基盤の上に立って日本資本主義を担う公教育制度の制度的確立を政策的に遂行していく。なかでも井上毅文相下における教育制度改革は、その内容が帝国大学・師範教育・中学校に対する全面改革であった。同時にそれは、森文政をラディカルに批判する内容から発して、後に実業教育・高等女学校・中学校という日本資本主義体制、日本資本主義成立に伴う労働力養成政策に対応する形で学校体系を準備する先蹤となった。

一八九〇年代後半、日清戦争後の産業革命と前後して、帝国大学に至る学校体系が整備され、同時に、義務教育就学率がほぼ一〇〇％を達成する（一九〇〇年代）に及んでポストエレメンタリー問題が浮上する。学校体系は中等教育段階まで高等女学校・実業学校・中学校（さらには高等学校へと連なる）の三分岐型が確立（一八九九年）し、ここに近代日本公教育制度は確立をみることになる。

かくして、一八七〇年代に始まった近代公教育制度・学校設置政策は、一八八〇年代半ば（一八八一〜八六年）に立憲国家体制確立を展望した制度構想へと一度は収斂され、天皇制国家の成立に伴い再編・変質しつつ日本資本主義成立とともに近代公教育体制として確立したのである。

そのとき、一八七〇年代から多様な啓蒙活動を展開してきた地域指導者は、自らの階級的上昇によって、逆に下から天皇制国家を支える役割を果たしたのであった（この点については拙著参照）。

異種学校間のアーティキュレーションの制度的確立は、近代公教育制度の一応の完成ではあるが、本章で考察したように、近代日本公教育制度は、日本近代化の特質を色濃く反映していた。それはナショナリズムの多義性を反映し、国家主義と国体主義の両面を有していたことである。この両面は、つねに政治・経済・国際情勢の中で発現の仕方を変換させながら持続していく。木村元が指摘するように「学校システムの内（学校間）外（学校と職業社会間）との接続関係が人々のレベルで明確に意識され、またそれに対応することで学校システムが起動[31]」するためには公教育制度と産業社会が学校制度を媒介としてリンクする必要がある。そうした意味で、人間形成機能をもつ近代公教育制度が近代産業社会とリンクして定立するのは一九二〇年代である[32]。

ここに日本の近代公教育は、産業社会の中で位置を定立させたのであった（なお、一九一〇年代以降の新教育の動向や民間教育運動の展開・総力戦下の教育改革などは省略せざるをえなかった）。

二　「国家の近代化」はどのように論じられてきたか

日本における「国家の近代化」は、まずは国家と個人の独立として論じられてきた。

明治啓蒙の代表的知識人福沢諭吉は、「一身独立して一国独立す[33]」るのであるが、当の「人民すでに自国の政府に対して萎縮震慄の心を抱」く状態であった。だからこそ彼は「いわゆる『ミヅルカラッス』なる者にて（中略）正に国人の中等に位し、智力をもって一世を指揮したるものなり[34]」と文明を推進する主体として「ミヅルカラッス」にみていた。

次に明治維新から四〇年以上経た一九一一年（明治四四）夏目漱石は、和歌山での、かの有名な講演「現代日本における開化」で次のように述べた。漱石は、開化が進んだ日本の「実際はどうか（中略）開化が進めば進むほど競争が益劇しくなって生活は愈困難（中略）生存競争から生ずる不安や努力に至っては決して昔より楽になっていない[35]」、その理由は「西洋の開化（即ち一般の開化）は内発的であって、日本の現代の開化は外発的である、ここに内発的と云うのはうちから自然に出て発展するという意味で（中略）、外発的とは、外からおっかぶさった他の力で已むを得ず一種の形式」だ、と指摘。さらに「現代日本の開化は皮相上滑りの開化である（中略）併しそれが悪いからお止しなさいと云うのではない。事実已むを得ない。涙を呑んで上滑りに滑って行かねばならない[36]」と。

結局、明治の日本は、近代化の名のもとに西洋化＝文明開化を追求し、その結果、約四〇年のうちに、漱石によって見事に見抜かれた「上滑り（＝外からおっかぶさった他の力で形式を整える）」の実態を晒していくことになる。

戦前における漱石以後の近代化に関する議論についていえば、一九三〇年代のマルクス主義が、当面の革命の性格規定に関係して「明治維新で成立した権力」をめぐって講座派と労農派の間で論争を展開したが、近代自体がテーマではない。また、一九四〇年代に開催された座談会「近代の超克」は、西洋に代表される物質文明（＝近代）に対し、それを克服する文明をアジアに求めた。しかし達成してもいない近代を超克するということは、結局、明治維新以後の歩みをトータルに否定するほどにしか歴史の中で自己定位できなかったといえよう[37]。

近代化に関する議論は、戦後本格的に展開されることになる。

戦前から存在し戦時中に一度解体して戦後、高野岩三郎を理事長に再出発した日本太平洋問題調査会の「精神的奨励と金銭的援助」を受けて、矢内原忠雄編『現代日本小史』が刊行された（上中下三巻、一九六一年、ただし矢内原による「はしがき」は一九五一年となっている）。この本の刊行は「明治維新以来最近に至る迄の日本の発達をば、政治、経済、労働、法律、および教育の各項」にわたり（教育の項目は海後宗臣が執筆）、「日本民主化の過程が、いかに進展し、いかに歪曲され、いかに阻害されたか、今またいかにそれが新しき基礎の上に再出発しようとしているかの歴史的検討[38]」を意図した。なかでも矢内原自身が「総説」をまとめ、明治維新の開国から天皇制ファシズムまでの歴史を総括し、その中に日本近代化の特質を明確化し、日本民主化を妨げた一一項目を設定して検証し、さらに戦後改革期の最中に同じ一一項目に沿って民主化過程を検証したことは特筆すべき先駆性を有していたといえよう[39]。その意味で、戦後最も早い日本国家の近代化を検証する議論であった。

ところで、戦後の近代化に関する議論は、主として近代主義として整理できる議論と、主として一九六〇年代に起こった近代化論に大別しうるであろう。

日高六郎は、「近代主義」とは「『近代主義』的傾向なるものを批判」する人々による他称であるとしつつ、彼らに共通するのは「日本の近代化とその性格そのものに対する強い関心」と同時に「制度的変革としての近代化だけではなく、その変革をになう主体としての、いわゆる近代的人間確立の問題に対する強い関心である」という。[40] この近代主義の議論の中から、封建制および封建的人間関係の克服のための近代化および近代的人間類型の創出が提起された。[41] 最初の問題提起は、大塚久雄「近代的人間類型の創出」(一九四六年)と丸山真男「福沢諭吉の哲学」(一九四七年)[42] であった。両者とも戦後日本復興の課題と重ね合わせて「近代的・民主的人間類型の創出」を強調した。

欧米の研究者たちが近代化を論じるとき、そこには日本の研究者たちとは異なる課題意識があった。すなわち、アジア・アフリカ・ラテンアメリカなどの発展途上国の、主として産業化を軸とした近代化論がそれである。[43] 日本にも大きな影響を与えた近代化論の特徴は、多数の指標を用意し近代化を説明・定義しようと試みたことである。例えば、ジョン・ホール(J. W. Hall)は、読み書き能力の普及など七点を指標として設定した。[44]

近代化論が提示したこうした指標は、しかしながら必ずしも十分に構造化されてはいない。すなわち近代化の特徴を指摘するにとどまり、しかも指標の多くについては量的増大を指摘してはいるが、構造的な質の考察が欠けている。[45] その結果、近代と前近代との区別は不明瞭なものになり、歴史的分析によって初めて規定される近代化概念は、近代化の指標を設定したがためにかえって歴史分析の有効性を喪失してしまった。[46] それに加えて近代化論が諸指標を設定するとき、歴史の複雑な規定性(例えば、飛躍と停滞)が無視あるいは軽視される傾向も否めない。

要するに、近代化論は近代化の萌芽が封建社会にあることを提起し、さらに近代化とは何か、その推進力は何であったのか、教育の普及を中心とした人間的要素は近代化にとって何だったのか、と問題提起したことに功績が認められるが、近代化の本質解明に至ってはいない。

その課題は、政治 経済・教育などの各領域ごとに近代化の事実そのものに関しての丁寧な検証作業以外にはない。一九六〇年代を通じて日本社会は急激な高度経済成長を経験し、生活様式の欧米化を経て大衆消費社会を実現した。

それは、西洋化という近代化を社会的には実現しながら、人権などの近代理念はきわめて不十分な状態のままでの達成であった。生活世界における西洋化＝近代化の達成と近代理念の未達成というズレを社会内部に生じさせることになった。

同時に、生活を土台にして生活感覚レベルで近代に対する捉え方が変化していくことになる。すなわち西洋化＝近代化の達成を経て実現した近代化（産業化）の負の問題の出現（公害・環境問題など）により近代化に対する懐疑・批判の登場である。(47)

三　「教育の近代化」はどのように論じられてきたか

国家の近代化の議論に関連して「教育の近代化」がどのように論じられてきたかを整理しておく。

最初に、阿部重孝『欧米学校発達史』（一九三〇年）を取り上げる。阿部の欧米教育制度への視座は、言葉は用いていないが日本教育の近代化そのものにあった。阿部は、最近の教育史が教育思想史に傾斜しすぎて制度史が疎かになっている、一八七二年（明治五）学制以来、日本の学校制度は外形上はすこぶるデモクラティックであるが、内容は階級的教育思想の痕跡を多分に存している、これこそ現今の日本の教育改革の課題である、(48)という。

戦前における阿部重孝『欧米学校発達史』は、そうした意味において、日本教育の近代化を検証する嚆矢であった。(49)

前節でも述べたが、戦後直後に始まった矢内原忠雄編『現代日本小史』刊行の動きは注目すべきである。その下巻で「教育史」を執筆したのは海後宗臣であった（一九六一年刊行）。ここで海後は「教育思想の近代化」と「学校体制の近代化」と二部構成にして近代日本公教育史を整理している。(50)その意味で明治以降の近代公教育史の総括であると同時に教育改革の同時代史的考察でもあった。

一九五〇年代にはマルクス主義的方法・史的唯物論の立場から、教育における社会統制機能に着目し、普通義務教育・学校教育を、労働者階級の体制内馴化、生産力ある労働者育成のための訓練・馴化する機関として捉える近代教育論・近代教育史像が提起された。海後勝雄・広岡亮蔵編『近代教育史』全三巻（誠文堂新光社、一九五一〜五六年）である。

これに対し、一九六〇年代は先にも述べた近代主義と近代化論からの教育の近代化に関する重要な問題提起があった。

岩波講座『現代教育学4　近代の教育思想』（一九六一年）は一つの成果を示した。堀尾輝久「公教育の思想」は、古典近代の教育理念を抉出し、現実において実現した公教育制度は、近代教育理念を裏切る制度であることを示した。[51]また、同巻には梅根悟が「近代教育思想の理解のために」、長尾十三二が「社会進歩と教育」をまとめ、戦後教育学の一つの到達点を示すとともに、その後の教育学・教育史研究の一つの方向性を規定することとなった。[52]

一九六〇年代の、もう一つの重要な動向は、いうまでもなく近代化論である。

近代化論の重要な特徴の一つが、さまざまな指標を設定し、近代化達成要因を分析したことであることは第二節で述べたとおりである。なかでも指標の一つが教育（読み書き能力の普及）にあること、それについてR・P・ドーアやH・パッシンなどの欧米の日本研究者が研究成果を公表し、後に公刊したことは、日本教育史研究者に少なからず影響を与えた。石川謙『近世教育における近代化的傾向』（講談社、一九六六年）や永井道雄『近代化と教育』（東京大学出版会、一九六九年）などが相次いで公刊され、教育史学界では教育史における近世・近代の連続と断絶、近代化と教育などという問題が研究テーマとして幾度となく取り上げられた。

ところで、近代化論は、日本における国家の近代化に対する教育の果たした役割について、二つの重要な提起を行った。その一つは前近代社会における教育遺産の確認、具体的には読み書き能力の普及と、もう一つは近代化を推進した要因としての教育、という提起である。

前者は、近世の読み書き能力の普及・高さが日本近代化「成功」の要因とした。ドーアもパッシンも『日本教育史資料』や石川謙・乙竹岩造など日本人研究者の先行研究に依拠し、江戸末期の手習塾就学率などを根拠に識字率を示したが、その根拠自体きわめて問題の多いものであった(53)。二〇〇八年(平成二〇)、『私塾』の著者R・ルビンジャー著『日本人のリテラシー：一六〇〇―一九〇〇年』が公刊された(柏書房)。本研究の最大の特徴は、階層性と地域性に着目し、研究の新たな地平を切り拓いた点にあると評価できよう。要点を略記すると、城下町への武士の常駐により村請制度が一七世紀に確立することで、村落指導者層には高い読み書き能力が社会的能力として必要とされた。一八世紀以降、村落指導者層は、一層高度な読み書き能力を深化させ地域の知識人化していく。都市部の場合では女性を含めて相対的に高い能力を示す一方で、地方ではそれに及ばず読み書き能力は限定されていた。一九世紀になると読み書き能力は質量ともに深化・拡大し、下層民衆にまで広がりをみせる、という。本書は、近代化論以後の近世教育史・近世社会における識字率研究の成果を取り入れ、その結果近代化論の弱点を大きく乗り越えた画期的成果である。

一方、後者は公教育制度の質的側面に関わる問題である。近代化論は、前近代の教育遺産に日本近代化「成功」の要因を求めるがゆえに、結果としてその歴史認識は単線型かつ右肩上がりの発展形にならざるをえない。だからこそ近代公教育の質的検証というとき、まずは公教育がどのように形成され、どのように発展したかという検証が求められる。

本章は、そうした課題意識のもと、近世社会から近代社会へさらにその後の天皇制国家へと国家近代化過程を、知の秩序の形成・転換・変質と重ねて考察したものである。

考察

一　「国家の近代化」の議論を整理すると、近代化＝西洋化を志向しつつ「上滑り」にならざるをえなかったこと、近代化の主体形成が未成熟であったこと、が議論されてきたことが確認できる。

「教育の近代化」に関する議論では、一九六〇年代近代化論は、前近代の教育遺産に日本近代化「成功」の要因を求め単純な発展史を描いた。その後の研究は、識字率研究や教育思想史研究において、近代化論の弱点を克服してきたが、近代公教育の質的検証という課題は、いまだ残されている。

二　本章は、公教育形成史に着目した。近代化は身分制を否定し四民平等を唱える（近代的知の秩序の形成）。近代学校は上昇志向の民衆にとって「立身」実現の必然の装置であった。その装置は、近代学校であり試験制度であった（近代的知の序列化）。これらはいずれも前近代社会からの教育遺産（身分制的知の秩序から近代的知の秩序へ）であった。

三　近代公教育形成の基盤となったのは地域的共同性であった。しかるに地域指導者こそは近代公教育成立期において、近代公教育を地域において支え推進する役割を果たした。同時に、彼らは近世社会から近代社会の転換期に、自らの地域の中で自主的かつ主体的に将来構想を提示し多様な啓蒙活動を展開した。前近代社会の教育遺産を継承し、時代の転換期に独特な啓蒙活動を多様に展開しかつ近代公教育制度を地域において担った彼らの活動こそ日本近代公教育の特質なのではないだろうか。

四　近代国家成立過程に連動する公教育政策の展開（国家主義かつ国体主義的政策）において地域的共同性は否定され国家がそこに取って変わった。今、その国家の枠組みが鋭く問われているとき、近代学校・近代公教育を支える新たな支持基盤・共同性をいかに創出するか、大きな課題に直面しているといわざるをえない。

註

（1）教育史学会大会のシンポジウムのテーマにおいて、「近代化と教育」、「教育における近代と近世の連続」などが設定されている。

（2）教育の近代化の指標として、無償・義務・非宗教の三原則がいわれるが、国民国家形成の基盤を揺るがすほどに激しい人間の流動化の中で、異民族の子どもたちが同一学校空間で共生する現実がある。そこでは、無償性が問われ、非宗教性が問われている。

（3）従来、近世近代の連続性は、例えば手習塾―小学校、藩校―中学校という学校制度における連続性と、近世教育思想と近代公教育との思想的親和性ないし「公教育」思想の源流、がテーマとして措定され研究が蓄積されてきた。

（4）『町人常の道』（茂庵老人著、一七三四年〈享保一九〉）は「立身」を「武家様方に親御にまさりて知行を加増せらるるを立身といふ」と述べている。小泉吉永編『近世町人思想集成　第八巻』（クレス出版、二〇一〇年、一一丁）。

（5）橋本昭彦『江戸幕府試験制度史の研究』（風間書房、一九九三年）三〇二頁。

（6）石川謙『日本学校史の研究』（小学館、一九六〇年）二〇六～二〇七頁。

（7）『文部省年報』をみる限り、一八七四～七八年（明治七～一一）にかけてほぼ全府県で試験の内容と種類が定まっている。斉藤利彦『試験と競争の学校史』（平凡社、一九九五年）五四～五六頁。さらに拙稿「近代日本におけるアーティキュレーション形成史序説―一八七〇年代を中心に―」（『一八八〇年代教育史研究年報』第二号、二〇一〇年、本書第一部第一章所収）参照。また近代日本教育史における試験と競争の展開については、寺崎昌男編『日本の教育課題六　選抜と競争』（東京法令出版、一九九四年）参照。

（8）『文部省第三年報　明治八年　上』三〇一頁。

（9）各学校の成績優秀者どうしを競わせる試験方法のこと。斉藤利彦は、比較試験実施のヒントとして山梨県の二人の区長が相談して担当校の生徒を比較することから始まったという一八七四年（明治七）四月の新聞を紹介している。斉藤前掲書、一〇一頁。

(10) 奈良県は「抜群俊秀の生徒を集合させ学力を競」わせる（『文部省年報　明治八年 上』三〇一頁）、熊本県も「小学優等の生徒を集合し其学業を試み優劣を比較」（『文部省年報　明治一一年』二四一頁）とある。

(11) 福沢諭吉『学問のすゝめ　三編』（『福沢諭吉全集　第三巻』岩波書店、一九五九年）四三頁。

(12) 花井信・三上和夫編『学校と学区の地域教育史』（川島書店、二〇〇五年）。また拙著参照。

(13) 『長野県教育史　第九巻』（一九七四年）三九九頁。

(14) 色川大吉編『三多摩自由民権史料集　上』（大和書房、一九七九年）一〇二頁。

(15) 牧原憲夫『日本の歴史十三　幕末から明治時代前期　文明国をめざして』（小学館、二〇〇八年）一二六頁。

(16) 先の石阪らは一八七二年（明治五）学制を受けると直ぐに小野郷学解体届を提出し、学制下の小学校設立に対応すべく努力している。色川編、前掲書、一〇三頁。

(17) 宮地正人は「幕末維新」期の特徴について「どういう国と社会をつくるか、ということが日本人の双肩にかけられた時（中略）、学校教育（中略）当時だったら、郷塾（中略）」が出現し、さらに「これまでの国がなくなり（中略）従来の教育、官制の朱子学教育が崩壊し（中略）そのあと、どういう教育をしなければならないのか、いい意味でのカオス（混沌）の中で、地域の人々が学校をつくり、敷地を提供し、教師を供給し、という中で日本の教育は善かれ悪しかれ形成されてきた、下から学校教育がつくられたということは日本の近代化を考える場合、一番大事な社会現象」であると指摘している。堀尾輝久・宮地正人「対談　自由な人間主体の形成と教育」（『季論21』第三号、本の泉社、二〇〇九年）六二頁。

(18) 『研究』参照。

(19) 竹内洋『立身出世主義』（世界思想社、二〇〇五年）一六頁。

(20) 『穎才新誌』第四一号（一八七七年〈明治一〇〉一二月一五日）。東京大学大学院法学政治学研究科附属近代日本法政史料センター（明治新聞雑誌文庫、原資料部）所蔵。

(21) 大石嘉一郎『自由民権と大隈・松方財政』（東京大学出版会、一九八九年）二一九頁。

(22) 教則の地域化、就学強制の緩和、私学への保護、などの政策をいう。佐藤秀夫『教育の文化史3　史実の検証』（阿吽社、二〇〇五年）九九～一〇五頁。しかも、明治啓蒙の官僚・指導者同様、民権派の地域指導者層も教育政策の就学・規制緩和を学事の後退と捉えていた。
(23) 佐藤秀夫は「学校設置の地方官指定、教則の地域編成を廃して文部省の定めた綱領に基づいての地方官編成へ、教員任免の地域契約制から地方官任命制への転換、同様に学務委員の公選制から地方官任命制への改訂、公教育における私学の抑圧等々にみられるように、学校の官的性格は再び強化された」と述べている。佐藤秀夫『教育の文化史1　学校の構造』（阿吽社、二〇〇四年）九八頁。
(24) その他、就学督責規則起草心得や小学校教則綱領、師範学校教則大綱、医学校通則、などがある。
(25) 本章が一八八〇年代前半の教育政策を国家主義および国体主義の本格的稼働に対する「先蹤的形態」と位置付けたのは、日本資本主義の本格的胎動は松方財政以後一八九〇年代の産業革命によって始まること、一方、国体主義的政策として、従来の教育政策史研究で重視されてきた「教学聖旨」→「幼学綱要」→「徳育論争の展開」→「教育勅語の発布」という連続した捉え方には疑問が示され、こうした政策展開には再検討が求められるからである（佐藤、前掲『教育の文化史1　学校の構造』ix頁）。いずれも一八八〇年代と九〇年代の政策の連続と非連続を改めて問う必要がある。
(26) 森は「学政要領」において教育の基本方針が「学制ハ国設教育（ナショナルエデュケーション）ヲ主トシ其政ハ国家経済（ナショナルエコノミー）ノ要理ニ本ツクヘキコト」、「人民各自ノ福利ト国家公共ノ福利ト並ニ増進セシムルヲ以テ標準トスルコト」にあることを示した。その場合の教育費は「国家ニ必要ナル学校ノ経費ハ教育税ヲ以テ支弁シ、不得止モノ、如キハ時々国税ヲ以テ補助スルコトアルヘシ、而シテ之ヲ措置スルハ地方民力ノ度ニ準シ国家経済ノ法ニ拠ルヘキ」であると述べた。森有禮「学政要領」（『新修　森有禮全集　第二巻』〈文泉堂書店、一九九八年〉所収）一六七～一六八頁。
(27) 東京大学医学部と法学部の卒業証書を有する者に医師・代言人の無試験開業免許を与える規定がすでにできていたが、それらを拡充した。そのうえ「官立」「府県立」の「私立」に対する優位を明確にする措置を講じた。
(28) 府県聯合学校構想や五大学校構想など断片的に知られている。中野実『近代日本大学制度の成立』（吉川弘文館、二〇〇三年）、湯川嘉津美「一八八四年の学制改革案に関する考察」（上智大学『教育学論集』四〇号、二〇〇五年）。
(29) 久木幸男「森有礼」（下程勇吉『日本の近代化と人間形成』〈法律文化社、一九八四年〉所収）、佐藤秀夫「森有礼の教育政策再考」（前掲『教育の文化史1　学校の構造』所収）。
(30) 佐藤、前掲『教育の文化史1　学校の構造』一〇〇頁。

(31) 木村元「日本社会における学校の受容と接続問題―起点としての一九三〇年代の教育と社会―」(『教育学研究』第七七巻第二号、二〇一〇年) 一九頁。
(32) 久木幸男他編『日本教育論争史録　第一巻』(第一法規出版、一九八〇年) 一九五頁以降、花井信「日本義務教育制度成立史論」(牧柾名編『公教育制度の史的形成』〈梓出版社、一九九〇年〉所収)、土方苑子『近代日本の学校と地域社会』(東京大学出版会、一九九四年) など参照。
(33) 註(11)と同じ。
(34) 福沢諭吉「学問のすゝめ　第五編　明治七年一月一日の詞」(前掲『福沢諭吉全集　第三巻』) 六〇頁。
(35) 夏目漱石「現代日本における開化」(『漱石全集　第十六巻』岩波書店、一九九五年) 四二七頁。
(36) 同前、四三〇～四三七頁。
(37) この座談会の論点を今日的視点で捉えたものとして廣松渉『〈近代の超克〉論』(講談社学術文庫、一九八九年) 参照。
(38) 矢内原忠雄編『現代日本小史　上巻』(みすず書房、一九六一年) 一一頁。
(39) 矢内原による一一の項目とは、「(一) 国の経済力と不釣合に大きい軍を建設 (二) 国の経済的構造が跛行的に発達し農村の近代化が遅れたこと (三) 第一次世界大戦後における世界的な恐慌 (四) 労働組合及び社会主義政党の不発達 (五) 国家主義的教育の普及徹底 (六) 日本の国家並に国民が基督教に対して偏狭な態度をとったこと (七) 神社に重要な政治的ならびに教育的意味をもたらしたこと (八) 天皇を現人神として絶対視した思想 (九) 科学殊に社会科学の普及が不十分であったこと (十) 家族主義の温存 (十一) 財閥の発達」である。同前、三四～四三頁。
(40) 日高六郎「解説　戦後の『近代主義』」(『現代日本思想大系　近代主義』筑摩書房、一九六四年) 七～八頁。
(41) 初出は東京大学『大学新聞』一九四六年四月一一日号。
(42) 初出は『国家学会雑誌』第六一巻第三号 (一九四七年)。
(43) 近代化論が登場してくる背景については、金原左門『「日本近代化論」の歴史像』(中央大学出版部、一九六八年) 参照。佐々木隆爾は、アイゼンハワー政権の国務長官ダレスが、軍事援助の一部を低開発諸国の開発援助に振り向けることでアジア諸国での共産主義支持基盤を崩壊させる方策に関心を示し、その理論化をウォルト・ロストウに依頼、他方アジアの開発センターとして日本を指定し資金の半分を米国が援助し「日本生産性本部」の設立を促し、その後の高度経済成長を演出したことを明らかにしている。

佐々木隆爾「日米『新安保条約』から五〇年」（『歴史学研究』第八七〇号、二〇一〇年）。近代化論も高度経済成長も米国の演出というわけである。

（44）ホールは、都市への人口の集中、商品の広範な流通、社会成員の経済政治問題への参与、読み書き能力の普及、マスコミの発達、官僚的に組織化された諸施設の発達、国家に統制された人口、を指標とした。ホール「日本の近代化に関する概念の変遷」（M・ジャンセン編『日本における近代化の問題』〈岩波書店、一九六八年〉所収）。

（45）「読み書き能力」といってもその内容は多様で、また封建制社会の特質を考慮するとき、階層性・地域性・性差は無視しえないはずである。

（46）シュワルツ「近代化とそのあいまいさ」（武田清子編『比較近代化論』〈未來社、一九七〇年〉所収）。

（47）紙数その他の関係でポストモダン問題、あるいは近代主義に対するトータルな否定、その歴史学分野での現れともいうべき国民国家論に対しては言及できなかった。とくに国民国家論に関しては、川村肇「三たび近代について」（『獨協大学国際教養学部マテシス・ウニウェルサリス』第九巻第二号、二〇〇八年）参照。また、本章作成にあたって川村肇氏より多大なご教示を頂いた。同氏に深謝する。

（48）阿部重孝「序」（『欧米学校発達史』目黒書店、一九三〇年）。

（49）教育学におけるトータルな近代批判の議論の一つに日本教育学の主張がある。西欧型教育学説を批判し日本型教育学を目指したものであるが内容に踏み込む余裕はないので指摘のみにとどめざるをえない。さしあたって近藤寿治『日本教育学』（宝文館、一九三五年）など参照。

（50）海後宗臣「教育史」（矢内原忠雄編『現代日本小史　下巻』みすず書房、一九六一年）。なお、章構成は次のとおり。「第一篇　教育思想の近代化」一　維新期の教育思想、二　文明開化の教育思想、三　教育方法及び課程の近代化、四　国教思想の提唱、五　近代国家形成への教育思想、六　教育勅語の渙発、七　国民教育と自由教育思想、「第二篇　学校体制の近代化」一　近世武家社会の学校体制、二　明治維新直後の学校方策、三　明治五年学制による学校の近代化、四　近代化の推進とその抑制、五　国家主義と学校の階層、六　産業振興と学校方策、七　学校体制の整備（初等教育・中等教育・高等教育）、八　民主的学校制度の成立、である。

（51）堀尾輝久『現代教育の思想と構造』（岩波書店、一九七一年）。本書は、戦後教育学と戦後教育運動において大きな役割を果たしたことは周知のとおりである。一九五〇年代以降の教育運動が、教育における自由と人権を求める運動であったこと、一九八〇年代以降、教育政策対教育運動という対立軸が変化・変質したのは事実である。しかしながら本章のまとめで指摘したように、日本近代学校・公教育の支持基盤たるべき新たな共同性・公共性創出の課題を考えるとき、本書が提起している近代公教育理念の確認は引き続き重要だと考える。日本社会は、いまだに近代社会の理想が実現していない「近代」社会だからである。

(52) 教育史研究におけるこうした動向に関する批判的検討については、安川哲夫『ジェントルマンと近代教育〈学校教育の誕生〉』(勁草書房、一九九五年)参照。

(53) その後の日本教育史研究において近世教育思想史研究および識字率研究は、飛躍的に発展してきた。以下の研究成果を参照。辻本雅史『近世教育思想史の研究—日本における「公教育」思想の源流—』(思文閣出版、一九九〇年)、川村肇『在村知識人の儒学』(思文閣出版、一九九六年)、八鍬友広『近世民衆の教育と政治参加』(校倉書房、二〇〇一年)、木村政伸『近世地域教育史の研究』(思文閣出版、二〇〇六年)。

第一部　「就学・就学勧奨・就学督責」研究

第一章　近代日本におけるアーティキュレーション形成史序説
——一八七〇年代を中心に——

課題設定

近代日本公教育成立史を概観するならば、近代国民国家形成に伴う主体としての国民の創出を課題とする初等教育と、国民国家形成の中核部分を担うエリート育成を行う高等教育が、一八七〇年代に本格的かつ同時的に出発し、一八八〇年代を通じて異種学校間のアーティキュレーションがさまざまな具体的計画の中で試行された。その後、周知のように学校体系は、一八八六年（明治一九）の帝国大学登場をもって一つの頂点を確立し、一八九〇年代全体を通じて、帝国大学に至る学校体系が整備されることになる。また、義務教育制度も一九〇〇年代にほぼ確立し、義務教育学校への就学率も一〇〇％に近づく。

異種学校間のアーティキュレーションの確立は、近代公教育制度の一応の完成ではあるが、木村元が指摘するように「学校システムの内（学校間）外（学校と職業社会間）との接続関係が人々のレベルで明確に意識され、またそれに対応することで学校システムが起動[1]」するためには公教育制度と産業社会が学校制度を媒介としてリンクする必要がある。そうした意味で、人間形成機能をもつ近代公教育制度が近代産業社会とリンクして定立するのは一九三〇年代である。[2]

本章は、後に底辺民衆まで取り込むことになる「立身」イデオロギーの社会への汎化と、教育機関の近代化、およびその両者に関係をもつ地域指導者の啓蒙活動に焦点を合わせて、とくに近代日本公教育が形成される一八七〇年代に焦点を絞って考察することを目的とする。学校間接続が本格的課題となる一八八〇年代研究の上で、まず一八七〇年代における「立身」思想の汎化と、近代学校試験制度の定着、さらに実質的に推進した地域指導者たちの活動とその歴史的意義を考察することは必要不可欠な作業である。[3]

一　近世後期社会における「立身」と近世教育機関の変容

1　分限思想としての「立身」

周知のように「立身」は『孝経』の「身ヲ立テ道ヲ行ヒ、名ヲ後世ニ揚テ以テ父母ヲ顕スハ、孝之終也」に由来し、分限思想に基づく武士世界の価値用語であった。

茂庵老人著『町人常の道』は、一七三四年（享保一九）に書かれた武士と町（商）人の道徳を説いた説諭書である。その叙述の特徴は、身分制に基づく道徳の説諭を徹底している点にある。例えば「立身」についていえば「武家様方に親御にまさりて知行を加増せらるるを立身といふ、町人とても親の譲りたる、金銀家財を多くするからは手がらなり孝行なり[4]」と述べているが、「立身」とは武家の知行加増で用いられた言葉であることに注意したい。

2 昌平坂学問所における試験制度の導入とその意義

分限思想としての「立身」ではあるが、近世社会後期になると、その武士世界の内部において、武士層の限定された範囲内において階層の上下移動を伴う「立身」が実現できる制度的環境が整いはじめることになる。その一例として、昌平坂学問所や藩校における試験制度の導入がある。ここでは、昌平坂学問所をはじめ江戸幕府直轄学校の試験制度を橋本昭彦の研究に依拠して概観しておこう。

江戸幕府の試験制度の特質は、「幕府の人事政策や役職任用の実態」が、「学問吟味及第者のうちのある者たちについては、その業績を根拠にした幕府役職への優先的任用が慣行として」実施された点にある。その「究極の目的が文武修行の出精者の顕彰」にあり、「役職任用が試験及第者への褒美」であったこと、「幕臣たちに勉学は『立身の種』であると意識させることで学問修業奨励の実をあげようとする政策原理」が幕府に存在していた。江戸幕府の選抜と試験制度は、近代社会におけるそれらの関係の萌芽であって、社会全体からみれば「局所的かつ不完全にみられる現象」であるのは当然であるが、幕府自身がこうした試験—役職任用制度を展開したことにより「幕臣の間に試験を通じた立身や栄誉を目当てに学習する者があらわれたばかりか、学政担当者をはじめとする幕府有司の間に、幕臣たちのそうした学習観は官製の教育への動機づけとして利用できるものだ、という観念」が醸成・拡大していく。こうした政策展開は、昌平坂学問所のみならず、幕府医学館・長崎教授所や甲府・駿府・佐渡・日光・箱館などの各学問所という幕府直轄教育機関でも実施された、という(5)。

幕府の、こうした政策を模して、多くの藩が寛政の改革を機に試験制度を取り上げた。と同時に、藩は規模がさまざまゆえ、自分の藩だけですべての「人才」教育を担うことができないのも当然である。とりわけ中小の藩は「人才」養成のため江戸・昌平坂学問所に優秀な若者を送り込んだ。この点について、石川謙『日本学校史の研究』は、昌平坂学問所の書生寮へ送り出す地方の藩について次のように述べている。

書生寮へ藩士を送り込んで遊学させた藩の数についてみると、全体で九一藩であって、万延・慶応の動乱期になって全藩数の二〇％から二五％を上下する多くの藩が、入寮者を送っていたことは注目に値する。ことに参勤交代の制度がくずれて諸侯の夫人・嫡子が国もとへひき上げた文久二年（一八六二）以後のことでもあり、各藩とも自営のために軍備の充実に一人の人手も惜しんでいたおりからでもあったのに、入寮者を新しく『江戸』の書生寮に送りこんだ藩が四四藩に達している。(6)

藩は、自分たちの藩校で試験制度を導入・実施するだけではなく、優秀な学生を江戸（昌平坂学問所）に送り込み「人才」教育を展開した。

武士階級におけるこうした近世社会後期の教育体験は、全人口の、単に七％だけが武士階級であったとしても、明治以降近代学制下の試験制度定着のなんらかの土台になったと考える。

以上、武士階級の分限思想である「立身」は、近世封建社会においては社会汎化していく上で制約があったが、他方で、幕府直轄教育機関で、学問吟味及第者の中から業績に応じて幕府役職への任用が慣行化されたこと、それを受けて任用のための業績を目的とする学問観が、限定された階層とはいえ萌芽形態として派生したこと、最後に、地方の藩（とりわけ中小の藩）が「人才」教育のため優秀な若者を江戸（具体的には中央の幕府直轄教育機関）に派遣したこと、(7)をこの時期の特徴として確認しておきたい。

二　明治新政府における啓蒙開化政策とその特質

1　明治新政府による初期エリート養成政策の特質

明治新政府は、一八六九年（明治二）六月大学校設置に伴い、従来の教育機関を大学本校（旧昌平坂学問所）、大学南校（旧開成所）、大学東校（旧西洋医学所）へ改組した。一八七〇年（同三）二月大学規則・中小学規則が定められ、大学規則中の「学制」によれば「大学ハ人文ノ淵藪才徳ノ成就スルトコロ之ニ入ラントスル者必ス先ツソレ地方ノ考課ヲ歴諸学漸ク熟シテ始テ輩下ニ貢進スルヲ獲ルナリ」とあった。

次いでその「貢法」として「生徒凡ソ二十歳以下ヲ限リ其地方ノ考課ヲ歴知事証憑ヲ与ヘ輦下ニ貢進スルモノ之ヲ大学生ニ補シ」と規程した。地元での選抜をクリアできた若者が、知事の証明を得て東京の高等教育機関で学ぶ仕組みである。周知のように、大学本校は内紛により同規則発布後に閉鎖されたので、貢進生は大学南校のみにて実施されたと思われる。

貢進生制度は、明治新政府における最初の人材養成政策の具体化であった。諸藩から優秀な若者を選抜し入学させ、国家的エリートを育成しようとした。この制度の概要を示すと、貢進生は一六歳から二〇歳まで、学資は藩が支給し、人数は、一五万石以上の藩から三人、五万石以上から二人、五万石未満は一人と定められていた。唐沢富太郎は、『東京帝国大学五十年史』と『太政類典』を用い、貢進生総数三一〇余人の一覧表を作成した(8)。この貢進生制度は、廃藩置県と同時に廃止されたが、短期間ながら当時の貢進生の中から多くの人材を輩出している。

貢進生という新政府のエリート養成機関の一つの特徴は「地方ノ考課ヲ歴」て「知事」により「証憑ヲ与ヘ」られ

た若者であるという点だ。あらかじめ「地方ノ考課」を経ての知事の認証を求めたこの仕組みこそ、中小の藩が昌平坂学問所の書生寮へ優秀な若者を派遣する、つまり優秀な業績の若者が江戸の最高学府で学ぶという「立身」による移動・流動化と類似の仕組みであった。

2 「立身」と一八七二年学制布告書の論理

一八六七～六八年（慶応三～明治元）の、王政復古と五ヵ条の誓文の発布は、上述した分限思想としての「立身」をめぐる基本的な枠組みを大きく変えることになる端緒であった。

五ヵ条の誓文の一節「官武一途庶民ニ至ル迄各其志ヲ遂ケ人心ヲシテ倦マサラシメン事ヲ要ス」は、前節でみたような分限思想の範囲内に閉じ込められた「立身」の解放を意味した。「人々自ラ」という新時代の到来を印象付けるレトリックを冒頭に用いた一八七二年（明治五）の学制布告書は、「立身」の汎化において重要な役割を果たした。

第一に、いうまでもなく「学問ハ身ヲ立ツルノ財本」という考えである。「人々」は身分制の枠を超えて「自ラ」学問に勉励することが「立身」であるという考えを強調した。

第二に、「其身ヲ修メ知ヲ開キ才芸ヲ長ズルハ学ニアラザレバ能ハズ是レ学校ノ設ケアルユエンニシテ」の一文で、学問の重要さを説く文であるが、学問と学校とをストレートに結び付けた点に注目すべきである。「学校」という言葉自体がポピュラーではなかった時代（だからこそ学制布告書には「学校」について、右訓に「がっかう」という読み仮名と左訓に「がくもんしょ」という生活用語が付されている）に私塾寺子屋禁止令を出してまであえて学問を近代学校と結び付けた。ここには、新時代の学問は旧来の教育機関ではなく近代学校でこそ初めて獲得できるという認識が前提になっている。言い換えると、学問は近代学校でなければならない、ということである。その意味は、さらに具体的に問えば、文部省が管理する近代学校でこそ学問が初めて可能となる、だからこそ学制章程第一章で「全国ノ学政ハ之ヲ文部一省ニ統フ」としたわけである。学問は文部省の管理する近代学校で、という学校観を押し出した。

第三に、「国家ノ為」を二度も否定の論理の中で使用した点である。(9) それは同時に教育費に関係する。「国家ノ為」の学問だからこそ「学費及其衣食ニ至ル迄」を「多ク官ニ依頼」してきたが、今後「一般ノ人民他事ヲ抛チ自ラ奮テ学ニ従事」することを強調する。学制布告書中で「官」による給費の否定は明記したが、それに代わる財源は曖昧である。これをよりストレートに論じたのは学制章程第八九章である。「教育ノ設ハ人々自ラ其身ヲ立ルノ基」であるから「其費用ノ如キ悉ク政府ノ正租ニ仰ク」べきではないこと、「広ク天下ノ人々ヲシテ必ス学ニ就カシメンコトヲ期スレハ政府正租ノ悉ク給スル所」ではない、だが「方今ニアツテ人民ノ智ヲ開ク事極メテ急務ナレハ一切ノ学事ヲ以テ悉ク民費ニ委スルハ時勢未タ然ル可カラサルモノアリ」、したがって「官力ヲ計リ之ヲ助」けなければならないが、だからといって従来の旧弊に甘んじてはならない、というのである。

ところで、次節で指摘するが明治の啓蒙思想の文脈を念頭においたとき、木戸孝允や福沢諭吉の文明開化・啓蒙の根底に「一身独立は一国独立」という考え方があったはずである。教育は「身ヲ立ツルノ財本」であり、その学校は、後述するように、地域の一大公共事業であり地域民衆の共同性に依拠して設立せざるをえなかった。そう考えるとき、学制布告書が二度も「国家ノ為」を否定の文脈において使用したのは、国家の隠蔽、より具体的にいえば「一国独立のため」という究極の目的の隠蔽、ではないかと思われる。言い換えると近世社会以来の地域的共同性に依拠し、民衆の基金で近代学校を設立していくためには「国家ノ為」を押し出すことはできなかったのではないかと推測できる。

明治維新によって「立身」は分限思想から解放された。「人々」は学問によって「立身」が可能となり、そのため地域的共同の公共事業として近代学校設立に参加させられ、近代学校で学ぶことが勧奨されたのである。

三　地域指導者たちの啓蒙活動の展開

1　近代学校設立基盤としての地域的共同性

近代学校設立の課題は、政府による近代化推進のための地域的公共事業として提起された。それは地域の指導者たちによる地域民衆の支持の取り付けと物心両面からの強力な支援抜きには成し遂げられない公共事業であった。『学校と学区の地域教育史』の編著者たちも、地域の協同的営みとしての学校設置について、次のようにまとめている。

学校を隈なく建てなければならず、しかもそこへ子どもを通わせなければならないという新しい生活習慣が生まれたから、地域は道路や橋の普請、消防活動や治安警備などの旧慣に加えて新たな共同行為をしなければならなくなった。換言すれば、学校に関わる行政は、お上がかってにやればよいと放っておく仕事ではなく、地域の人々が合意し納得し、みずから参加することがあって成り立つ公共事業であった。これは現代にまで続く、営々たる学校の成り立ちなのではあるまいか。(10)

近代学校設立の課題は、地域の一大公共事業であった。その基盤となったのは、旧藩以来の地域的共同性で、上述した地域的指導者たちの果たした役割は決定的に重要なのであった。(11)

学制の制度構想それ自体は、壮大であるがゆえに空想的でかつ実現の裏付けとなる財政措置が不十分であるなど、制度的には破綻したと評されるが、それでも近代学校が当時の日本社会に徐々に定着・浸透していった最大の理由は、地域的指導者たちの奮闘・努力にあった。

では次に彼らの啓蒙活動の実態と意義について考察してみよう。

2　地域指導者の啓蒙活動の展開とその歴史的意義

宮地正人は「幕末維新」期の特徴について「国家なしの主体性をどうやってつくるか、という課題を日本人三千万がみんな問いかけられ」た、と指摘する。つまり「どういう国と社会をつくるか、ということが日本人の双肩にかけられた時（中略）、学校教育（中略）当時だったら、郷塾（中略）が」出現した、という。つまり宮地は、当時の自生的な教育機関すなわち郷校や私塾・漢学塾が、多かれ少なかれ、文明開化という一つの共通土壌から出生したことを指摘する(12)。

文明開化は、国家だけの政策課題ではなく、むしろ地域においてこそ深刻に自覚化された課題なのであった。留意すべきは、国家レベルの文明開化と地域指導者たちの認識する文明開化の異相である。

人民を啓蒙・開化しなければならないという点では共通するが、問題はその目的にある。

例えば、木戸孝允は一八六八年（明治元）の建白において「国の富強が人民の富強に基づく以上人民が無識貧弱のままでは世界富強の各国に対峙できない」と主張し(13)、また広く知られているように、福沢諭吉も「我日本国人も今より学問に志し、気力を慥にして先ず一身の独立を謀り、従って一国の富強を致すことあらば、何ぞ西洋人の力を恐るるに足らん（中略）一身独立して一国独立するとはこのことなり(14)」と述べていた。

木戸も福沢も、文明開化の目的とするところは「一身の独立」を経た「一国の独立」にあった。彼らの目標は文明開化の達成で欧米諸国に追いつくことにあり、ゆえに文明開化＝西洋化となる根拠がここにあった。

他方、地域指導者の場合、文明開化の目的は西洋化だけではない。むしろ、新しい社会の新しい担い手＝主体形成を独自に追求したことにあった。宮地は、先に続けて「それは（郷塾などの教育機関の設立のこと─引用者）国家権力以前に、地域の力量と次世代の育成という課題がなければできなかったでしょう。当然、教師も村で学問をやった若者」だという[15]。

ここで、地域の啓蒙的指導者たちの具体的な活動をみておこう。武蔵国多摩郡で小野郷学を組織した石阪昌孝（一八四一～一九〇七年〈天保一一～明治四〇〉）らは、一八七二年（明治五）五月、郷学設立にあたって次のような趣意書を発した。

郷校趣意書

臣等父兄ノ余沢ヲ以幸ヒ幼時ヨリ従学少ク、句読ヲ解明理義ノ端ヲ弁察スルヲ得、居常以為偏僻ノ民善師ニ乏シク、国（固─編集者）陋寡聞自幼至老聖言賢語ヲ聞知セズ、生涯蒙昧愚魯ニ終リ、甚シキハ成長ニ至リ遊戯放蕩遊冶無行ノ人トナリ、父兄ノ箕業ヲ破リ転廃流離困難ニ至ル者多ニ居ル、不然レハ賭博博奕ニ惑溺シ不良ヲ媒孽シ刑辟ニ陥ル者鮮少ナラズ、今也同文化開ノ時運豪農富商ハ猶更孤寡孳子ニ至リ、一夫モ王化ニ漏レ候ハ一郷ノ不幸ナリ、願ハ孝悌ヲ教仁義ヲ説論聖経ノ一斑ヲ窺知セシメ温厚淳朴里仁ノ風ニ移ラセ度兼テ志願罷在候処、昨正月少参事大屋君伝上諭曰、設立郷校風化ヲ簸揚シ人材ヲ教育シ窮乏無告ノ者ニ至ル迄工化ヲ知シメヨト、轍魚ノ飢渇甘霖ノ賜歓欣喜躍速ニ同義ヲ募リ捐貲以テ費用ニ給シ、教師ヲ招来仮リニ梵宇ヲ以校舎トス（後略）[16]

彼ら地域の啓蒙的指導者層たちは、まずは「孝悌ヲ教仁義ヲ説論聖経ノ一斑ヲ窺知セシメ温厚淳朴里仁ノ風ニ移ラセ」ることを課題とした。そのために郷学を設置したのである。

政治指導者たちが国家の独立を念頭に「一身独立」「文明開化」[17]を説いた論理とは対照的に、地域の指導者たちは、まずは「儒教倫理と勤勉実直を説く通俗道徳」による社会秩序の回復を目指したが、時代が進むにつれ、その内容も

しだいに変化していく。(18)

ところで、筆者らは幕末維新期から一八七六年(同九)までの時期に、地域の啓蒙的指導者たちが僅か十数年の間に就学告諭を発布した事実に注目し、その全体像を明らかにした。(19) 就学告諭とは、「地域指導者によって発せられた学びに就くことを奨励した文書・言説」(20) であり、地域指導者とは、県(権)令・県(権)知事を含む県の官吏から戸長までをいう。この研究の結果、地域指導者たちの地域性等に規定された独特な文明開化のための説諭活動が明らかになった。

それは、時代の大きな転換期に、自ら新しい時代を認識した彼ら自身の具体的かつ自発的な活動であった。そこには、次世代養成の課題を地域の現実に立脚した彼ら自身の、あるべき社会構想が示されていた。それを別な言い方で問えば、なぜ学ぶのか、ということに尽きる。より具体的にいえば、いかなる古い価値観が否定されるべきなのか、また新しい学校とは何か、そこでの学びの対象者・内容と方法、などのあり方を人間像にまで踏み込んで言説化した。

宮地は、先の引用に続いて、この時代の地域の指導者たちの活動を次のように意義付けている。

　これまでの国がなくなり(中略)従来の教育、官制の朱子学教育が崩壊し(中略)そのあと、どういう教育をしなければならないのか、いい意味でのカオス(混沌)の中で、地域の人々が学校をつくり、敷地を提供し、教師を供給し、という中で日本の教育は善かれ悪しかれ形成されてきた、下から学校教育がつくられたということは日本の近代化を考える場合、一番大事な社会現象(後略)(21)

幕末から明治維新を経て一八七二年(同五)学制が提起されるなか、地域指導者たちの独創的な活動が、多様に展開し、なおかつ彼らのイニシアチブが十二分に発揮された時代であった。

四　学制下の近代学校と試験制度

1　学制章程における試験規程と試験の実態

周知のように、一八七二年（明治五）学制の制度構想は、全国を八大学区に、一大学区を三二の中学区に、一中学区を二一〇の小学区にし、全国に合計五万三七六〇校の小学校を設置する計画であった。当初示された小学校・中学校・大学という学校体系に加え、一八七三年（同六）四月、学制二編追加が出され、新たに専門学校と外国語学校が規程に加えられることによって、学校体系は、中学校→大学、と外国語学校→専門学校、という二系統になる。学制において厳格に実施が求められかつ近代学校発足直後の混沌とした状況の中にも関わらず、急速に普及したのが試験制度である。

ここで学制下の近代小学校での試験制度の実施と展開を概観しておきたい(22)。

最初に学制章程の試験規定を確認しておこう。

第四十八章　生徒ハ諸学科ニ於テ必ス其等級ヲ踏マシムル事ヲ要ス、故ニ一級毎ニ必ス試験アリ一級卒業スル者ハ試験状ヲ渡シ試験状ヲ得ルモノニ非サレハ進級スルヲ得ス

第四十九章　生徒学等ヲ終ル時ハ大試験アリ小学ヨリ中学ニ移リ中学ヨリ大学ニ進ム等ノ類、但大試験ノ時ハ学事関係ノ人員ハ勿論其請求ニヨリテハ他官員トイエトモ臨席スルコトアルヘシ（中略）

第五十一章　試験ノ時生徒優等ノ者ニハ褒賞ヲ与フルコトアルヘシ

この章程をみる限り、この段階で想定されていた試験は、一級ごとの等級を踏む進級試験と、学等を終業するとき

の大試験、の二種類であった。しかも大試験のときは官員その他の臨席を可能にし、かつ成績優秀者には褒賞が与えられた。この規程はかなり厳格に実施された(23)。

では次に、実際に各地ではどのように試験が実施されたのか、『文部省年報』の各県報告を手がかりに概観しておこう。

奈良県は「奈良県小学試業法」で「試験を区別して恒例試験学期卒業試験上下等小学卒業試験比較試験の四種トス(24)」と四種の試験を実施し、大阪府は「大阪府小学試験法」で「試業を三種に区別す月例試業定期試業大試業これなり」と三種の試験を実施している(25)。実施された試験のカテゴリーを並べると、奈良県が恒例試験・学期卒業試験・上下等小学卒業試験・比較試験の四種類、大阪府が月例試業・定期試業・大試業の三種類、である。

ところで、先にみたように、学制章程では進級試験と大試験の二種類であったはずなのに、それ以外の試験制度がすでに実施されていることに注目すべきである(26)。

月ごとに実施される試験（例えば、月次試験・小試験・月末試験など）は毎月の学習成果の確認で、その成績によって席次が決められていた。また臨時試験とは、「学術抜群なる生徒を昇級せしむ(27)」、「抜群俊秀の生徒あるとき定期を待ずして試験を行い等級を定む(28)」試験とされていた。しかもこれらは、文部省の指示によらず、実施した県も複数であり足並みが揃っていたということも重要な事実である。

なかでも比較試験は、全国的に実施され、大規模化した。

斉藤利彦は「比較試験が行われるようになった経緯」として「山梨県の明治七年四月の新聞」に着目している。その記事は「近頃山梨県下学校に於て生徒を奨励するの一術を工夫せり同県八代郡第二副区雨宮広光と第三区区長内田作衛門と商議し毎月一の日を以て両区内各学校の生徒を互いに往来せしめ学業進歩の優劣を比較誘奨せり(29)」とある。

生徒の学業奨励のため学校を超えて競争させようというわけである。実際、奈良県が「抜群俊秀の生徒を集合させ学力を競」わせ[30]、熊本県も「小学優等の生徒を集合し其学業を試み優劣を比較」[31]しており、全国的に普及していたことがわかる。

2　学区取締の活動の実態

いまだ近代学校に対して、理解すら不十分ななか、学校設置と試験の実施に奔走したのは「学区取締」らの地域指導者たちであった。ここで彼らの具体的な活動の一端をみておく。

例えば、長野県下「学区取締」栗林球三の一八七七年（同一〇）一一月の日誌を見ておこう。

九日　借馬校試験立会　巡回一里
一〇日　森崎校試験立会　同二里
一一日　海之口校試験催促候得共教員無之故執事世話役に談示す　同三里
一二日　湖端校試験立会　同一里
一三日　佐野校を試験立会午前　四城校同断午後　同二里
一四日　神城校試験立会　堀内校同断　同二里
一五日　北城校を経て千国校に至る　同四里
一六日　中小谷南校を経て土谷校に至る　同三里
一七日　土谷校より中土校を経て真木学校にて執事世話役に学事挙ちさるるを促す　同三里
一八日　中土校より深原校を経て大網校に至る　同六里

一九日 大網より戸土校に至る 試験立会す 同三里
二〇日 戸土校より大網校に至り元資延滞の者説諭す 同三里
二一日 大網より来馬校に至る 試験立会 同三里
二二日 来馬校より中小谷村北校に至り昇試験す 同一里
二三日 北校より南校に至り昇級試験立会す 同一里半
二四日 南校より千国校に至り昇級試験立会 同一里
二五日 千国校元資滞人へ説諭し計算を改む 逗留 滞在
二六日 同断 滞在
二七日 塩見校上級試験立会 巡回三里
二八日 北城校試験並元資促 同一里
二九日 神城校生徒不参元資促す 稲尾校へ移る 同六里
三〇日 稲尾校試験 夜に入帰村 同一里半(32)

栗林の日記を見る限り、当時の学区取締の活動の概要がわかる。その多くは、試験立ち会いで、時折、元資延滞者の説諭(二〇日)などが窺われる(33)。

おそらくこの栗林のような活動は、ほぼ全国的にみられた活動だったと思われる。

近代学校設立は地域における一大公共事業であり、その設立基盤が地域的共同性であったこと、そのため当然ながら地域指導者が大きな役割を発揮したことを先にみたが、近代学校における試験制度の定着においても学区取締を中心とする地域指導者たちは大きな役割を発揮したのである。

ところで、学制下の近代学校設立で試験制度が、かくも早く全国的に普及したこと、その上学制章程による規程を超えて実施されたことに注目したい。地域の指導者たちは近代学校下における試験制度に対し、近世社会後期に幕府直轄学校や藩校で普及した試験制度をモデルにしたと思われる。この疑問を解くためには地域指導者たちの学問観・教養観を考察しなければならないが、今後の課題である。

五　一八七〇年代における「立身」の汎化と高等教育機関

1　「立身」の社会への汎化

ここで「立身」を社会の隅々にまで浸透させた媒介項について整理しておこう。

第一は地域指導者が発した就学告諭である。すでに確認したように、幕末・維新期において地域の指導者たちは、主として儒学に基づく通俗道徳による秩序の安定を目指して積極的な活動を展開していた。その活動の内容と性格は、しだいに近代的なそれに変化していく。

第二は学制布告書による「立身」の奨励である。「学問ハ身ヲ立ツルノ財本」として「立身」の中心に学問を据え、しかもその学問は文部省が監督する近代学校でこそ初めて可能となる、という論理を示した。学制布告書は、末尾において「地方官ニ於テ辺隅小民ニ至ル迄不洩様便宜解釈ヲ加ヘ精細申諭文部省規則ニ随ヒ学問普及致候様方法ヲ設可施行事」と、地方官の活動を促した。上述したように、多様な啓蒙活動を展開してきた地域の指導者たちは、政府の発した就学告諭でもある学制布告書発布以後、啓蒙活動の内容・就学告諭の内容を大きく西洋化・文明化へとシフトさせていく。就学告諭が、一方で学校で学ぶ重要性を具体的に示しながら、他方で否定されるべき旧習について明示することで「立身」についてその内容を具体的に示し、キャナライズしたと思われる。

第三は啓蒙書の普及である。福沢諭吉『学問のすゝめ』やスマイルズ著・中村正直訳『西国立志編』などが大ベストセラーとなったことはいうまでもない。その他『明治立志編』『東洋立志編』『日本立志編』など類似本も「立身」を描いた。要するにこれら啓蒙書は、「立身」を具体的にわかりやすく示した(34)。

かくして「立身」イデオロギーは、社会の隅々にまで広がりをみせたのである。

広がりをみせた一例として『穎才新誌』の普及をあげることができる。「立身」が、広く人々を捉えた証左である。『穎才新誌』は、一八七七年(明治一〇)三月一〇日創刊の少年少女たちの投稿作文集である。発行元は、製糸分社(東京印刷会社)で、毎週土曜日発行、定価八厘であるが、毎週約一万部も売れたという(35)。

『穎才新誌』について竹内洋は次のように述べている。「明治十五年には日に五十通、月に千五百通もあった。(中略)明治十年から十二年までに『穎才新誌』に掲載された作文は千五百五十。そのうちの二百四十つまり全体の一五・五%が立身出世に関する作文である(36)」と。

実際二、三の作文をみておこう。

茨城県下水海道小学校下等一級生、枝川留吉(一八七九年〈同一二〉三月)の作文。

(前略)嗚呼今之世ニ生テ苟モ男児タル者立志偉業ヲナサズシテ徒ニ碌々目一丁無キ奴輩ト齢ヲ同フスル豈又慚チサル可ケンヤ(中略)管見井蛙ノ志ヲ蟬脱シテ一大偉業ヲナサシメンコトヲ(後略)(37)

第六中学区第八番公立小学本所学校の上等六級生である静岡県士族従邦養子小林正光(一八八一年一月)の文章。

今爰ニ教育ノ旨趣ニ就テ聊カ愚論ヲ陳呈セン夫レ学校ハ人民ヲシテ教育ヲ受ケサルモノ無クシテ従テ文明ノ果実トシテ高尚ナリ教育ノ結果ヲ生セシム故ニ児童ノ性質ヲシテ順々トシテ悪ヲ去リ善ニ遷リ以テ不善ニ陥ラサラ

シムルナリ抑児童ノ父母ニ孝順ナルモ兄弟ニ友（ママ）シテ国家ノ富盛ニ至ルモ皆教育上ノ収穫ナリ米人「アルバルトデホイデン」氏曰ク児童ハ邦家ノ財宝ナリト夫レ然リ今英国ノ盛大ヲ見ヨ文華隆盛人民ノ智識開明諸器械皆高妙ヲ尽セリ是即チ英国児童ノ果実爛漫トシテ万国ニ輝ヤクナリ(38)

『穎才新誌』掲載の作文は、どれも「立身」の意欲に溢れんばかりの文章である。いわく「富貴になりたければ勉強せよ」や「勉強は身を立てる基」が繰り返し登場する。一八七八年（同一一）二月二三日号掲載「勉強ハ何ノ為ナリヤ」などはその最も典型であろう。

抑勉強ハ身ヲ助クルノ本也、何トナレハ勉強スレバ必ズ身ノ幸福ヲ得ベシ、勉強セザレバ幸福ヲ得ルコト能ハズ、故ニ日々学校ニ行キテ能ク勉強セバ賢人トナリテ人ニ用イラレ又官位ニ登ルコトアリ、勉強セザレバ後ニハ必ズ愚人トナリテ其身ヲ終ルベシ、賢又甲乙アリト雖豈ニ愚人ノ内ニ入ンヤ(39)

注意しなければならないのは、文章のステレオタイプの奥にみえてくるものである。子どもたちが書いた作文だというにはパターン化ができすぎている。立証こそできないが、実は親や教師が代筆した可能性があるように思われる。仮に大人の代筆があった場合、重要なことはそうまでして掲載させたいという大人たちの願望にこそあろう。かくして『穎才新誌』の普及こそ「立身」が非常なる勢いにおいて社会に浸透したことを示すものである(40)。

2　一八七〇年代後半における高等教育機関

「立身」の受け皿となる高等教育機関について最後にまとめておきたい。

周知のように、一八七二年（明治五）学制前後の専門教育機関と高等教育機関はめまぐるしく改変する。翌七三年（同六）学制二編追加を受けて成立する二系統の学校体系（中学校―大学、外国語学校―専門学校）の中で、前者はほとんど機能していなかった。先にみた大学南校は、学制を受けて第一大学区第一番中学にさらに学制二編追加を受けて専門学校規程に準拠した東京開成学校に改称した。一方、東校は第一大学区医学校を経て東京医学校になる。ようやくにしてこの両者は、一八七七年（同一〇）東京大学として高等教育機関の名を獲得するが、実態は専門教育機関であった。また、大学での専門教育を充実させるため東京大学予備門を設置し外国語教育の徹底を意図した。

しかるに一八七〇年代後半、「立身」を志向する若者たちが実現する場合、その受け皿となったのは東京の、東京大学および東京大学予備門と東京外国語学校（英語以外の語学を教授）、工学寮など各省庁付置の専門教育機関、および愛知・広島・長崎・新潟・宮城・大阪に設置された外国語学校であった。

これらの学校の入学システムが実際どのように機能したか考察すべきであるが、実態を示す史料の発見などが今後の課題である[41]。若者たちの「立身」を、当時の学校教育機関はどのように受け止め一八八〇年代にアーティキュレーションが本格的に成立したのか考察せねばならない。

おわりに

ここまで考察したことをまとめておきたい。

第一に、分限思想としての「立身」は、武士社会の価値観であった。近世社会後期において幕府直轄学校や藩校において試験制度が役職任用と結ぶ形で制度化されるに及んで、武士社会では「立身」による上昇がありえた。後に近代化の指標となる業績に基づく移動は近世社会後期に武士の世界から始まった。

第二に、それらが、明治維新を経て新政府の初期エリート養成政策（とくに貢進生制度）に連続したのではないか、という疑問・仮説である。近世社会後期において、地元（藩）で優秀な若者を選抜し、江戸（昌平坂学問所）へ派遣する「人才」養成政策は、明治維新以降にも延長され、質的に連続したのではないかと推測しうる。今後の研究を待ちたい。

第三に、明治維新によって「立身」は分限思想から解放され、四民平等のもと、「立身」は盛んに喧伝された。とくに一八七二年（明治五）学制布告書や地域指導者たちが発した就学告諭は、「立身」の社会的汎化にあたって大きな役割を果たした。それは「立身」の内実を具体的に明らかにし方向付けた。「人々」は学問こそ「立身」の要であること、そのために近代学校設立という公共事業に参加すること、近代学校で学ぶことが勧奨された。

上記三点を総合化して考えるとき、日本近代化（および近代日本公教育）に果たした士族的エートス（価値意識としての「立身」、教育制度としての「試験制度」）がその中核を担ったというべきである。

第四に、それらの活動の中軸に位置したのは地域指導者たちであった。明治政府による近代学校設立政策は、地域的共同性に依拠せざるをえない一大公共事業であった。しかるに地域共同体のリーダーであった地域指導者たちは、多様な啓蒙活動を展開した。政府の初期啓蒙政策を地域レベルで支え、かつそれにとどまらず自分たち独自の啓蒙活動を展開していったのである。日本において近代化が始まったまさにその時期、地域指導者たちによる独自な活動は、それ自体大きな特質であった。

第五に、近代学校設立の基盤であった地域的共同性と地域指導者たちの活動によって、近代学校の地域的普及、さらに近代学校下での試験制度の急速な普及が実現した。学制下の近代学校設立で試験制度が、かくも早く全国的に普及したこと、その上学制章程による規程を超えて実施されたことを考えるとき、地域の指導者たちは近代学校下における試験制度に対し、近世社会後期に幕府直轄学校や藩校で普及した試験制度をモデルにしたのではないかと推測する。この疑問を解くためには地域指導者たちの学問観・教養観を考察しなければならない。

同時に、このことは、日本教育史の一つの通説である小学校—寺子屋連続説に対しても再考する課題を示すことになる。確かに、近代最初期における小学校の母体は寺子屋であったかもしれないが、同じく最初期に試験制度が速やかに普及・定着したことを考えるとき、幕府直轄学校や藩校での試験制度の影響が考えられるからである。

『穎才新誌』の発行は、いみじくも東京開成学校と医学校という両専門学校が合併して東京大学が成立した一八七七年（同一〇）であった。譬え専門学校レベルであったと評されてはいても、(42)近代日本が初の総合大学を発足させたその年に『穎才新誌』が創刊され、すぐに一大ブームとなるほどに「立身」は社会の隅々に浸透していったのである。

註

（1）木村元「日本社会における学校の受容と接続問題—起点としての一九三〇年代の教育と社会—」（『教育学研究』第七七巻第二号、二〇一〇年）一九頁。

（2）久木幸男他編『日本教育論争史録　第一巻』（第一法規出版、一九八〇年）二九五頁以降、花井信「日本義務教育制度成立史論」（牧柾名編『公教育制度の史的形成』〈梓出版社、一九九〇年〉所収）、土方苑子『近代日本の学校と地域社会』（東京大学出版会、一九九四年）など参照。

（3）従来の研究では、一八七〇年代は七二年（明治五）学制の発布および翌年の学制二編追加を受けて制度自体が目まぐるしく改変した時期であるがゆえに、この時期に存在した外国語学校や工学寮などの専門教育機関や高等教育機関などの実態解明が大きく立ち遅れている。しかしながら一八八〇年代に本格化する学校間のアーティキュレーションの全体像を把握する上で幕末以降の専門教育機関・高等教育機関の実態解明は不可欠である。本章は予備的作業を含めた試論である。

（4）茂庵老人『町人常の道』（小泉吉永編『近世町人思想集成　第八巻』クレス出版、二〇一〇年）一一丁。

（5）橋本昭彦『江戸幕府試験制度史の研究』（風間書房、一九九三年）三〇二～三〇六頁。

(6) 石川謙『日本学校史の研究』（小学館、一九六〇年）二〇六～二〇七頁。

(7) 江戸時代における「遊学」は、当該学問領域の最先端を求めたがゆえに、医学の場合は例えば長崎に遊（留）学するなど目的別に対象地が異なっていた。本章で述べた制度が定着してくると、遊（留）学先が江戸（東京）に一本化する。かくして江戸（東京）は若者にとって「立身」の象徴都市として位置付くことになる。下村泰大編『東京留学案内』は一八八五年（明治一八）に刊行されており、冒頭「只一東京々々トノミ口ニ称ヘ心ニ思ヒ東京サヘ出レバ袖手ヲ居ルモ大学者ニ成ラル、如ク考フルハ大ナル誤解」と述べているが、この記述からすでに一八八五年には東京が「立身」を象徴する都市になっていたことがわかる。下村泰大編『東京留学案内』（明治一八年。小川利夫・寺崎昌男監修『近代日本青年期叢書　第Ⅴ期 進学案内　第一巻』〈日本図書センター、一九九二年〉所収）。

(8) 唐沢富太郎『貢進生―幕末維新期のエリート―』（ぎょうせい、一九七四年）四一一～四三三頁。

(9) ここでの「国家」の意味については、川村肇「第一章第一節　学制布告書の論理」（『研究』所収）参照。

(10) 花井信・三上和夫「まえがき」（花井信・三上和夫編『学校と学区の地域教育史』川島書店、二〇〇五年）iii頁。

(11) この点に関しては、拙著参照。

(12) 堀尾輝久・宮地正人「対談　自由な人間主体の形成と教育」（『季論21』第三号、本の泉社、二〇〇九年）六二頁。

(13) 木戸孝允の一八六八年（明治元）一二月の建白書。牧原憲夫『日本の歴史十三　幕末から明治時代前期　文明国をめざして』（小学館、二〇〇八年）一二五～一二六頁。

(14) 福沢諭吉『学問のすゝめ』（『福沢諭吉全集　第三巻』岩波書店、一九五九年）四三頁。

(15) 堀尾・宮地、前掲対談、六二頁。

(16) 色川大吉編『三多摩自由民権史料集　上』（大和書房、一九七九年）一〇二頁。

(17) 牧原前掲書、一二六頁。

(18) 小野郷学を組織した石坂らは、学制発布を受け一八七三年（明治六）三月に「小野郷学解体届（ママ）」を神奈川県参事宛て提出するが、その中で「今般学則御一定小学校御取設相成候上ハ旧来之学観ニ拘泥罷在候テハ子弟之開化進歩をも阻隔致候様候ニ付、是迄之郷学速ニ解体」とある。色川前掲編書、一〇三頁。儒教的道徳・学問観からの変質がみえる。

(19) 『研究』参照。

(20) 同前「はしがき」。
(21) 堀尾・宮地、前掲対談、六二頁。
(22) ここでの叙述は、天野郁夫『試験の社会史』（東京大学出版会、一九八三年）、斉藤利彦『試験と競争の学校史』（平凡社、一九九五年）、竹内洋『立身出世主義　増補版　近代日本のロマンと欲望』（世界思想社、二〇〇五年）に多くを負っている。
(23) 学制着手順序には「生徒階級ヲ踏ム極メテ厳ナラシム（中略）毫モ姑息ノ進級ヲセシムベカラズ」とある。
(24) 『文部省第三年報　明治八年 上』三〇一頁。
(25) 『文部省年報　明治一〇年』一九二頁。
(26) 『文部省年報』を使用して、年代別・各県別にいかなる種類の試験が実施されたかをまとめておく。斉藤前掲書、五四〜五六頁の表をヒントに年代別に整理した。

〈明治七年〉
千葉県…進級試験・臨時試験・大試験
筑摩県…小試験・巡回試験・大試験

〈明治八年〉
埼玉県…試験・臨時試験
群馬県…小試験・進級試験・昇等試験
愛知県…昇級試験・巡回試験
浜松県…小試験・大試験・特殊試験
静岡県…定期試験・月末小試験
石川県…昇級試験・臨時試験
京都府…月末試験・小検査・大検査
和歌山県…例月試験・毎級卒業試験
鳥取県…定期試験・尋常試験
島根県…小試験・大試験

山口県…尋常試業・定期試業
宮崎県…定期試験・臨時試験
〈明治九年〉
神奈川県…春試・秋試・臨時試験
新川県…定期小試験・臨時小試験・大試験
三重県…小試験・定期試験・大試験
岡山県…恒例試験・進級試験・卒業試験
広島県…改級試験・尋常試験・再試験
新潟県…尋常試験・定期試験
山形県…小試験・定期試験・大試験
宮城県…小試験・大試験
青森県…定期試業・大試業
岩手県…卒業試験・臨時試験
〈明治一〇年〉
茨城県…定期試験（春秋）・大試験
栃木県…月末試験・定期試験
山梨県…進級試験・臨時試験
岐阜県…月次試験・昇級試験・臨時試験
滋賀県…半期試験・卒業試験・臨時試験
兵庫県…月次試験・定期試験・全科試験
愛媛県…月並小試験・卒業大試験
長崎県…小試業・中試業・大試業
福岡県…小試験・定期試験・大試験・臨時試験・集合試験

長野県…毎級程度試験・全科卒業試験
福島県…小試験・定期試験・卒業大試験・比較試験
秋田県…小試験・定期試験・大試験
〈明治一一年〉
高知県…恒例試験・小試験・大試験・臨時試験
熊本県…月次試験・定期試験・卒業試験・集合試験
鹿児島県…小試験・定期試験・大試験
大分県…小試験・定期試験・臨時試験・大試験

(27)『文部省年報　明治八年 上』一五四頁。埼玉県の事例。
(28)『文部省年報　明治一〇年』三一八頁。福岡県の事例。
(29) 斉藤前掲書、一〇一頁。
(30)『文部省年報　明治八年 上』三〇一頁。
(31)『文部省年報　明治一一年』二四一頁。
(32)『長野県教育史　第九巻』(一九七四年) 三九九頁。
(33)「明治九年丙午七月　枝校巡回日記」には次のような記述がある。

七月三日雨天　学校ニ於テ生徒試験　礼生徒十三人　八級十人　七級七人
右中礼生並八級生ハ午前午後ニ退校之処世話役ヨリ茶ヲ玉ハル旨申出候ニ付辞退ニ及候へ共世話一同面謁ヲ願フト申スユヘ相席ニ着座候□□時間移リテ生徒ハ入来ソロヘ候ヘバコレヲ外方雨中ヘ遊歩ヲ申付テ盃盤ヲ持参ニ及ヒ武田十代彦上座ニテ各世話役列席酒ヲ玉ハル(中略)試験中構内ニテ酒宴ノ義ヨロシカラズ且ツ参看《(ママ)》人モコレ有、中ニテ外見モヨロシカラズト申候ヘトモ聞入ナク(後略)

(「枝校巡廻日記」栗林士郎氏文書、長野県大町市文化財センター所蔵、史料番号三八八)

いかにも当時らしい光景である。子どもたちの厳粛な試験の場であるはずの学校で、しかも試験会場の隣で大人たちは宴席を広げている。試験が、地域指導者たちの一つの寄り合いの場であったことが窺われる記録である。なお、本史料については新潟大学の塩原佳典氏からのご教示による。同氏に深謝する。

(34) これら啓蒙書の内容について竹内洋は「『学問のすゝめ』に頻出する立身・富貴・賢愚・貧賤などの用語は『実語教』をはじめとする教訓本によくつかわれている言葉」だと指摘している（竹内前掲書、一一頁）。キーワードの類似性と同時に、そうしたキーワードの使われた文脈、どのような意味で使用されたか、などの検証もまた必要となる。

(35) 同前、一六頁。

(36) 同前。

(37) 『穎才新誌』第四一号（一八七七年〈明治一〇〉一二月一五日。東京大学大学院法学政治学研究科附属近代日本法政史料センター〈明治新聞雑誌文庫、原資料部〉所蔵）。以下、同誌からの引用はすべて同センター所蔵である。

(38) 同前、創刊号（一八七七年〈明治一〇〉三月一〇日）。

(39) 同前、第五一号（一八七八年〈明治一一〉二月二三日）。

(40) 普及した根拠として投稿者の厳密な分析が必要であるが、ここでは属籍として華族・士族のみならず平民が多く投稿している事実を指摘するにとどめ、投稿者層の分析は今後の課題としたい。

(41) これらの学校のごく一部の入学システムの概要は次のとおりである。

①東京大学法理文三学部の場合（「東京大学法理文三学部編成及要旨」註(7)の下村泰大編『東京留学案内』所収）

一　入学ノ期ハ毎年学ノ始メ一回トス但時宜ニ依リ第二及第三学期ノ始メニ於テ入学ヲ許スコトアルベシ（中略）

一　法理文三学部第一年級ニ入ルヘキ者ハ其齢十六年以上トシ第二年級ニ入ル者ハ十七年以上トス其余之ニ準ス

一　第一年級ニ入ルヲ許スヘキモノハ予備門卒業ノ者若シクハ該門ニ於テ試業ヲ施シ之ニ等シキ学力アリト認ムル者ニ限ルヘシ（中略）

一　入学ヲ願フ者ハ第一号書式ノ入学願書並ニ入学試業ニ合格シタル予備門ノ証書ヲ添ヘ本学教務ヘ出スヘシ但予備門ヨリ進入スル者ハ入学願書ヲ要セス

年齢一六歳以上で予備門修了程度の学力が求められ、学期初めに入学が許可されている。

②東京大学医学部の場合（「東京大学医学部教旨」同前所収）

第五条　別科医学生及製薬学生徒ハ年齢十八年以上ニシテ第六条ノ試業科目ヲ及第スルモノトス

但別課医学生徒ハ毎年二回即チ五月十一月製薬生徒ハ毎年一回即チ十一月トス

第六条　入学試業科目

科　目	医学予科	別課医学	製薬学
読　書	日本外史	史記白文訓点講義	日本外史講義
算　術	分数少数比例		分数比例
独逸語	作文及訳		英仏及独逸内素読
書　取	独逸文		真片仮交文章
体格検査			

③東京大学予備門の場合（「東京大学予備門教旨」同前所収）

第六条　第一年級最下ニ入ルヽ可キモノハ其齢十四年以上トシ第二年級ニ入ルヘキモノハ十五年以上トス其余之ニ準ス

第七条　第一年級ニ入ルヲ望ム者ハ少クモ次ニ掲クル科目ヲ予修シ其試業ニ合格スルニアラサレバ入学ヲ許サス

釈解（訳読・反読）　スウイントン氏万国史　グードリッジ氏英国史　サンダル氏第四読本

文法（字学解剖）

算術（終リ迄）

代数（トドシター氏小一次方程式終リ迄）

幾何（ロビンソン氏第三ノ巻終リ迄）

地理（総体大意）

和漢文（日本外史講義）

第八条　第二年級ニ入ルヲ望ム者ハ其級ニ必要ナル諸課目（ママ）ノ試業ニ合格スルヲ要ス

この他に、「入学規則追加」をみると、地方中学校卒業者は英語以外の試験を日本語で受験し、それに合格した場合には予備門で一年間英語を学びその後予備門二級に入学するシステムである。地方中学校の実情を考えるとき、この規程はほとんど機能しなかったと思われる。

④長崎英語学校規則（『近代日本学芸資料叢書第四輯　明治初期教育関係基本資料　其之二』一丁、湖北社、一九八一年翻刻による）

第四条　入学生徒ハ（中略）満十四年以上十七年以下トス　但学業優等ノ者ハ年齢此限ニアラス
第五条　生徒ハ小学科卒業セシ者トス　但小学校完全ノ日迄日用文書ニ通セシ者ハ入学ヲ許ス
第六条　入学ハ毎歳定期試業二月九月ノ後トス　但欠員アレハ臨時入学ヲ許ス

⑤広島英語学校規則（『近代日本学芸資料叢書第四輯　明治初期教育関係基本資料　其之二』湖北社、一九八一年、二五～二六頁）
第一　入学ハ毎年両度ニシテ定期試験ノ後トス　但時宜ニヨリ臨時入学ヲ許スコトアルベシ
第二　入学ハ始メ仮入学ヲ許可シ本人ノ勉強ト行状トヲ実験シ然ル後本入学ヲ許可スベシ（中略）
第四　入学ヲ願フ者ハ入学願書差出スベシ次ノ規則ニ依リ試験ヲ加ヘ合格ノ者ハ之ヲ許可スベシ
一　入学生徒未ダ英語ヲ解セザル者ハ上等小学ノ教科ヲ以テ其学力ヲ試験ス
二　入学生徒既ニ英語ヲ解シ得ル者ハ其学力ノ浅深ニ拘ハラス普通科第八級ノ教科ヲ以テ之ヲ試験ス

（42）『東京大学史　通史二』（一九八四年）四一五頁。

第二章　就学告諭研究の課題と方法

一　就学告諭研究の課題と意義

本章は、筆者が代表者となった共同研究の成果・『研究』の序章を収録した。

本共同研究は、府・藩・県の地域政治指導者たちが、幕末・維新期から府県統合がほぼ今日の形になる一八七六年（明治九）までの期間において学問奨励・学校設立奨励のために発した言説である就学告諭を可能な限り収集し、そこで用いられた論理を分析することを目的としている。

一般に、就学告諭とは、学制布告書末尾「右之通被仰出候条地方官ニ於テ辺隅小民ニ至迄不洩様便宜解釈ヲ加へ精細申諭文部省規則ニ随ヒ学問普及致候様方法ヲ設可施行事」を受けて地方官が発した文書・言説と捉えられている。今日一般にいわれる就学告諭に関する類義概念が最初に用いられたのは、海後宗臣の就学諭告だと思われる。海後は、『日本近代学校史』において「各府県は太政官の布告の精神を体してこの新しい学校観を管内に普及せしめ、就学を訓諭した[1]」と述べ、そのすぐ後で具体例として「群馬県の就学諭告」を紹介している。太政官の布告の精神を体した新しい学校観の管内普及、という海後の捉え方に留意したい。海後のいう就学諭告が、就学告諭となるのは、『日本近代教育史事典』の中の「就学告諭」（大田倢執筆）が最初である。ここで大田は「明治五年の『学制』を施行するに際し、学制序文（被仰出書）の趣旨を解説して学校の設立と就学の奨励のために各県で管内の人民に示した説諭」と定義した。(2)その後の研究史は、周知のとおり学制研究は飛躍的に発展するが、就学告諭そのものの研究はほとんど進んでいないのが現状である。

就学告諭を学制布告書の補足として捉え、学制布告書を受けて人民に周知徹底するものと捉えた場合、就学告諭は中央から地方へと一方的に政府の方針を徹底するための文書・言説となり、就学告諭の有する固有の意義を深めることは困難である。

そもそも就学には学問に就くことと学校に行くこと、の両義がある。また、告諭とは一般に告げ諭すことである。幕末・維新期には多様な就学を説く文書・言説が存在し、そこには実に多様な学問観や学校観がみられた。さらに一般に告げ諭すという場合の「一般」も重要な研究対象である。なぜならば、近世社会において支配階級とされた武士以外の階層が、ここでいう告諭の対象たるべき「一般」とされたとき、意味する「一般」は地域によって異なると予想されるからである。

本研究は、就学告諭を従来のように学制布告書を受けた補足的な文書・言説と捉えてはいない。そうではなく、幕末・維新期から学制期を経て府県統合が一段落する一八七〇年代後半までの一〇年間を対象とし、地域指導者によって発せられた学びに就くことを奨励した文書・言説と捉えた。

このように捉えることによって、第一に一八七二年（明治五）学制と前後する時期、すなわち近世から近代への移行期における就学奨励言説の論理展開を歴史的に分析し、第二に就学告諭発布に至る地域の主体的契機をあらためて検討の俎上に載せる。そして第三に、中央政府が発した学制布告書それ自身を就学告諭の中で位置付けなおし、同学制布告書を就学告諭の流れの中で捉えなおす新たな視点を提出したい。

さて、本研究は、可能な限り就学告諭を収集した（『研究』所収の巻末資料およびデータベース参照）。このように地域指導者による学校設立・学問奨励の文書・言説がこれほど短期間のうちに非常に多数発せられた時期は空前にして絶後であるといわねばならない。それは一体何故であろうか。ここで就学告諭が成立する諸条件を考察しておきたい。

第一に、幕藩体制下における商品・貨幣経済の発展とその政治的表現である百姓一揆の高揚である。これら体制的危機による幕藩の改革時に、同時に欧米資本主義列強の圧力による開国が重なり国内情勢は倒幕へと展開、一八六七年（慶応三）の王政復古と徳川慶喜による大政奉還によって徳川幕府が崩壊、明治新政府が成立した。

第二に、今述べた時代の転換期において、政治・経済的背景を土台に民衆の教育要求も深化していく。幕末・維新期までに日本の民衆の教育要求がその生活に内在する形で量的にも質的にも深化していた。入江宏は「十九世紀の日本は一種の教育爆発の時代といってもよく、民衆の学習熱は高揚し、手習塾から最先端の洋学塾までさまざまの水準の私的な塾が成立し」(3)たと述べている。この学習熱の内容に関しては布川清司が多面的に述べているがここでは立ち入らない(4)。このように、民衆における教育要求の量的・質的深化の中で維新変革期を迎えることになる。この教育要求は、森川輝紀(5)やひろたまさき(6)が指摘するように、新政府の教育政策に対する拒否と受容の両側面を内包させつつ、しだいに近代学校の設立を受容していくようになる。

第三に、維新変革期の「開化」の性格である。丸山真男は論文「開国」の中で、「閉ざされた社会の急激な崩壊がまず直接に人民に社会的現実として実感されるのは、経済の混乱と道徳的アナーキーである」と指摘し、「御一新」は「雨のように下る『御布告』によ」り始まるが、それは「人民の日常的行動様式まで」及んでおり「御布告による『開化』」が命ぜられた、と述べている(7)。丸山の指摘するように、「上から」の開化政策が、一気に、「雨のように下る『御布告』」によって始まる以上、地域の実情と乖離せざるをえない。

第四に、その乖離を克服すべく役割が期待されたのは地域的指導者たちである。丸山のいう開国に伴う「閉じた社会から開かれた社会」への大変革の中、地域指導者たちは、中央政府が「雨のように」発する布告を地域の実情に対応させつつ実現していくことが課題であった。一八七一年（明治四）の廃藩置県実施と戸籍法による区長・戸長設置後、彼らが成し遂げねばならない行政事務は日毎に増大せざるをえず、経費負担も莫大であった。こうした状況下、全国画一的に実施された行政課題は、戸籍簿の編成、徴兵令、そして学校設置であった。

近代化の諸課題は、開国による西洋文明の流入と文明開化の諸課題であり、それへの対応は地域指導者たちの明治維新そのものであった。彼らの最大の役割は、総じて「客分」であった地域民衆を、彼らが認識した新時代像の市民へと育成することであった(8)。その意味において、地域指導者たちが地域における近代化・文明開化に対応するためには、まずは学問の奨励（そのための学校設置の強調）それ自体が最も基礎的な課題として位置付かざるをえなかった。

要するに、就学告諭は、幕末・維新変革期の急激な近代化（西洋化）という未曽有の社会変革の中で、地域における近代化を一身に担った地域指導者たちによって発せられた。彼らは、急激な近代化を実現すべく、まずは地域民衆自身の啓蒙こそ不可避の課題であることを認識していた。それゆえに就学告諭を通じて、学問の重要性・学校で学ぶことの重要性を説いたのであった。他方、近世社会を通じて量的にも質的にも広がりをみせた民衆の教育要求は、就学告諭というフィルターを通して、近代的な教育要求・学校設立の基盤へと方向付けられていったと考えられる。

次に、就学告諭の多様性についても考察しておきたい。就学告諭の名称は、「私立学校設立ニ関スル告諭」（青森県・明治六年五月二五日）、「興学布達」（秋田県・明治五年九月）、「農商小学大意」（福井県・明治五年一〇月）、「学制解訳」（山梨県・明治六年六月二八日）等、発布主体・内容の論理と使われたトピック・形式などにおいて多様である。その多様性は、幕末・維新期における政治的諸条件や地理的位置、社会経済的背景や地域指導者の啓蒙性など、地域的多様性によるものである。例えば、高知県の「学事奨励ニ関スル権令ノ告諭」（明治八年四月）は「外国との交際」を意識するがゆえに「人民の劣弱なる国は自然外国より凌辱」される危機意識を強調するが、これなどは高知県の地理的位置と関係し、愛媛県（石鉄県）の「学校設立男女教育ノ告喩」（明治六年二月）は、指導者内藤鳴雪の平等思想が反映している就学告諭である。このように、就学告諭は、地域の諸条件に即した形で登場した。

二　先行研究の検討

これまでの日本教育史研究において、一八七二年（明治五）学制に関する研究は蓄積されてきたが、就学告諭に関しては先にも述べたように言及ないし紹介程度である。ここでは言及ないし紹介されている文献・論文を取り上げ、就学告諭の位置付け・役割に関する研究史を整理しておきたい。

すでに紹介したように、海後は、「太政官の布告の精神を体してこの新しい学校観を管内に普及」したと説明し、山梨県、群馬県、滋賀県の告諭を紹介している。(9) 大田倢は論文「明治五年学制について」において、学制の一側面として国家の求める教育と民衆の教育との乖離を生ぜしめたことを指摘し、愛知県と山梨県の就学告諭を紹介した。(10) さらに土屋忠雄は、「被仰出書の末段に地方官はその趣旨を便宜解釈を加えて、『辺隅小民ニ至ル迄』洩れなく伝えるようにと述べてあるが、これにしたがって、各地で種々の告諭類が発せられている。大同小異であるが、次に掲げる神山県告諭（明治六年二月十五日）の一節は、よく学制の実学主義を伝えているものと言えるであろう」(11) と指摘。その上で、「学問、教育の効果を人々の生活、人生の禍福と結びつけ」たとして佐賀県と奈良県の就学告諭を、「国家のために勉励せよという趣旨を加えて説い」たとして愛知県・堺県と愛媛県の就学告諭を紹介した。(12)

海後・大田・土屋に共通している点は、第一に依拠した資料が、いずれも「日本教育史資料書」にある点、第二に就学告諭を一八七二年（明治五）学制を受けて出されたもの、と把握している点である。とくに土屋は、就学告諭の類型化を試みた先駆的研究であるが、就学告諭に独自に出てきた「国家のために勉励せよ」という、学制布告書には全くない論理をそれへの付け加えとしてしか捉えなかったため、その意味を十分考察することができなかった。

先にも指摘したように、就学告諭に関する最初の定義は大田執筆「就学告諭」であった。大田は先の定義に続いて「就学告諭のなかには、むしろ学制序文の趣旨に反して『学制』が富国強兵策の一環として一般人民の文明化の役割を受け持つという政府の立場を端的に伝えているものもある」と解説し、山梨県就学告諭と愛知県就学告諭、さらに筑摩県令永山盛輝の就学奨励説諭を紹介した(13)。大田が、府県の就学告諭によって内容が異なること、とりわけ「学制序文の趣旨に反して」出された告諭の存在も指摘していたのは重要である。

一九七三年（昭和四八）に出された尾形裕康『学制成立史の研究』と海後宗臣『明治初年の教育』の両著とも幕末・維新期（ただし、尾形の場合最も古い例が一七六二年〈宝暦一二〉まで遡っている）を中心に、学制成立過程におけるさまざまな建白書に注目している。尾形は、その「資料編」には四四もの建白書をあげているが、その中には一八七二年（明治五）学制以前に出された注目すべき就学告諭も含まれている。しかし、尾形は建白書と就学告諭を区分していない(14)。他方、海後は「新政府は明治維新の精神に基づいて教育方針の大綱を示したのであるが、同時に各府藩県は教育振興のためその地方に布告諭達を発している。それら各地における新方針をみるとどのような思想によって教育振興の諸問題が取扱われていたかを知ることができる」と述べ、諸藩の布達類を紹介する。さらにその上で諸藩の布達を、「新しい時代に応ずる人材を教養する」方針、「藩の学校」で士庶平等に教育する方針、庶民を対象とした教育機関を設置する方針、と三区分した(15)。海後の研究は学制以前の就学告諭の類型化の先蹤であった。

佐藤秀夫「児童の就学」は、学制を補足する就学告諭としての捉え方は変化ないものの、従来の研究で使用された「日本教育史資料書」をはじめ刊行されはじめていた都道府県教育史を活用し、初めて就学告諭の類型化を試みたものであった。佐藤は「府県当局者は、その子女を小学校へ就学させる意味と必要性について民衆に説明し、啓蒙することからはじめなければならなかった。府県によっては数次にわたり、かつ内容も学校設立・その維持費負担・児童の就学と多岐にわたる場合があったが、ここでは従来からの慣行に従って、それらを『就学告諭』と概括する」(16)と述べた。佐藤は、さらに続いて、就学告諭を次の六つに類型化した。第一に「太政官布告の『学制序文』の趣意を自己管内の一般民衆に説きあかすという方式」の例として大阪府と山梨県、第二に「『実用学への志向』が認められるもの」として奈良県と堺県、第三に「対外危機感に裏打ちされた国家意識の強調。民衆のもつ民族意識に訴えかけるもの」として前出の堺県と富山県・愛媛県、第四に「教育における封建的身分制の否定、四民共学」として愛知県・滋賀県・神山県・熊谷県・印旛県、第五に「『学問』による立身出世の可能性を喧伝するもの」として佐賀県・青森県、第六に「女性に対して特に就学を呼びかけたもの」として山梨県・島根県・茨城県、の就学告諭を分類した(17)。

また戸田金一は、就学告諭を「諸府県の学制受け止め関係文書」と位置付けそれらを八つに分類している。第一に「学制に先行してほぼ同趣旨の理念を開陳したもの」として香川県・大分県・奈良県、第二に「学制発布の事実を知らせるもの」として宮城県・栃木県・静岡県・長野県、第三に「被仰出書を分かり易く書いて諭したもの」として筑摩県、第四に「現状の継続を述べたもの」として京都府、第五に「地方の実情から現実的な内容を述べたもの」として埼玉県・神奈川県・相川県、第六に「学校の経費に触れたもの」として酒田県・敦賀県、第七に「従来学校廃止に触れたもの」として群馬県・小倉県・青森県・長崎県、第八に「学制の理念に抵触のおそれあるもの」として石川県と神山県、の就学告諭を分類した(18)。

佐藤と戸田の研究の特徴は、刊行されつつあった各都道府県教育史を資料として学制発布に関連し各府県がどのように対応したかという視点で府県が発した就学告諭（戸田の場合は学制受け止め関係文書）の特徴を分類した点にある。

寺崎昌男は、学校のあり方が根本的に問われている今日の日本の学校において、「なぜ学校にいくのか」という問いに対し、就学告諭研究の有効性を示した。すでに寺崎は、「『就学校こそ専一的に『就学』を示すという学問観・教育観」の成立を指摘していたが[19]、就学告諭を次のように定義付けた。「幕末から維新革命を経た直後の時点で『日本国民は何故子どもを「学校」という場所に通わせなければならないのか』という問題をめぐって、建設期にあった政治権力の側が、どのように日本の親たちを説得したのか」、そのことを示す言説・文書が就学告諭だというのである[20]。寺崎は、就学告諭を以下のように重層的に位置付けることによって、教育学・教育史研究の重要な課題の俎上に載せた。すなわち「『学校に通う』という行動の前提となる国民の合意形成が、どのような論理の基に用意されてきたのかを語る文書群[21]」と指摘、「学校に行く」国民的合意が形成される時期の論理構成に注目することで現代教育学研究にとってのアクチュアリティを示した。さらに対象時期を「維新後廃藩置県（一八七一）に至るいわゆる『府藩県三治制期』」にまで視野を拡げたことで、一八七二年（明治五）学制を補足する文書としての性格を解き放ち、就学告諭を独自に研究対象とする重要性を示した。幕末・維新期から学制を経た時期が「文化伝統が色濃く残り、他方には『文明開化』の先駆をなす動きがあり、この二つが混在ないし混淆[22]」したとして就学告諭の内容の比較考察と共通タームの検討を分析の視点として提起した。それは、同時に学制布告書末尾（右之通被仰出候条……）に対する各地域の対応をみることで「地域の状況に応じた解釈を加えることができる[23]」とし、就学告諭を伝統文化と一八七二年（明治五）学制に代表される文明開化の相剋の中で捉える視点を提出した。

研究史を整理してわかることは、学制布告書の補足としての文書という位置付けから就学告諭を独自の研究対象として位置付けてきたこと、使用された資料としては「日本教育史資料書」から刊行された都道府県教育史へと変化していること、である。

全国的な規模で就学告諭を調査・収集し、その分析に基づいて従来の定義や一八七二年（明治五）学制前後を通して捉え、従来の類型化を批判的に検討することが研究史上も重要な課題と位置付くのである。

三　本研究の特徴と視点・方法

『研究』の最大の特徴は、全国悉皆調査によって、可能な限り多くの就学告諭を収集し、整理分析したことである。そのうち、今回の調査で新たに発見した資料および第一次資料を確認した上で初めて全文を翻刻した資料は約二〇である。

『研究』は、これらの収集した資料を次の視点・方法によって分析・考察した。

第一に、就学告諭の発布主体（発信者）と発布対象（受信者）、さらに頒布方法に関する分析である。これらへの着目は、就学告諭の基礎的事実であるがゆえに当然の分析視角である。就学告諭の場合、府県レベルで発しているため発布主体（発信者）は多様であり、しかも彼らが就学告諭文作成者であるとは限らないため多くの事例において作成者個人を特定することは資料的に不可能である。『研究』では作成者に十分留意しながら発布主体（発信者）の分析を試みた。次に、発布対象（受信者）についてだが、ここでも厳密な意味での発布対象（受信者）の特定は難しい。文書の表記などからより地域民衆に近い指導者層（区長・戸長など）を経由して最終的には民衆を対象とした。総じて、発布主体（発信者）と発布対象（受信者）自体が重層的である。頒布方法についてだが、学制布告書に「辺隅小民ニ至ル迄不洩様便宜解釈ヲ加ヘ精細申諭」とあるにも関わらず、従来の日本教育史研究では「辺隅小民ニ至ル迄」政策が浸透していく過程はほとんど対象とされてこなかった。『研究』は、具体的に資料で明らかにしうる範囲で頒布方法を明らかにした。

第二に、就学告諭の歴史的性格と言説構造を明らかにするために、就学告諭を地域の歴史的諸条件において読み解いたことである。そのため、とくに以下の二点を留意した。まず、幕末・維新期の当該地域の政治・経済・社会的特質の中で位置付けること、もう一つは、当該時期における地域の開明的啓蒙政策の特徴とその主体の中で位置付けること、である。これらの視点が重要であることは、すでに上述したごとく就学告諭成立の社会的諸条件と関連しているので深い説明は不要であろう。

要するに、『研究』では、就学告諭を発した地域の政治・経済・社会的諸条件を明らかし、さらに地域の開明的政策の推進主体を明確にする中で就学告諭を読み解くことを試みた。

第三に、就学告諭の言説を通じて内容を分析しようとしたことである。『研究』は、収集した就学告諭の、とりわけキーワードに注目しそれらの関係性においてその内容を全体として捉えることにした。

註

（1）海後宗臣「日本近代学校史」（著作集編集委員会『海後宗臣著作集　第四巻』〈東京書籍、一九八〇年〉所収、初出は一九三六年）六〇頁。

（2）大田倢「就学告諭」（日本近代教育史事典編集委員会編『日本近代教育史事典』平凡社、一九七一年）三頁。

（3）入江宏「概説」（『講座　日本教育史』編集委員会編『講座　日本教育史　第二巻』第一法規出版、一九八四年）二〇九頁。

（4）布川清司は当時の民衆の学習熱は、次のような生活の必要性から生じてきているという。「生きるための武器としてという物質的・実学的必要性、人間らしく生きるためという精神的・倫理的必要性、慣習や伝統を知るためという慣習的・伝統的必要性、芸能的・祭祀的必要性、信仰的・宗教的必要性、生命再生産のための必要性」（布川清司『近世民衆の生活と学習』神戸新聞出版センター、一九八八年）。
(5) 森川輝紀「『学制』の民衆的受容と拒否」（前掲註(3)書所収）。
(6) ひろたまさき『文明開化と民衆意識』（青木書店、一九八〇年）参照。
(7) 丸山真男「開国」（『丸山真男集　第八巻』岩波書店、一九九六年）六九〜七一頁。
(8) 新しい時代をどのような時代として地域指導者が捉えていたかによって「市民」像は多様である。牧原憲夫『客分と国民のあいだ』（吉川弘文館、一九九八年）参照。
(9) 海後前掲「日本近代学校史」六〇頁。
(10) 大田倢「明治五年学制について」（『教育学研究』第一八巻第三号、一九五〇年）。
(11) 土屋忠雄『明治前期教育政策史の研究』（文教出版、一九六八年）八五頁。
(12) 同前、八六〜八七頁。
(13) 大田、前掲「就学告諭」三〜四頁。
(14) 尾形裕康『学制成立史の研究』（校倉書房、一九七三年）。
(15) 海後宗臣「明治初年の教育」（著作集編集委員会編『海後宗臣著作集　第八巻』〈東京書籍、一九八〇年〉所収、初出は一九七三年）六二頁。
(16) 佐藤秀夫「児童の就学」（国立教育研究所編『日本近代教育百年史　第三巻　学校教育一』一九七四年）五九四頁。
(17) 同前、五九四〜五九九頁。
(18) 戸田金一『秋田県学制史研究』（みしま書房、一九八八年）三〇〜四四頁。
(19) 寺崎昌男「教育令と外国教育法の摂取」（日本教育法学会編『講座　教育法　第七巻』総合労働研究所、一九八〇年）一三七頁。
(20) 寺崎昌男『日本の教育課題　第三巻　何故学校にいくのか』（東京法令出版、二〇〇〇年）一五頁。
(21) 同前、七頁。
(22) 同前、一五頁。
(23) 同前。

〔付記〕　就学告諭研究全体は、『研究』刊行後、第二次就学告諭研究会により全面的に再検討され深化していった。その成果は『形成』として公刊された。

本章の論文は、『形成』所収の第一部「就学告諭とその論理」第一章「就学告諭とは何か―就学告諭の再定義―」において、大間敏行によって就学告諭の定義や収集した資料等について全面的に再検討されている。しかしながら、課題設定と研究史の整理など今日でも有効だと思うため、あえて発表当時の原文のまま収録した。論文中「本研究」とあるのは『研究』を指している。原著論文では採用した就学告諭に『研究』所収の資料番号を付したが煩雑になるためここでは資料番号は付せず、発行年月日を和暦で付すことにした。

第三章　就学告諭における「強迫性」

課題設定

本章の目的は、一八七〇年代に地域指導者たちが発した就学告諭の中の、「強迫性」に着目して、その内容と文言を整理することにある。それは、文部省および府県レベルでの初等教育政策における就学政策が一八七〇年代から一八八〇年代にかけて転換したのではないかというより大きな枠組みの仮説と課題意識に基づいている。この点を敷衍していえば、一八七〇年代の就学政策の基調は勧奨が中心で、一八八〇年代のそれは督責が中心となる、という捉え方である。この点は、後述するように先行研究でも指摘されている。課題としたいのは、一八七〇年代の就学政策を勧奨と規定しながら、その勧奨の中心的役割を果たした就学告諭の中に強迫性を考察するという点である。言い換えると一八七〇年代の勧奨政策の中に「強迫性」を捉え一八八〇年代の就学督責政策との間での連続と非連続を考察、地域指導者たちが発した就学告諭をあらためてその構造の中に位置付け、歴史的意義を明らかにすることである。

一八七〇年代を「就学督励」の時代、八〇年代を「強迫教育」の時代と特徴付けたのは佐藤秀夫である[1]。佐藤の研究は、森文政期を公教育制度成立の画期として区分する当時の研究状況にあって、一八七〇年代と八〇年代の構造転換に注目するという意味において、先駆的業績であった。しかしながら、その分析は、中央政府の初等就学政策に限定されており、府県における初等就学政策の展開は、それほど単純に区分することはできない。なぜならば、一八七〇年代に展開される就学勧奨政策それ自体の中にすでに「強迫性」が内在しており、一八八〇年代に展開される就学督責政策の中に、七〇年代の政策であった勧奨の要素が含まれているからである。

具体的に述べると、一八七〇年代の初等就学政策は、府県レベルまでみると少なくとも二重構造となっている。すなわち、一方で就学告諭を発して就学勧奨政策を採りながら他方で就学督責政策をも同時に採用し[2]、さらにいえば、就学告諭の内容自体に厳しく就学を説き、その内容において限りなく督責に近い告諭が少なからず存在する。

就学告諭の中で、全体としては勧奨の性格をもちながら督責に近い表現で「強迫性」を醸し出している具体例として学制布告書自体を取り上げてみよう。同学制布告書は、文部省が発した就学勧奨の文書である。そこに「強迫性」を読み取ることができる。二例を指摘しておきたい。一つは「幼童の子弟は男女の別なく小学に従事せしめざるものは其父兄の越度たるべき事」で使用される「越度」である。これについて『大辞林』には「律令制で通行証を持たずに関を経ないで間道をぬけること、法に反すること」とあり、『難読語辞典』では「責任をとらねばならない失敗」、『歴史民俗用語よみかた辞典』では「近世の罪過の意味」と説明している。「オツド」と読むことはいずれも共通だとしている。つまり近代的な言い方をすれば、罰則を伴う罪過で違反、ということである。全体として就学を説きながらそれに従わない父兄に対しては強く責任を問うているわけである[3]。

もう一例は、文体が変化する「右之通被仰出候条」で始まる末尾の文章「地方官ニ於テ辺偶小民ニ至（中略）学問普及致候様方法ヲ設ケ可施行事」である。ここでは明らかに地方官に対して徹底した普及施策を上から指示・要請している。このように学制布告書は、全体として学びの自発的喚起・就学の勧奨・奨励を前面に出しながら地方官への学校普及施策の徹底と、幼童子弟に対する父兄の就学責任を論理において内包していたのである。

文部省の意図や学制布告書が例示した範囲を超えて出された多種多様な就学告諭が存在したことが指摘されている。(4)「強迫性」も例外ではなく、学制布告書や文部省の意図をおそらく超えた、多様な「強迫性」を就学告諭の中に見て取ることができる。

本章の目的は、そうした就学告諭の全体像を明らかにしようとするものである。なお、先に示した一八八〇年代に展開される就学督責政策の中に、七〇年代の政策であった勧奨の要素が含まれている、とした論点を簡単に説明しておきたい。

周知のように、一八八〇年（明治一三）第二次教育令は、第一次教育令を引き継ぎ「学齢児童」の「就学」を「父母後見人ノ責任」と規程しながら、課程修了の最低限を「一六週日以上」（第十五条）「三箇年以上」（第十六条）と明確化し、続けて「但就学督責ノ規則ハ府知事県令之ヲ起草シテ文部卿ノ認可ヲ経」とした。そのモデルケースとして文部省は一八八一年（同一四）達・第二号・就学督責規則起草心得を制定した。この心得は、小学校への就学を行政がいかに管理するかを具体的に示したものである。その第五条とは、「学務委員ハ小学校教員ノ報知ニ因リ欠席ノ多寡ヲ検査シ時々父母後見人等ニ就キ欠席ノ事故若クハ理由ヲ質シ其謂レナキニ於テハ篤ト将来ヲ戒諭シ或ハ更ニ其筋ノ説諭乞フコトアルヘシ」とある。ここでも「篤ト将来ヲ戒諭シ或ハ更ニ其筋ノ説諭」を求めているのである。説諭行為は継続している。

一八七〇年代の就学政策は、①全体として勧奨励政策が主流でありながら一部に督責政策がみられたこと、②その勧奨政策の中に「強迫性」がみられること、として特徴的である。他方、一八八〇年代の就学政策は、全体として就学督責政策が主流でありながら、そこに勧奨（説諭行為）を内包していたと捉えることができる。

本章は、こうした課題意識のもとで、七〇年代に発せられた就学告諭の中の「強迫性」の論理と内容を分析するものである。

次に、ここで分析対象の告諭としたのは以下のとおりである。第一に、学制布告書と同じ「越度」（あるいは「落度」）という文言を用いた告諭。第二は、民衆の心性にわかりやすく訴える言葉——子弟を就学させない親は「禽獣」に劣る、就学させない行為は「子弟を捨てる行為」、就学させないのは「父兄の恥」など、とした告諭。第三に、子弟の就学を「官や父兄の責任」、などとする告諭。第四に、就学を「権利と義務」とする告諭、である。さらに最後に就学行政の実際が示されている告諭と史料を取り上げ、整理した。これらを通じて、法制における「義務」制成立に先行して民衆の生活の中で「学校に行かねばならない」という強迫性がどのように形成されたかを明らかにする。

一　「越　度」（「落度」）

学制布告書における「越度」の意味についてはすでにみたとおりである。ここでは学制布告書の解説を就学告諭として発した大阪府における就学告諭を素材にして「越度」がどのように解説されたかをみておこう(5)。

該当部分について大阪府の告諭（一八七三年〈明治六〉一月一三日）は次のようにある。

御規則中ニハ幼童ハ六歳ヨリ男女ノ別ナク入学イタサセヨト見ユ、若入学セシメサルモノハ其父兄ノ越度トナリテ、御咎メヲモ蒙ムルへキコト

このように「越度」を「御咎メヲモ蒙ムルへキコト」と解説し原文の意図を強めている。

同じ「越度」を用いた就学告諭には、愛知県と字は異なるが「落度」を用いた長野県の、二例の告諭がある。愛知県の告諭（年月不明）は「小児六歳以上にして就学せざるは其父兄の越度たるべしとの御布告あり軽忽にすべからざ

るは固よりなり」と、学制布告書と同等の使い方をしている。

「落度」の例

次の長野県の告諭（年月不明）は「落度」という言葉を使用した例である。

　　夫々学校相立候上ハ受持学区内ニ生徒無クハ取締ノ落度村ニ生徒無クハ戸長世話可方ノ落度、家ニ小学校生徒年齢ノ者有テ就学セザレバ戸主ノ落ド、各職掌ニ依テ勉強セサレバ落度有之也

この告諭は、学区取締・戸長世話役・戸主と明記した上で「落度・ド」をそれぞれ使用している点で特徴的である。「課題設定」で確認したように「越度」は強い意味を発した言葉であるが、告諭として使用された例は意外にも少ない。むしろ多様な言い回しで「強迫性」が示されたとみるべきである。

二　民衆の生活用語を用いた「強迫性」

次に、民衆の生活水準に即してわかりやすい例を示し、その上で「強迫性」を示した告諭を検討する。ここでは（イ）「禽獣」、（ロ）「子弟を捨てる」、（ハ）「恥」という言葉に注目する。とりわけこれらの言葉が使われた文脈に着目して整理したい。

1　「禽獣」を使用している告諭群

最初に「禽獣」を取り上げる。青森県・福島県・群馬県（埼玉県と同じ内容）・山梨県・岐阜県・滋賀県・京都府・

岡山県・徳島県、の計一〇県、一一の告諭で「禽獣」が使用されている（群馬と埼玉は内容が同じでも主体・対象が異なると判断）。

「人と禽獣の違いを説明」する告諭

まず第一は「人と禽獣の違いを説明」する告諭である。この例として次の山梨県の告諭（一八七三年〈明治六〉一〇月）がある。

> 人の禽獣と異なる所以を弁へ知るをいふなり。禽獣すら餓て食ひ寒して冬こもり毛羽をかへて春秋を度るは全て是れ人の衣もの食物、住居を索むるに等し。（中略）禽獣すら猶よく此の如し。（中略）人の彼の禽獣と殊なる所以の者は、教に従ひ道に拠るに在るのみ。

人間は「教に従ひ道に拠る」点に禽獣と異なるのだという。ストレートな表現を避けているが、「教」「道」を否定するか気づかない場合には人間は「禽獣と同じ」だということになる。

「学びの否定は禽獣と同じ」という告諭群

第二の告諭群はその「禽獣と同じ」だとする告諭群である。この例には福島県（一八七二年〈同五〉五月一七日）・青森県（七一年〈同四〉一二月二一日）の告諭がある。

福島県の告諭は「父母タル者其子ヲ愛育スル自然之天性禽獣猶然」と指摘し、青森県の告諭は「神州之北陬ニ僻在シ人民頑固習俗鄙野学術ノ貴フヘキヲ知ルモノ」が少数のために「人ノ父トナリ兄トナリ子弟ヲシテ学ハサラシム」ことがある、これは「子弟ヲ犬彘視スルナリ」、だから「学ハサレハ孝敬ノ道ヲ知ラスコレ罔極ノ恩ニ背キ其罪又鮮少ナラス」という。他に、岐阜県（一八六八年〈慶応四〉七月一日）・京都府（不明）・岡山県（七二年〈明治五〉）に同様の告諭がある。ここでは岐阜県の告諭を例示しておく。

親トシテ其子ヲ教育スルコトアタハズ（中略）親モマタ罪ナシト云ベカラス、如是親子共ニ人倫ヲ破リ候モノハ、名教ノ罪人禽獣同様ノモノ

結局のところ「人間学ばなければ禽獣と同じ」だということを説いている。

「禽獣にも劣ることを強調」する告諭群

第三の告諭群は、人間から教育を取り去ると人間の特徴の否定になり「禽獣にも劣る」こととなるという告諭である。滋賀県の就学告諭「犬上県内小学建営説諭書」では「斯（かゝ）る難逢（あひかたき）御代（みよ）に生れながら学問（がくもん）せざるハ禽獣（とりけだもの）ニも劣（おと）るべし」（七二年〈同五〉七月）と述べ、徳島県の告諭も「無学ニシテ賤シキヲ恥トモ思ハス只仮初ニ衣食住トノミ思フハ世ニ益ナキ而已ナラス果ハ第一ノ食ニモ離レ禽獣ニモ劣ルヘシ禽獣ニテモ食ニハ困ラヌモノナリ」（七三年〈同六〉一月）と端的に語る。

その他、群馬県（同年一二月一八日）・岡山県（七七年〈同一〇〉八月）も同じ内容である。ここでは後者の例をあげておく。

父兄タル者ノ此意ヲ体シ己義務タル子弟教育ニ一廉尽力、必子弟ヲシテ無智文盲ノ禽獣界ニ陥ラシムル勿レ。其禽獣ト雖モ教育ノ功能ニ依テハ犬ヲシテ書簡ヲ便タラシム（中略）諸禽獣ノ能ク芸能ヲ覚エ以テ人ノ経世ヲ助クルアリ、教エレバ禽獣ニ於テ然リ、教エサレバ人ニシテ禽獣ニ劣ルコトアリ、能ク鑑ミルヘキナリ

2　「就学させないことは子弟を捨てること」とする告諭

次に、子弟を就学させないことは「子弟を捨てる」行為だとする告諭である。「子弟を捨てる」という文言を使用した告諭は次の群馬県の告諭（七三年〈同六〉二月）のみである。

日用常行ノ学ヲ起シ以テ人民ヲシテ昌業起産ノ大本ヲ得セシメムトノ仁慈愛育ノ御趣意ニ出候処或ハ区々ノ苦情抔申唱更ニ意ヲ加ヘサル向モ有之趣以ノ外ノ事ニ候、是レ全ク父兄トシテ子弟ヲ捨ツルニ異ナラス歎カハ敷事ニアラスヤ

3　「恥」を使用している告諭群

最後に「恥」を使用した告諭をみておこう。この言葉を使用したのは、北海道・青森県・岩手県・秋田県・茨城県・富山県・福井県・山梨県・愛知県・滋賀県・京都府・兵庫県・岡山県・山口県・徳島県・愛媛県・福岡県・長崎県・大分県・宮崎県の、二〇道府県が発した合計二六の告諭がある。

問題としたいのは、何が誰に対して「恥」となるのか、という点で文脈が異なる点である。そこに注意して整理すると、「朝廷・国家の恥」とする告諭群・他地域との優越性を強調しそこで「恥」を使用した告諭群・「開明の良民として恥」とする告諭群・「自分の周囲の人間にとって恥」とする告諭群・「人として恥ない生き方を強調」する告諭群・「学ばないことは恥であることを強調」する告諭群・「学問をはじめることは恥ではないことを強調」する告諭群、の七つに区分することができる。

「朝廷・国家の恥」とする告諭群

まず最初に、「朝廷・国家の恥」とした告諭群である。代表的な告諭として、次の愛媛県の告諭（七二年〈同八〉五月一五日）をあげることができる。

子弟の学問なくして愚かなるは独り其子弟の恥のみならす則其父兄の恥はいふもさらなり我全国人民の父母たる朝廷の御恥辱にして一家の安危全国盛衰のよりて生する所なり

つまり、子弟―父兄―朝廷と繋げ、家と国家の盛衰を説明する。同様の例は、茨城県（七二年〈同五〉一〇月）・愛知県（同年五月）・兵庫県（七一年〈同四〉三月一六日）・宮崎県（七三年〈同六〉四月一六日）の、計四例を確認できる。ここでは兵庫県の告諭を例示しておく。

国学・漢学ハ勿論西洋ノ学ヲモ広ク学フヘシ、当地ハ外国交際ノ港ナレハワキテ世間ノ人ヨリ早ク事物ノ学ニモ達シ、他国ノ人ニ勝ルヨフニスヘシ、無学文盲ニシテ西洋ノ人ナトニオトシメ侮ラルヽ事アリテハ、実ニ我国ノ恥辱トナリ、且ハ理ニ昧ラレケレハ何事モ損害ノミ多ク、終ニ土地ノ衰微ノ基トモナルヘシ、サレハ農商ノ輩ト雖モ必ラス学問ハス可キナリ

他地域との優越性を強調しそこで「恥」を使用した告諭群

次に「港のある地」として他地域との優越性を示し、そこから「他県に対して恥」とした告諭である。北海道の函館の告諭（七五年〈同八〉三月五日）がそれである。

日本五港ノ一ニシテ他ノ府県ノ上ニ位シ如斯寥々トシテ有志ノ者無之ハ実ニ各県ノ官民ニ対シ恥ヘキノ至ナラスヤ（中略）人々協同ノ心ヲ以テ其義務ヲ履ミ各自貧富之分限ニ応シ金員ノ多寡ヲ不論醵金致各府県ノ人民ニ恥

サル様可心掛候

「開明の良民として恥」とする告諭群

第三に当面の啓蒙の目的を「開明の良民」と示し、そうでないことを「恥」とする告諭である。ここでは二例確認できる。例えば青森県の告諭（七七年〈同一〇〉九月）は、現状はそうなっていないにも関わらず「学校ハ隆盛ヲ極メテ邑ニ不学ノ戸ナク家ニ無学ノ人ナキニ至ラン」と述べ、さらに「於是カ一村一区繁昌ノ基ヲ開キ厚生利用ノ途確立シテ終ニ開明ノ良民タルニ恥ザル可シ」という。続けて「然ラバ則文明ノ美風ヲ望ムモ亦遠キニアラザルナリ」と続ける。次の福井県の告諭（七五年〈同八〉三月二三日）も同じである。

各父兄ニ於テ子弟教育ノ事ハ乃チ父兄ノ職分ニシテ一日モ忽ニ可カラザルコトヲ会得シ、貴キハ賤キヲ諭シ富者ハ貧者ヲ扶ケテ校舎書籍器機等百事完全ヲ要シ他開明ノ人民ニ恥ヂザル様注意シ国勢振起ノ洪基ヲ開カハ於是乎

「自分の周囲の人間にとって恥」とする告諭群

第四に、「自分の恥であるとともに父兄など近い人間の恥」とする告諭群である。以下のように滋賀県（七六年〈同一一〉一一月一二日）・京都府（不明）・福岡県（七二年〈同五〉七月九日）の、三告諭にみることができる。ここでは京都府の告諭を例示しておく。

無筆無学文盲にて今日の用も弁し難く学業のつとめハ懶（ママ）くて事ニ不自由の心となりゆき人を騙しあさむきては御法度を背犯し心の置処もなくなりて父母兄弟に恥辱をあたへ家をやふるにいたるなり

この告諭は、己の至らなさによって父兄や兄弟・親族に恥を与えているのであるということを具体的に指摘してい

る。

「人として恥ない生き方を強調」する告諭群

第五は、「人として恥ない生き方」の例である。例えば、岩手県の告諭は、「朝廷至仁ノ思召」の意図は「僻遠遐陬ノ子弟婦女子ニ至ル迄（中略）人ノ人タルノ理ヲ知ラサレハ、自恣ニシテ人ノ妨碍トナリ、怠惰ニシテ凍餓ニ至テ自ヲ恥ス」（七四年〈同七〉一二月二三日）と説明する。同様の告諭は、秋田県（七三年〈同六〉九月一二日）・茨城県（七五年〈同八〉一一月二九日）・滋賀県（七三年〈同六〉二月八日）の、計三告諭にみることができる。秋田県の告諭を例示しておきたい。

一般ノ四民父兄能ク此意ヲ体認シ深ク朝庭愛育ノ御趣意ヲ奉シ東北一隅未開ノ地ト他ニ指笑セラレンコトヲ恥子弟輩ヲシテ悉ク学ニ就カシメヨ因テ以テ告諭ス

「学ばないことは恥であることを強調」する告諭群

第六に「学ばないことが恥づべきこと」を説明する告諭群である。富山県の告諭は「一般人民貧富男女之別ナク悉ク皆シラズンバアルヘカラザルモノナレハ小学年齢之児女ハ修学之時ヲ過マラズ終生人タルニ恥ザラシムベキ御趣意ニテ嚮ニ学制頒布相成」（七六年〈同九〉四月一五日）と学制の趣意を解説している。また、岡山県の告諭も「今ヤ王政一新日ニ開化ノ境ニ進歩ス、此際ニ当リ無智文盲ニシテ一世ヲ過スハ、実ニ天地ニ対シテ恥ベク万物ノ霊タル人間ノ道ニ非ルナリ」（七二年〈同五〉一月）としている。また、山梨県の有名な告諭「学制解訳」（七三年〈同六〉六月二八日）は、学制布告書冒頭部分を次のように解説する。

先ツ第一御上ヲ敬ヒ国ノ恩ヲ知リ親ニ孝養ヲ尽シ家内ヲ治メ人ニ交ルニ信実ヲ以テシ慈悲ノ心ヲ失ハス我職分ヲ勉メ奢リヲ誡メ恥ヲ知リ謙退ノ心ヲ忘レス身ノ養生ヲ専一トシ、物事ニ堪忍スル等平常ノ行ヒ人ノ人タル自然ノ道ニ適ヒ智ヲ開キ才芸ヲ長スル

その他同じ趣旨の告諭は、山梨県（七三年〈同六〉一〇月）・山口県（七二年〈同五〉一〇月）・徳島県（七三年〈同六〉一月）・福岡県（七二年〈同五〉一〇月）・長崎県（七三年〈同六〉五月）の、計五例の告諭にみることができる。ここでは山口県の告諭を例示する。

天より自由の権を稟（う）けたる事なれハ人の人たる所業を棄て、躬（ミづ）から営ます他力を頼ミ坐食して今日を送り其働きの出来さるハ人に於ての恥辱なり、その恥ちをも知らすして身に生界の不自由を招き却て人を尤め天をも怨みたり

これらの告諭では、家業を治めることができないこと、無学・礼儀を知らないこと、が恥として例示されている。

「学問をはじめることは恥ではないことを強調」する告諭群

第七に「学問することは天地に対する恥・人間の道に背くことではない」ことを強調している告諭群である。全体で三例確認できる。例えば岡山県の告諭は「高尚ノ学ニ就キ文墨ヲ以テ事トシ上等社会ノ人ト業ヲ一ニセシ我等野民タリ農ニ工ニ商ニ自其職業ヲ勉ムレバ仮令無智文盲ナルモ何ゾ俯仰恥ツル事アラン」（七七年〈同一〇〉八月）と指摘している。つまり、「上等社会」の人間と一緒に学問することは「農工商」の人間にとって自らの「無智文盲」を曝け出すことになるが、それは何ら恥ではない、というのである。次の愛媛県の告諭は「今日ニテモ相応ノ身代ヲ持チ朝夕ノ衣食住ニ差支ナキ者ニテ能ク事ノ理ヲ弁、僅ニ一夕ノ酒肴ヲ倹約シ四季ニ一枚ノ衣裳ヲ省テ此学費ニ寄附ス

ル」行為が「管内ノ人民ヘ徳ヲ蒙ラシムルノミナラス日本国内ニ生レテ日本国人タルノ名ニ恥ルコトナカルベシ」（七三年〈同六〉二月二八日）と評価している。なお、これは大分県（七二年〈同五〉六月四日）と多少異なるものの文体と用語は文言が一致している。

つまりここでの「恥」の使用例は、否定的使用例ではなく「恥じることではない」という肯定的評価なのである。

以上、ここでは民衆の生活水準で使用されている「禽獣」「子弟を捨てる」「恥」という言葉が使用されている告諭を取り上げ整理してみた。「禽獣」という言葉が一一例、「子弟を捨てる」が一例のみ、「恥」が二六例と、前にみた「越度」等に比して、また後でみるように、「責任や義務」という言葉に比して、はるかに使用例が豊富であり、告諭を発した指導者たちはどのような言葉が民衆に届くのか熟知していた。そして、これらの言葉の使用例からわかるように、民衆の心性において十分なる「強迫性」を醸成したのである。

三　就学告諭の中の教育の「責任」

次に検討すべきは、ようやく近代国家の入り口に立ったとき、地域指導者たちが発した就学告諭の中の「責任」という言葉である。この言葉の場合、最も問題となるのは、誰が誰に対する「責任」なのかという点、つまり「責任を負う主体」が浮上する点である。以下この言葉を使用した告諭を考察する。この言葉を使用した就学告諭全体を概観したとき、主として「父兄と官の両者の責任」、「官の責任」、「父兄の責任」、の三つに区分することが可能である。なお、対象とする言葉は単に「責任」のみならず「責・任・職分・当務」まで広げた。

1　「父兄と官の両者の責任」

最初に「父兄と官の両者の責任」を説く告諭をみておきたい。この告諭群には、福井県・静岡県・滋賀県・京都府の、四府県四つの告諭がある。

福井県の告諭（七三年〈同六〉九月）は「区取締ハ勿論区戸長ニ於テ深ク御趣意ノ在ル所ヲ体認シ、各家父兄ヲ懇諭シ各家父兄ニ於テモ学事ノ忽ニスヘカラサル所以ヲ会得シ、常々学校保護ノ任ヲ負ヒ其子弟ヲ督責勧奨シ」と述べている。ここでは区戸長は父兄を、父兄は子弟を「督責勧奨」すべきと論じている。

静岡県の告諭（七四年〈同七〉一〇月）は、「区戸長ハ勿論各父兄互ニ教諭勧奨シ一人タモ尚不就学無之様可致」とし、不就学が改善しない場合「将来人民品行上於テ多少之損害有之義其責戸長父兄ニ帰シ」と戸長父兄の責任を同列に論じている。

父兄と官の責任に加えて、子弟の責任を加えて論じている告諭は、次の滋賀県の告諭（七三年〈同六〉二月八日）である。

> 今の父兄たる者眼前の愛に溺れ（中略）淫哇の風儀に陥らしむる等の悪弊間々之有り。開明の時節にハ不適而已ならず、結局、終に身の損害と成るなり。実に恐るべし、慎むべし。故に之を教ゆるは父兄の責なり。之を学ぶハ子弟の責なり。之を監督保護するハ官の責なり。此の三ツの者、此の三ツの責、共に免るべからず。

さて、就学に関する義務と責任を、最も体系的に論じたのは京都府の告諭（同八年五月）である。就学告諭における責任論を整理・考察することが目的の本章において最も重要な告諭の一つである。

京都府が発した就学告諭の分析には杉村美佳の先行研究(6)があるが、本告諭は取り上げられていない。また同府が発した告諭にはその数においても内容においても重要な論点が多々含まれており、さまざまな視点から分析が求められる。

この告諭も例外ではない。論旨を簡単に振り返っておく。

見るべき目で読むべき字が読めなければ「野蛮廃疾ノ民」であるから老壮幼の区別なく「文学算術ヲ学ヒ知量ノ開拡」を求めるべきである、「日夜学校」が盛んになれば「邑ニ不学ノ戸ナク家ニ不学ノ人」ない状況となり「教育ノ義務」が初めて尽くされる、しかし「夜学」は深夜に及ぶため「遊蕩百端弊害」が予想されるが「長タル者之ヲ予防」すべきである、これこそ「区長ノ責任」である、「人智ヲ開明」するのは「区長義務」である、と。さらに「学校ノ盛衰」は「区長精神ノ旺茶」に関わり「区長力ヲ教育ニ用ヰサルカ府庁之ヲ責サルヲ得ス是レ府庁ノ任」である。区戸長および役所の生徒掛の者は「朝廷育民ノ聖旨」をしっかり弁え「府庁ヲシテ人民保護ノ義務ヲ尽」くさせよ、という。官である区長・府庁の「教育ノ義務」、「人民保護ノ義務」に注目すべきである。

2　「官の責任」

次に「官の責任」をみておこう。この論点を展開した告諭群は、茨城県（七二年〈同五〉一〇月）・群馬県（七九年〈同一二〉七月）・埼玉県（七二年〈同五〉八月）・富山県（七六年〈同九〉四月一五日）・京都府（七五年〈同八〉五月）・愛媛県（同年五月一五日）・大分県（七二年〈同五〉一〇月二三日）の、七例がある。ここではその中から茨城県の告諭を例示し、埼玉県と愛媛県の告諭については論点を紹介する。

学制方法ノ如キハ尤モ民ヲ治ル者ノ任スヘキ処ナレハ官之ヲ指令セザルヲ得ス、苟モ官ノ指令ナク県下ニ於テ子弟ニ学問ヲナス者少ナキ時ハ啻人民ノ恥辱ノミニアラス、必ス国ニ破産貧窮ノ徒多ク百般ノ事随テ繁盛ナラザルニ至ル是学校ノ設ナクンバアル可ラサル所以ナリ、既ニ其学校アリ其子弟アリ而シテ其方法ノ無キハ実ニ官ノ罪ニシテ其責免ル可ラズ

ここでは官の責任を具体的かつ明確に指摘している。これに対し埼玉県の告諭は、官庁の責任を明確にしつつも学費は人民が負担すべきであることを指摘することを忘れていない。さらに愛媛県の告諭は、まず就学の重要性を「抑邦国の富強と開化」と捉え、だからこそ子弟の教育は「家々の私事人々の随意」ではないと説く。そこから官の役割と責任を「学事普及之成功を督責せらる就ては管下区戸長学区取締等」の責任であるという。官の責任は「人々報国の義務に候条精々厚く説諭を加へ教育急務」であることを徹底することという。

いかにも「官の自負」が前面に出ている告諭である。群馬県と大分県そして京都府については省略せざるをえない。なお、富山県の告諭も官の督責を強調するが、重点は就学の責任ではなく、資金不足で学校が設置できていないから督責せよ、という点にある。

各区ヨク官旨ヲ奉戴シ追々学校設置之場合ニ至リ献金等モ不少逐日隆盛ノ景況ニハ候得共、資金未タ学校設置ノ便ヲ得セシムルニ足ラズ、随而通学ノ生徒未タ学齢ノ半ニ満ズ創業ノ功未タ全ク奏セザルニ付厳重督責モ可致処

3　「父兄の責任」

「母氏の責任」を説いた告諭がある。茨城県の告諭（七三年〈同八〉一一月二九日）で、次のように説く。

人ノ初メテ生ルヤ軟弱自ラ活ス能ハス飲食起居概ネ母氏ノ手ニ成リ以テ長スル事ヲ得ルニ至ル、然前教育ノ初級ハ母氏ノ責任ニシテ将来人智ノ開明富国ノ大本母氏ノ丹誠ニ基ス、是以テ女児教育ノ義ハ素ヨリ軽忽ス可カラ

サル要務

女子教育の重要性を語った就学告諭の中で、将来子育てに関わるために女子教育の重要性を語った告諭はすでに分析されているが[7]、茨城県の告諭の重要性は母の責任と捉えた点にある。

次に「父兄の責任」を論じた告諭をみておこう。この告諭群には、青森県（七三年〈同六〉七月）・石川県（同年五月）・福井県（七五年〈同八〉三月二三日）・三重県（同年一〇月三〇日）・山口県（七二年〈同五〉一〇月）・高知県（七五年〈同八〉三月）、の六例がある。

青森県の告諭は「男女ニ限ラズ幼稚ヲ教育スルハ其父兄ノ任」と捉えている。石川県の告諭は「不学文盲」の女子を「女子ノ常トシテ自ラ怪シマズ」放置した「父兄タル者ヲ責ムル」と指摘する。福井県の告諭は「四民同一ノ権ヲ附与セラレ（中略）四民一般斉ク学ニ就クヘキ旨云々ノ告諭アリ（中略）各父兄ニ於テ子弟教育ノ事ハ乃チ父兄ノ職分（中略）父兄ノ当務尽セリト云フ」と述べている。

つまり、「任」（青森）、「責ムル」（石川）、「職分・当務」（福井）、という言い方で責任を明確化している。しかもその主体は「父兄」であり負うべき内容は「子弟の教育」であった。三重県・山口県・高知県の例もあるが、ここでは高知県の告諭を例示する。

人の父兄たる者は此御趣意に基き大にして国家の為め小にしては一家の為め各其子弟を奨励して学につけ相応其材を成就せしむべきは勿論（中略）通例の事は自分丈の始末の成る様教育すべきは父兄たる者の逃れぬ責任なり（中略）人民の劣弱なる国は自然外国より凌辱せらるゝ事故其国の民となりては面々勉強して世上の開化を進め富強の基を開き自国を保護する様心掛べき事

以上、「責任」および「責・任・職分・当務」という言葉を使用した告諭を、「父兄と官の両者」（四例）、「官」（七例）、「父兄」（七例）、と区分して整理してみた。

全体としてこれらの告諭は、文体がどちらかといえば固く、先の「禽獣」「子捨て」「恥」等の告諭と比してわかりやすさが欠落している。つまりこれらの告諭の発信者は、読み手を民衆ではなく、行政官（具体的には官員や区戸長）として発信したのではないか、と思われる。さらに区戸長は父兄を、父兄は子弟を「督責勧奨」すべきとした福井県の役割区分、「人民保護義務」が「官の責任」とした京都府の告諭、さらには「子弟教育は国家富強の基本」として捉え、そこから「官の責任」を論じた愛媛県の告諭、ほぼ同じ論理で父兄の責任を論じた高知県の告諭、などは学制布告書の論理を大きく超えた特徴的な告諭であるといえよう。

四　就学告諭の中の「権利と義務」

次に就学告諭の中の「義務と権利」について検討する。地域指導者たちは、「義務」や「権利ないし権」という用語を、就学告諭の中でどのように使用したのであろうか。

1　「権利・権」を使用した告諭群

最初に「権利ないし権」についてみておこう。これらの用語を使用した告諭群を発した府県は、青森県・秋田県・福島県・埼玉県・神奈川県・山梨県・静岡県・愛知県・三重県・京都府・兵庫県・山口県・福岡県・大分県、の一四府県である。また、これまで考察してきた告諭同様、これらの告諭も言葉とともにその文脈にも違いがある。言葉では「自由の権（利）」、「独立の権（利）」、「自主（の理）自由の権（利）」などで、文脈でも違いがある。そこで以下では文脈に着目して整理したい。

「自由＝反封建」と捉える告諭

この例には、秋田県（一八七三年〈明治六〉九月一三日）・兵庫県（不明）・山口県（七二年〈同五〉一〇月）・福岡県（同年一〇月）、の四例がある。ここでは福岡県の告諭を例示する。

従前封建ノ時ハ数段ノ階級ヲ立テ自由ノ権力ヲ束縛セシヨリ職業モ亦其身沿襲ノ具トナリ私ニ営ミ私ニ変スルアタハス、遂ニ有為ノ生ヲ空フスルハ頗ル天理ニ戻リ人情ニ背クノ甚シキ者ト云ウヘシ

この告諭をみてすぐにわかるように、「自由（自主）の権」を主張するが、封建制を否定する文脈で使用している。四つの告諭で共通している点である。

「文明が自由を導く」とする告諭

次に「文明・学問の体得が自由を導く」とする告諭である。この告諭群には青森県（七七年〈同一〇〉九月）・福島県（七三年〈同六〉四月一三日）・埼玉県（七四年〈同七〉四月）・神奈川県（七三年〈同六〉三月）・山梨県（同年一〇月）・静岡県（同年三月）・愛知県（不明）・京都府（七五年〈同八〉一月）、の八例がある。このうち神奈川県・静岡県は発せられた県は異なるが内容は一致している。ここでは福島県と神奈川・静岡両県の共通の告諭を例示する。

戊辰之兵乱以来文学之道殆ンド廃シ人民之智識随ッテ狭ク只一日ノ安ヲ悦ブ様ナル弊習セ鮮カラズ人々自由ノ権ヲ持ナガラ我ト我ガ身ノ権ヲ失イ誠ニ歎カワシキ事ナラズヤ（福島県）

今ヤ文明ノ域ニ至リ於文部省已ニ定メラレタル所ノ学科教則ハ人間日用ノ実際ニ渉リ自土ノ理自由ノ権ヲ養成

スルモノハナレハ、貴賤ヲ論セス男女ヲ問ハス日夜勉励之ニ従事シ以テ智ヲ開キオヲ長シ生ヲ治ムル所以ノモノ（神奈川県・静岡県）

これらの告諭に共通するのは、学ぶことによって人間は初めて自由になれるとする捉え方である。同時にそこには、学ばない人間を「無知蒙昧」として否定する愚民感、「家国を富」する「自由」を含んでいる点に注目したい。

「四民同権」とする告諭

次の三重県の告諭（七三年〈同六〉九月）は、「権」を用いて平等を強調する告諭である。

今開明ノ盛世ニ遭遇シテ四民同権ヲ得各自才力ニ応シテ其需要ヲ充タセハ、賢ナルモノハ富貴ヲ到シ愚ナルモノハ貧賤ニ窮苦ス

ここでは「四民同権」として平等が強調され、学ぶことに成功した「賢ナルモノ」が「富貴ヲ到」（＝成功する）ことを説いている。

「児童教育を受くべき権利の保護」を主張する告諭

次の大分県の告諭（七六年〈同一一〉二月一日）は、児童の教育を受ける権利を保護する必要性をいう他府県に例をみない告諭である。告諭の概略を整理しておこう。

学制以後学校設立・教育は発展し大分県内も例外ではない、しかし教育は「其功」がすぐにはみえない、わが国はこれまで武門ノ専政で、教育は武士以上にとどまり庶民には無縁であった、だからこそ官は誘導を尽くすべきで、第五課（学務課のこと）を設置した理由である、人民に教育が急務である、学資負担の義務がある、教員の学術を鍛え

生徒の進歩を図る、この三つは「真一」が重視してきた点だ、県政を担当したときから学務の委員を派出、自分もまた巡回誘導する旨意を諭達してきた、西南戦争の勃発で県庁は諸事多忙、「学校ノ残破」、教育は荒廃した、それを挽回しなければならない、「真一」は今般第五課各員を各地に「派駐」させ現地で「適宜誘導奨励」させ「其子弟ヲ挙ゲ悉ク之ヲ学ニ就カシメ以テ児童教育ヲ受クベキノ権利ヲ保護」する必要があること、そのため「巡回訓導ナル者ヲ置キ教員ノ授業ヲ整理シ教員ノ学術ヲ鍛錬セシメ以テ生徒ノ進歩ヲ計《ママ》」らねばならない、「区戸長学区取締」は毎事派駐官員の協示《ママ》を受けて人智の開発を勧め文明が進むことは今日「真一」が区戸長学区取締に望むところである、篤とこの旨意を「小前一同へ無漏様諭達可致候事」と。

これまで筆者らが収集してきた就学告諭の中で、これほどに近代的な性格（近代的教育観に基づく）の告諭は他に例がない。「責任」の項で紹介した京都府の告諭も「義務と責任」の用語を用いて系統的に「官の責任」を論じた画期的な告諭であるが、この告諭は「児童教育を受ける権利の保護」というきわめて近代教育思想を反映した告諭として画期的である。

この就学告諭には少なくとも二つの背景が考えられる。

第一に、この告諭を発したのは文中の「真一」から明らかなように、県令・香川真一（一八三五～一九二〇年〈天保六～大正九〉）である。したがってこの告諭は彼の思想の反映である。香川は、岡山県に生まれた元岡山藩士・大参事で、一八七一年（明治四）に第一回欧米視察団として津田弘道らとともに欧米を視察している。大分県令として県会の立ち上げに尽力し、国家の近代化について見聞を広め体験してきた人物である。

第二は、西南戦争後の明治一〇年代には明治初期の啓蒙思想が、上からの民衆教化と下からの民権運動という分岐の時期にあり、教育の世界でも、例えば『教育新誌』などで愚民感を基礎とした「民衆教化論」「強迫教育論」と

「教育を天賦固有の権利」とする論争が展開されている(8)。大分県令・香川真一が発したこの告諭は、そうした時代状況の中で位置付け捉え直す必要がある。

2　就学告諭の中の「義務」

次に就学告諭の中で、「義務」という言葉が使用された例を考察する。この用語を使用した告諭群には、北海道・青森県・宮城県・千葉県・神奈川県・京都府・岡山県・愛媛県・佐賀県・沖縄県の、一〇道府県一二の告諭がある。

「義務と責任」を論じた京都府の告諭

まず最初に、先に「責任」の項で検討した京都府の告諭（一八七五年〈同八〉五月）を今度は「義務」に焦点を合わせて簡単にみておこう。同告諭は「日夜学校ノ盛今ヨリ久ヲ持セハ所謂邑ニ不学ノ戸ナク家ニ不学ノ人ナキニ至リ教育ノ義務始テ将ニココニ尽ントス」という。学校が栄えて初めて「教育ノ義務」が尽くせるというがその義務の主体は明確ではない。だが通学環境を整備するのは「区長ノ責任」で、「人智ヲ開明ニ誘導スルハ区長義務ノ要件」だと断ずる。そして「府庁之責」と「任」は区長が力を教育に用いることであり、「区戸長及生徒掛ノ者朝廷育民ノ聖旨ヲ体認シ各自其職ヲ曠シクスルナク府庁ヲシテ人民保護ノ義務ヲ尽」くすべきだと指摘する。

「学費の支出義務」

「義務」の内実に目を転じてみると、「人民の学費支出義務」、「人民の相互扶助義務」、「人民公共の義務」、「父兄の教育義務」、「人民の報国義務」という考え方を以下の告諭でみることができる。

まず最初に「人民の学費支出義務」を説く告諭を整理する。この告諭の例は、北海道（一八七五年〈明治八〉三月五日）・青森県（七七年〈同一〇〉九月）・宮城県（七四年〈同七〉六月二〇日）の、三例である。ここでは北海道の告諭を例示する。

各府県之如キ駸々トシテ進ミ今日小学設立之盛ナル一県ニ五百余所ニ及フモノアリ、是皆人民ノ人トシテ一日モ学ナカルベカラサルヲ知ル所以ニシテ又学費納金ノ夥シキ一県ニ六七万ヨリ其最多キハ殆ト五十万円ニ至ルモノアリ、是皆人民協同之心ヲ以テ其義務ヲ履ムモノニシテ固ヨリ当然ノ道ナリ（中略）人々協同ノ心ヲ以テ其義務ヲ履ミ各自貧富之分限ニ応シ金員ノ多寡ヲ不論醵金致各府県ノ人民ニ恥サル様可心掛候

これらの三例の告諭に共通するのは、学費・月謝支払いの義務は父兄にあるとする点である。

教育を「相互扶助義務・人民公共の義務」の中で捉えた告諭

次に教育を「人民相互扶助義務」の中で捉えた告諭である。次の二例、青森県（七三年〈同六〉一〇月）・千葉県（七四年〈同七〉一一月九日）であるが、「人民相互扶助」を「人民公共（そうたい）の義務」という文言で捉えた佐賀県の告諭（七八年〈同一一〉一〇月八日、読みがなはママ）もある。ここでは千葉県と佐賀県の告諭を例示する。

抑モ各学区内家ニ貧富ナキ能ハス夫レ家富ノ貧弱ヲ助タルハ固ヨリ交際上欠クヘカラサルノ義務ナリ、苟モ人トシテ人タルノ義務ヲ欠クトキハ亦以テ朝旨ニ負クモノト謂フ可シ、汝等余カ先ノ喜悦スル所ヲ喜悦シ後ノ憂慮スル所ヲ憂慮シ朝旨ヲ体認シ子孫ヲ顧念シ以テ其義務ヲ尽サンコトヲ冀望ス（千葉県）

児女（こども）将来（ゆくさき）の禍福（よしあし）ハ早（はや）く已（すで）に就学（けいこ）すると就学（けいこ）せざるとに依（より）て相（あい）決（けつ）し加之（しかのみならず）善良（よろしさ）の教員（ししやう）

を備（やと）ひ書籍（しょせき）器具（きかい）を完備（じうぶんそなへ）し教授上（をしへかた）差支（さしつかへ）無之（これなき）様（よう）維持（たいせつに）保護（もちこたへる）するハ人民（じんみん）公共（そうたい）の義務（つとめねばならぬ）たること固（もとよ）り言を待たず（いふまでもなし）（佐賀県）

この三例の告諭は「相互扶助」「貧弱」を助けることは人間としての義務・「公共の義務」であると主張し、学業を充実させるために人たるの義務・公共の義務を発揮せよ、と学資金の拠出を相互扶助の義務として主張している。

「父兄の教育義務」を説く告諭

次に「父兄の教育義務」を説く告諭をみておこう。ここでは青森県（七七年〈同一〇〉二月六日）・岡山県（同年八月）・沖縄県（七九年〈同一二〉一二月二〇日）、の三例がある。ここでは岡山県と沖縄県の告諭を例示する。

学校ヲ設ケ子弟ヲ教育スルハ父兄タル者ノ義務ニシテ、欠クベカラザルノ一大要件タリ。（中略）父兄教育ノ義務ヲ尽クサシメ事業ヲ大成セントス（中略）父兄タル者（中略）己義務タル子弟教育ニ一廉尽力、必子弟ヲシテ無智文盲ノ禽獣界ニ陥ラシムル勿レ（中略）上ハ聖恩ノ深キニ報ヒ下ハ各自ノ義務ヲ尽シ家ヲ興スノ基ヲ求ム可シ（岡山県）

是故ニ人ノ父兄タルモノハ仮令身賤ク家貧キト雖モ目前ノ難渋ヲ憂ヘス子弟ヲシテ余念ナク学問ニ従事セシメハ智識ヲ開達シ才芸ヲ伸張シ家産ヲシテ繁昌ナラシムルハ期シテ俟ツベク父兄タルモノモ又其義務ヲ尽セリト云フヘシ（沖縄県）

この三例の告諭は、「学費支出の義務」等と異なり「父兄の子弟への教育義務」を説いている点で特徴的である。

「報国義務」を説く告諭

最後に、「人民の報国義務」を説く告諭がある。神奈川県（七三年〈同六〉二月）・愛媛県（同年二月）の二例である。ここでは神奈川県の告諭を例示する。

人ノ生ル、ヤ無知ナリ父母之ヲ教育シ其知覚ノ稍々開クルニ及ンデ（中略）子弟タル者ノ賢愚智闇ニ関係スル所万民教育ノ基礎トナル処ナレバ其責タル極メテ重大ト謂フベシ（中略）各々其知覚ヲ増進シ其志願ヲ成就シ之ヲ大ニシテ国家ノ恩ニ報ヒ富強ノ術ヲ施シ皇威ヲ万国ニ誇耀シ（中略）人ノ父母タル者誰カ其子ノ此ノ如キヲ欲セザランヤ且其子無キ者モ夫々ノ義務ニシテ苟モ国家ノ益アル事

教育を充実させることが国家の恩に報いること、国家の富強は「人民の智識と品行（すなわち教育）」が基礎となることを説いている。

以上、就学告諭において「権利」「義務」という用語を使用した告諭を検討した。使用した文脈に注意するとやはり微妙に異なることがわかる。

「権利」についていえば、言葉上は「自由の権（利）」、「独立の権（利）」、「自主（の理）自由の権（利）」などみることができるが、込められた意味は多様であった。つまり封建制を否定する、学問が人間を解放する、「家国を富」する「自由」などがその含意であった。さらに大分県の告諭（七八年〈同一一〉二月一日）は、近代教育思想に基づく告諭で他に例のない告諭であった。

「義務」についていえば、京都府の告諭（七五年〈同八〉五月）は、近代国家における行政の論理を反映した「義務と責任」用語を用いて系統的に「官の責任」を論じた画期的な告諭であった。さらに「義務」の内実を考察した場合、「義務」が意味するものとは、より具体的にいえば「人民の学費支出義務」、「人民の相互扶助義務」、「人民公共の義

務」、「父兄の教育義務」、「人民の報国義務」という考え方を含意していたことがわかる。

五　就学行政指導の実態

最後に、就学行政指導の実態を示す史料を、就学告諭と、厳密にいえば就学告諭ではないが、就学行政の実際が判明する史料の中から示してみたい。

最初に青森県の就学告諭（一八七七年〈明治一〇〉二月六日）である。同告諭は「今般学齢之子弟（満六歳以上満十四歳迄）調査致候得者、当田名部村ヲ始支村栗山、女舘、金谷等之各村中迄学齢之子弟三百八十余名ニ有之」と、就学実態の調査を窺わせる文言を示し、「子女ヲシテ文盲之域ニ陥ラセ候様ニテハ、父兄タル者ノ義務不相立」と父兄の義務を強調し「入学為致兼候者ハ其事情詳細取調、右期日迄ニ其学区取締手元ヘ申出候様可致候、右等ノ条件下々迄普ク徹底不致儀モ有之候ハヾ、学校係又ハ各村伍戸等ニ於テ厚ク説諭ヲ加ヘ」とある。就学実態を調査し、個別にかつ厳密に対応していた様子がわかる。

次の例は、第二次就学告諭研究会で厳密に検討した結果、就学告諭ではない、と判断した神奈川県での「就学督励と学費のため桑茶等栽培奨励」の史料である。同史料は「学制第十二章ニ基キ満六歳以上ノ小児ハ男女ノ別ナク必入校可為致若六歳以上之小児就学不致モノ有之候ハハ其父兄ヲ取糺其由ヲ学区取締エ届取締ヨリ県庁学務掛エ可申立候」（七四年〈同七〉一〇月一七日）とある。その文言からいかにも厳しい「取糺」が想定できる。

さらにこれも厳密な意味で就学告諭ではないと判断した福井県の史料である。すなわち「一小浜敦賀武生鯖江栗田部福井松岡金津坂井港丸岡勝山大野ノ市街地ヘ出張ノ巡査学齢不就学ノ者ヲ権問説諭シテ漸次之ヲシテ学ニ就カシムルヲ要ス」として巡査が学齢不就学の者を「権問説諭」して就学させることを規定している。さらに「一授業時節学齢ニ近キ男女途中ニ徘徊遊嬉スルモノアラバ、出会ノ巡査顔ヲ和ラゲ辞ヲ卑フシ先ツ其児ノ年齢ヲ問ヒ若シ学齢ナラハ何故ニ登校セザルヲ問ヒ答フルモノハ其答ヲ聴キ答サルモノハ再問セズ共々之ヲ其宅へ誘引シ其父兄ニ面シテ更ニ其事故ヲ聴キ、事故ノ軽重ニヨリ後条ノ如ク処分スヘシ」と、巡査が不就学の児童を発見したときの父兄への面談と事情聴取、さらには処分にまで言及している。そして「一学区取締或ハ戸長巡査ノ報知ヲ得ハ其父兄ヲ呼テ更ニ其事故ヲ権問シ百方勧奨シテ学ニ就カシムヘシ」（七六年〈同九〉五月一七日）と、学区取締と戸長・巡査による「父兄」への「権問」と就学勧奨を説いている。

これらの例は、就学告諭の中で非常に厳しい強制性を示しながら、かなり厳しい就学行政が展開されていたこと、さらにはその指導には末端の警察官まで動員されたことがわかる。

おわりに

一八七〇年代の就学政策は勧奨が中心であったが、その勧奨政策の中に「強迫性」を捉えようとすることが本章の目的である。ここまでの考察を整理すると、「越度」（＝「落度」）は意外にも使用例が少ない。逆に民衆の生活水準で使用されている「禽獣」、「子を捨てる」、「恥」という言葉が多様されている。これらの事実は「越度」に比し、またすぐ次でみた「責任や義務」という言葉に比し、はるかに使用例が豊富で理解しやすい言葉であった。言い換えると告諭を発した指導者たちはどのような言葉が民衆に届くのか熟知していた。そして、これらの言葉の使用例からみても、民衆の心性において十分な「強迫性」を醸成したと思われる。

「責任」および「責・任・職分・当務」という言葉を用いた告諭は、その文体がどちらかといえば固く、「禽獣」等を用いた告諭と比してわかりやすさが欠けている。これらの告諭の発信者は読み手を行政官（具体的には官員や区戸長）として想定したのではないか。その内容でいえば、区戸長・父兄・子弟の責任を論じた福井県や滋賀県、「人民保護義務」が「官の責任」とした京都府、さらには「子弟教育は国家富強の基本」とし「官の責任」を論じた愛媛県、などは学制布告書の論理を超えた特徴的な告諭であった。

近代的概念である「権利」「義務」という言葉を用いた告諭を、文脈に注意して検討した。「権利」についていえば、「自由の権（利）」、「独立の権（利）」、「自主（の理）自由の権（利）」など言葉は多様だが込められた意味も多様であった。封建制を否定する、学問が人間を解放する、「家国を富」する「自由」などが具体的にいわれていた。なかでも、大分県の告諭（一八七八年〈明治一一〉二月一日）は、近代教育思想に基づく告諭で他に例のない告諭であった。

「義務」についていえば、京都府の告諭（七五年〈同八〉五月）は、近代国家における行政の論理を反映し「義務と責任」用語を用いて系統的に「官の責任」を論じた画期的な告諭であった。「義務」が意味するのは、具体的にいえば「人民の学費支出義務」、「人民の相互扶助義務」（「人民公共の義務」）、「父兄の教育義務」、「人民の報国義務」という考え方に区分できる。とりわけ、伝統的な共同体に依拠した相互扶助で「学費支出義務」を提起している点や、「子弟を教育する父兄の義務」など後の時代の「就学義務」の先蹤ともいうべきであろう。

「報国義務」に至っては、子弟を教育するのは国家富強のためという考え方が根強く存在していたことの現れである。最後に、就学行政の実態を史料を示して検討したが、「責任」を課された官員たちは、就学を勧奨するという言葉以上に強い強迫姿勢で行政を展開したと思われる。

今後の課題についてまとめておきたい。今回の作業は、就学への「強迫性」を民衆の心性レベルで醸成する用語に着目して整理した。整理にしかすぎないため、今後に残された課題は多い。まず第一に、地域の中で読み説く必要性である。今回取り上げた用語・文脈を地域の中で検証し、地域民衆の就学行動との関係を把握したい。第二に、近代国家成立過程における明治啓蒙思想の展開という枠組みの中で、「権利・責任・義務」概念自身がどのように変化していったのかを深める課題がある。そして第三に「課題設定」で述べたように、一八八〇年代の就学督責政策の中の、不就学の子弟に対する父兄への就学説諭の内容を捉え、今回の成果との連続性を考察する課題である。

註

（1）佐藤秀夫「義務教育制度の成立と子どもたち」（『法学セミナー増刊　教育と法と子どもたち』日本評論社、一九八〇年）。

（2）いくつかの例をあげると、例えば山形県では一八七三年（明治六）七月に「学校事務仮規則」を発布し、その中で、学区取締による就学督責事務を規程している（『山形県教育史資料　第一巻』一九七四年）。また、石川県は一八七六年「小学標旗掲揚方心得」を、山梨県は一八七七年「就学牌授与条例」を定めている。これらの位置付けについては、拙稿「『就学督責』研究ノート―一八七〇年代から一八八〇年代への教育構造転換に関する研究試論―」（『一八八〇年代教育史研究年報』第四号、二〇一二年）参照、本書第一部第四章所収。京都府については一八七六年「強促就学法」を定め不就学に関しての罰金を課す規程を定めたが、認可されなかった。杉村美佳「第四章　就学告諭の地域的事例研究　第一節　京都府の就学告諭」（『研究』）三五五～三五六頁。

（3）『大辞林（第三版）』（三省堂、二〇〇六年）、府川充男編『難読語辞典』（太田出版、二〇〇五年）、『歴史民俗用語よみかた辞典』（日外アソシエーツ、一九九八年）。

（4）学制布告書の論旨を超えた多様な就学告諭が存在していたことは『研究』「第三章　就学勧奨の論理」各論文参照。

（5）山梨県の就学告諭（一八七三年〈明治六〉六月二八日）も学制布告書の解説であるが、「越度」にはとくに解説がないため大阪府の例を用いた。

（6）杉村前掲論文。

（7）河田敦子「第五節　女子教育の推奨」（『研究』「第三章　就学勧奨の論理―就学告諭の視角別分析―」所収）。また、大間敏行「類似した就学告諭の作成契機―明治八・九年の女子教育に関する告諭から―」（『形成』所収）。

（8）　堀尾輝久「明治『啓蒙』の学問・教育思想」（『科学と思想』第一四号〈新日本出版社、一九七四年〉。後に堀尾輝久『天皇制国家と教育―近代日本教育思想史―』〈青木書店、一九八七年、第一章〉に再録）参照。

〔付記〕　本章に収録した論文は、『形成』所収の第一部「就学告諭とその論理」第五章「就学告諭における『強迫性』の考察―就学『義務』論生成序説―」である。『形成』での原論文では分析の対象とした就学告諭に『形成』所収の資料番号を付したが、ここでは煩雑になるため前章と同じく資料番号は付せず、判明した限りの発行年月日を付すことにした。

第四章 就学告諭と就学督責

課題設定

本章は、一八七〇年代から一八八〇年代にかけて中央政府および各府県で多様に制定された「就学督責」規程に着目し、若干の史料の紹介と、いくつかの論点・課題を提示しようとするものである。

「就学督責」が、法令用語として登場するのは、管見の限り一八八〇年（明治一三）第二次教育令第一五条である。前年の第一次教育令が「学齢児童」の「就学」を「父母後見人ノ責任」と規程しながら、事故等で不可能な場合には学務委員にその事由を陳述するとしたのに対し、第二次教育令の規程は、毎年一六週日以上の就学および小学科三ヵ年の課程修了後も相当の理由がなければ就学させねばならないとした。これに続けて「但就学督責ノ規則ハ府知事県令之ヲ起草シテ文部卿ノ認可ヲ経」とした。これを受けて文部省は、一八八一年（明治一四）達・第三号・就学督責規則起草心得を制定した。しかも第二次教育令の規程にあるように、その制定を各府県知事に求めた。

地方における「就学督責」行政の展開をみると、「就学督責」に先立って「就学督励」などの概念が使用され、それは一八七〇年代から始まっていることがわかる。

一方で、筆者らは、これまで一八七二年（同五）に公布された学制布告書末尾の「右之通被仰出候条地方官ニ於テ辺偶小民ニ至ル迄不洩様便宜解釈ヲ加ヘ精細申諭文部省規則ニ従ヒ学問普及致候様方法ヲ設可施行事」を受けて地方官が出したと解釈されてきた就学告諭を全国的に収集し、分析してきた。(1) そこでは、すでに幕末維新期から多くの就学告諭が発せられていることが確認されている。就学告諭とは、学問をすること、学校に行くこと、の重要性をわかりやすく説得する文書である。

「勧奨・奨励」の就学政策とは、「何故学校に行くのか」、「学問をすること・学校に行くことのメリットはどこにあるか」という説得を前面に押し出し重要性を説く政策であり、「督励・督責」のそれとは、説得よりも「子弟が学校に行かない・学問しないこと」の責任を問うことを示す行政措置である。

つまり、一八七二年(同五)学制公布前後から就学政策は「勧奨・奨励」と「督励・督責」の両面を有して展開し、(2) その過程は、当然ながら一律ではない。

そうだとすると学制後の就学政策の展開を、まずは各地域別に考察すること、そこでは「勧奨・奨励」と「督励・督責」がどのように入り組んでいるのか就学政策の構造を考察する必要がある。次に、各地域ではどのような就学行政が展開され工夫と特徴がみられるかを明らかにする必要がある。

ここでは、主として第二次史料を用い、今述べた研究上の課題と意義をさらに詳細に論じてみよう。

一　一八七〇年代における「就学告諭」と「就学督責」

最初に、一八七二年(明治五)学制の就学政策をどのように読み解くべきなのか考えたい。まずは、学制布告書における就学を説く論理を概観しておこう。

「人々自ら」とする　文において自覚的な意志に基づく立身の必要性を説き、そのための「学」の必要性を強調するが（就学）、そこから直ちに「是れ学校の設けあるゆゑんにして」と、学の必要性＝学校設置、と連続させる（就学校）。本来ならば、異質の論理である「就学」（＝学問すること）と「就学校」（＝学校に行くことと学校を設立することの両義）の重要性を、いわば短絡的に直結させている。その意図は読み進めていくなかで明確となる。すなわち、次の「従来学校の設けありてより年を経ること久しといえども」から始まる一文は、旧来の学問批判であるが、そこには徹底した旧来の学問に対する批判がある。その批判に立って「今般文部省において学制を定め」と続ける。ここまで読むと、「就学」を「就学校」と直結する意味がみえてくる。すなわち、近代的学問は、旧来の学問ではない、文部省規則に従った学校でこそ初めて学制布告書のいう学問が達成できるという考えなのである。そして最後に、旧来の学問に伴う問題として学費は給付という考えが誤ったことであることを強調し、学び手の負担を暗示する[3]。

この文書は、「就学」を「就学校」と捉え、その重要性を説く文書ではあるが、あくまでも中心は、学びの必要性の、自発的喚起を目指している点にある。だが、その中でも厳しい言葉を用いている箇所がある。その一つは、「幼童の子弟は男女の別なく小学に従事せしめざるものは其父兄の越度たるべき事」で使用される「越度」である。もう一つは、文体が変化する「右之通被仰出候条」で始まる末尾の文章である。

最初の「越度」について。『大辞林』によると「律令制で通行証を持たずに関を経ないで間道をぬけること、法に反すること」とあり、『難読語辞典』では「責任をとらねばならない失敗」、『歴史民俗用語よみかた辞典』では「近世の罪過の意味」とある。いずれも「オッド」と読むことは共通だとしている。つまり近代的な言い方をすれば、罰則を伴う罪過で違反、ということである。全体として就学を説きながらそれに従わない父兄に対しては強く責任を問うている。

他方「右之通」で始まる末尾の文章では、「地方官ニ於テ辺偶小民ニ至（中略）学問普及致候様方法ヲ設ケ可施行事」と、地方官の徹底した普及施策を要請する。

学制布告書は、全体として学びの自発的喚起、就学の勧奨、奨励を前面に出しながら地方官への学校普及施策の徹底、幼童子弟に対する父兄の就学責任、とを論理において内包していた。

次に学制章程を検討してみたい。

学制章程の就学に関する規程は、第十二章～第十四章および第二十一章であろう。

第十二章　一般人民（中略）ノ学ニ就クモノハ之ヲ学区取締ニ届クヘシ、若シ子弟六歳以上ニ至リテ学ニ就カシメサルモノハアラハ委シク其由ヲ学区取締ニ届ケシムヘシ、私塾家塾ニ入リ及ヒ已ムヲ得サル事アリテ師ヲ其家ニ招キ稽古セシムルモ皆就学ト云フヘシ

第十三章　学区取締ハ毎年二月区内人民子弟六歳以上ナルモノヽ前年学ニ就クモノ幾人学ニ就カサルモノ幾人ト第一号ノ式ノ如ク表ヲ作リ之ヲ地方官ニ出シ地方官之ヲ集メテ四月中督学局ニ出スヘシ

第十四章　官立私立ノ学校及私塾家塾ヲ論セス其学校限リ定ムル所ノ規則及生徒ノ増減進否等ヲ書記シ毎年二月（学区取締）（之ヲ督学局）ニ出スヘシ、学区取締之ヲ地方官ニ出シ地方官之ヲ集メテ四月中督学局ニ出スヘシ

第二十一章　小学校ハ教育ノ初級ニシテ人民一般必ス学ハスンハアルヘカラサルモノトス、之ヲ区分スレハ左ノ数種ニ別ツヘシ然トモ均ク之ヲ小学ト称ス即チ尋常小学女児小学村落小学貧人小学小学私塾幼稚小学ナリ（其外廃人学校アルヘシ）

学制章程における就学規程の大きな特徴は、後年の義務教育法制と異なり、就学行政の展開に関する規程だという

点である。とくに、地方官が就学をどのように監督し報告するかという点に力点が置かれている。前に考察したように、学制布告書で「父兄の越度」とまで規程された強制性は、学制章程では「学ハスンハアルヘカラサル」（第二十一章）という一般的表現にとどまっており具体性に欠けている。

一八七二年（明治五）学制の就学政策を概観すると、全体として国民に向けては「勧奨・奨励」を前面に出しつつ、父兄に対する「責任・督責」と地方官に対して非常に厳しく学校設置政策の実施を求めていることがわかる。学制の「強迫性」、すなわち「強迫教育」の根拠はここにある。(4)

もう一度、一八七〇年代に発せられた就学告諭に戻ろう。筆者らの研究で明らかになったことは、幕末維新期から府県統合がほぼ全国的に原型を形作る一八七六年（同九）まで夥しい数の就学告諭が出されていたという事実である。

この一〇年間に、かくも夥しい数の就学告諭が出された理由は、近世封建制社会から近代資本主義社会への転換期において急速な資本主義化を達成するために、「上からの開化」として告諭を発する形が広く採用され、新時代の到来を体感した地域指導者たちが、権力の崩壊期に自らの主体的判断において教育・学問の重要性を認識し、郷学校の設立や近代学校設立などに奔走したことである。他方、地域民衆においては、近世封建制社会の中で成熟しつつあった生活の中に芽生えた教育の要求（＝読み書き能力の必要性など）が顕在化しつつあった。

就学告諭は、まさにそうした民衆の生活要求に内在する教育要求を、近代学校の支持基盤へとキャナライズする役割を果たした、という点に特徴がある。すでに前章で整理したように、学制布告書で使用された「越度」を使用した就学告諭をはじめ、多様な「強迫性」を内包した就学告諭は全国的に多様にみられる。それらは「子どもに学問させない親は禽獣に等しい・禽獣以下」というものや「親の責任」、「行政・官の責任」を問うものなど実に多様である。(5)

つまり短期間のうちに各地で出された就学告諭は、地域性を帯びつつ「就学」＝「就学校」について民衆にわかりやすく、なおかつ生活に密着した用語を用いて説明し、「学校に行く・学問する必要性」を意義付けた。そしてそこには、親や行政の就学に対する責任を明記するものまでもあった。

ここまでの考察からわかることは、就学告諭は地域における就学政策の中核を位置しながら決してそれだけでは就学政策が完成するものではないということである。当然のことながら、就学告諭と同じく地域性をもったであろうと思われる就学政策の全体像の解明があってこそ、就学は初めて実効あるものとして位置付きかつ就学告諭の機能も解明できると思われる。

幕末維新期から一八七〇年代までの地域における就学政策の展開を解明する重要性がここにある。

一八七〇年代の地域における就学政策の展開といえば、石川県における一八七六年（同九）「小学標旗掲揚方心得」は余りに有名である。(6) 同じような例として山梨県における一八七七年（同一〇）「就学牌授与条例」がある。

就学牌授与条例

甲第百一号

第一条　就学牌ハ男女児童其住居地ノ学区又ハ寄留地ノ学区内ニ設立スル公立小学又ハ私学ヘ入学シタルノ証トシ、該校ヲ経県庁ヨリ之ヲ授与スルモノトス

第二条　此就学牌ハ左ノ図式ノ如ク児童ノ襟ニ緊紮シ学校往復ハ勿論、平素門外ヘ出遊又ハ他行スル時ト雖モ必ス佩ヒサルヲ得サルモノトス（中略）

第三条　此就学牌ハ児童ノ尤栄誉トシ佩フモノトス、故ニ其レ父兄於テモ平素能ク意ヲ注キ鄭重ニ取扱フヘシ

第四条　警察官吏若シ就学牌ヲ佩ヒタル児童途上ニ於テ不良ノ遊戯ヲナスヲ認ムル時ハ、其レ牌ヲ検査シ之ヲ訓戒シ該校又ハ其父兄ヘ報知スヘシ、若シ又既ニ就学シタル児童就学牌ヲ佩ヒサル時ハ直ニ其家ニ就キ之ヲ

糾スコトアルヘシ

第五条　警察官吏又ハ学務主任ノ官吏ニ於テ若シ就学牌ヲ佩ヒサル学齢内ノ男女児童アルヲ認ムルトキハ、学区取締或ハ戸長ヲシテ其就学セシメサル次第ヲ糾サシメ又ハ直ニ就キ取糾ス事アルヘシ

第六条　就学牌ハ男女児童ノ始テ入学（毎月二日）シタル当日ヨリ五日以内ニ該校幹事ヨリ第一式ノ如ク其父兄ノ住区郡町村番号及ヒ生徒ノ年齢等ヲ詳記シタル請取書ヲ県庁へ差出スヘシ、而シテ之ヲ請取ラハ五日以内ニ其レ父兄ヲ該校ヘ喚出シ之ヲ佩ハシムル所以ノ主意及ヒ取扱心得方等ヲ懇諭ノ上之ヲ授与シ、第二式ノ請書ヲ出サシメ該校ヘ領収シ置クヘシ

第七条　生徒過誤等ニテ此牌ヲ損失棄損スル事アラハ父兄ヨリ其事由ヲ該校ヘ申出ツヘシ、該校幹事ハ其事由申出ノ通相違ナキニ於テハ第六条ノ手続ヲ以更ニ授与スヘシ、但其償トシテ一銭ヲ納メシムヘシ

第八条　小学学科全ク卒業ニ至ラス半途退学ノ許可ヲ得タルモノハ其当日該校ヘ此牌ヲ納メ該校幹事ハ即時県庁ヘ返納スヘシ

第九条　小学校ヲ完全ニ卒業シタル生徒ハ之ヲ納ムルニ及ハス、故ニ卒業証書ト共ニ之ヲ該児ノ身ニ付シ鄭重ニ蔵メ置クヘシ、但シ該牌ヘハ全教科卒業ノ旨ヲ彫刻シテ下付スヘシ

第十条　欠席満二ヶ月ニ及フモノハ其事由ヲ糾シ牌ヲ返納セシムヘシ（以下略）(7)

石川県の「小学標旗掲揚」とは、前年一二月の調査で就学率七〇％以上の学校は紅旗を掲げるとする規程であり、就学率を競う競争原理を村落共同体に持ち込んだ。

山梨県の「就学牌授与条例」は、学齢児童が小学校に入学した場合に県庁から授与される就学牌に関する規程である。学校への就学という行為を、権威化された就学牌を佩用し、その扱いに父母の責任を問う形で、いわば就学行為

を「就学牌」という「もの」によって可視化させ、その扱いを通じて父兄の就学への「督責」に転化させている。

次の史料は、同じ時期の山梨県の行政文書である。「学籍編製」に関する規則を制定したことがわかる。

甲第百十号

就学ノ増減ハ大ニ教育ノ盛否ニ関シ候義ニ付一般児童ノ就学不就学ヲ調査シ就学ノ期ヲ誤ラシメサル様督励スルハ地方ノ要務ニ付、今般別冊ノ通学籍編製規則相定候条雛形解釈（ママ）ヲ参看シ速ニ精査編製可致此旨布達候事、但現今学齢内ノ児童ハ渾ステ第四五条ニ準シ無洩編籍シ爾後月々調査編入可致、且編製方取調ノ為メ掛リ官員巡回為致候条整頓次第区長ヨリ可届出事

明治一〇年四月二日　山梨県令　藤村紫朗(8)

ここで「一般児童ノ就学不就学ヲ調査シ就学ノ期ヲ誤ラシメサル様督励スルハ地方ノ要務」とし、行政用語として「就学督励」が使用されている。

このように、地域の就学を促進するための具体的な手だて・政策を地方官たちは考え、実施した。繰り返すが、どのような就学政策が展開され、そこにどのような地域性が読み取れるかということが、新たな課題として浮かび上がってくる。

この作業を進めるにあたって、筆者は、一つの作業仮説をもつ。それは、学制期（つまり一八七〇年代）と、第二次教育令期（つまり一八八〇年代）以降に、連続―非連続の関係があるのではないか、という仮説である。第一に、短期間のうちに、夥しい数が出された就学告諭は、一八八〇年代にはほとんど出されなくなったという事実。第二に、各府県は就学告諭に代わって一八八〇年代には「就学督責規則」を、しかも数次にわたって出しているという事実がある。

ここに一八七〇年代とは異なる一八八〇年代の就学政策の展開とそれに伴う地域就学構造の転換があるように思われる。

二　一八八〇年代における「就学督責」研究の課題

一八七九年（明治一二）第一次教育令から一八八〇年第二次教育令への文部行政の基調転換は、これまでの先行研究によって「自由から干渉への転換」、「保守反動への復古」と評価されてきた。しかし教育行政の基調が、何故、そしてどのように転換したかという課題の根本的な解明はいまだなされていない。就学政策を、当時の地域の近代化過程に即応させつつ「勧奨・奨学」から「督責」へと構造転換させた過程を明らかにしなければならない。

一つのヒントは、一八八〇年代に入ると就学告諭を出す府県数は激減するという事実である(9)。そして、それが原因なのかあるいは結果なのかは別にして、一八八〇年第二次教育令第十五条に関係する就学督責規則起草心得が発令された。政策の基調は、明らかに就学の「勧奨・奨学」から「督責」へと転換した。

ここで、文部省の就学督責規則起草心得と各府県の対応の中から青森県と秋田県の「就学督責規則」を紹介し、研究の視点を提示したい。

まず文部省の「就学督責規則起草心得」全文は次のとおりである。

文部省・達・第三号（明治一四年一月二九日）

教育令第一五条但書就学督責規則ノ儀ハ別紙起草心得ニ拠リ取調へ可伺出此旨相達候事

（別紙）

就学督責規則起草心得

第一条　学齢児童就学督責ノ事務ハ学務委員之ヲ掌理シ郡区長之ヲ総管スルモノトス

第二条　学務委員ハ毎年ノ終ニ於テ其学区内ノ児童翌年学齢ニ在テ左ノ項々ニ該当スル者ヲ区別シ就学調査簿ヲ製シテ之ヲ郡区長ニ出スヘシ

第一項　未タ小学科三箇年ノ課程ヲ卒ヘサル学齢児童ニシテ其年就学スル能ハサルノ事故アル者

第二項　未タ小学科三箇年ノ課程ヲ卒ヘサル学齢児童ニシテ其年就学スルヲ得ル者

第三項　既ニ小学科三箇年ノ課程ヲ卒ヘタル学齢児童ニシテ其年就学スル能ハサルノ理由アル者

第四項　既ニ小学科三箇年ノ課程ヲ卒ヘタル学齢児童ニシテ其年就学スルヲ得ル者

右第一項ノ事故及第三項ノ理由ハ父母後見人等ノ申出ニ因テ児童毎ニ之ヲ記載シ当否ノ意見ヲ付シテ郡区長ノ認可ヲ経ヘシ

第三条　学務委員ハ第二条ノ第一項第三項ニ付郡区長ノ認可ヲ経タル後ハ其第二項第四項ニ該当スル児童ニシテ小学校ニ入リ普通教育ヲ受クヘキ者ノ名簿ヲ製シ、之ヲ該小学校教員ニ回付シ且其名簿ニ載セタル児童中ニ就キ父母後見人等ノ申出ヲ採用セサル分ニ限リ其旨ヲ該父母後見人等ニ示諭スヘシ

第四条　小学校教員ハ学務委員ヨリ回付シタル児童名簿ニ基キ生徒出席簿ヲ製シ、開校後ハ日日其出席欠席ヲ点検シ毎月末之ヲ学務委員ニ報知スヘシ

第五条　学務委員ハ小学校教員ノ報知ニ因リ欠席ノ多寡ヲ検査シ時々父母後見人等ニ就キ欠席ノ事故若クハ理由ヲ質シ、其謂レナキニ於テハ篤ト将来ヲ戒諭シ或ハ更ニ其筋ノ説諭乞フコトアルヘシ

第六条　学務委員ハ毎年ノ始ニ於テ前年中左ノ項々ニ該当スル者ヲ調査シ児童毎ニ其事故及理由ヲ記シ、之ニ意

見ヲ付シテ其第一項及第三項ハ郡区長ノ認可ヲ経ヘク其レ第二項及第四項ハ郡区長ニ具申スヘシ
第一項 第二条第二項ノ学齢児童ニシテ不得已事故アリテ就学十六週日ニ満タサリシ者
第二項 第二条第二項ノ学齢児童ニシテ不得已事故アルニアラスシテ就学十六週日ニ満タサリシ者
第三項 第二条第四項ノ学齢児童ニシテ相当ノ理由アリテ就学十六週日ニ満タサリシ者
第四項 第二条第四項ノ学齢児童ニシテ相当ノ理由アルニアラスシテ就学十六週日ニ満タサリシ者
第七条 郡区長ニ於テ第六条第二項及第四項ニ就キ学務委員ノ具申スル所ヲ適当ナリト認ムルトキハ其意見ヲ付シテ府知事県令ノ処分ヲ乞フヘシ
第八条 未タ小学科三箇年ノ課程ヲ卒ヘサル学齢児童ニシテ就学スル能ハサルノ事故アリト認ムヘキ者ハ概ネ左ノ如シ
一 疾病ニ罹ル者
一 親族疾病ニ罹リ他ニ看護ノ人ナキ者
一 廃疾ノ者
一 一家貧苦ノ者
但此等ノ者ヲ待ツヘキ学校等ノ整備ナキ場合ニ限ル
第九条 既ニ小学科三箇年ノ課程ヲ卒ヘタル学齢児童ニシテ其年就学スル能ハサルノ理由アリト認ムヘキ者ハ前条ノ事故アルハ勿論他ノ学科ヲ修ムルカ若クハ職業ニ就ク等ノ者トス
第十条 巡回授業及家庭教育等ニ就テノ就学督責モ亦前条々ニ準シ適当ノ方法ヲ設クヘシ
ここで、第五条に注目したい。就学の督責を前面に出しながら、しかし「将来ヲ戒諭」あるいは「説諭」を含んでいる点である。
　この文部省の就学督責規則起草心得に対し、各府県が独自に「就学督責規則」を制定するが、次に青森県の「就学督責規則」を概観する。

甲第二百四十六号
本県就学督責規則別紙之通創定候条此旨布達候事
明治一四年一一月七日　青森県令　山田秀典

就学督責規則
第一条　学齢児童就学督責ノ事務ハ学務委員之ヲ掌理シ郡長之ヲ総管スルモノトス
第二条　学齢児童ハ小学科三箇年ノ課程ヲ卒ラザル者ト既ニ之ヲ卒リタル者トヲ区別スルカ為メ此規則上ニ於テ甲ヲ第一類学齢児童ト称シ乙ヲ第二類学齢児童ト称ス
第三条　学齢児童ハ就学ト不就学トニ就キ更ニ復タ其呼称ヲ区別シ即チ第一類学齢児童ハ未就学在学休学ニ分チ第二類学齢児童ハ在学休学退学ニ分ツ
第一款
未就学トハ学齢ニ入ルノ後未タ就学セシコトヲ公認セラレザル不就学ヲ云フ
第二款
在学トハ現ニ学校生徒タルカ若クハ巡回教授ニ従学スルカ其他家庭ノ教育ヲ認可セラレ何レモ其就学ヲ公認セラルル現在ノ就学ヲ云フ
第三款

休学トハ前ニ在学セシモノナレドモ事由アリテ現ニ不就学タル公認ヲ得タルモノヲ云フ

第四款

退学トハ小学高等課（ママ）ヲ卒業スルモノ及ヒ小学中等課（ママ）ヲ卒業シ相当ノ理由アリテ不就学タル公認ヲ得タルモノヲ云フ

第四条　父母後見人ニ於テ其学齢児童ヲ就学セシムルハ本籍寄留ヲ問ハス現ニ児童ガ居住スル町村ヨリ編制セラレタル学区内ノ小学校若クハ巡回教授其他家庭ニ於テ之ヲナスベシ

第五条　父母後見人ハ毎年ノ終リニ於テ其学齢児童ガ翌年中就学スルノ場所方法ヲ定メ学務委員ニ具陳スベシ

但教育令第十七条ニ拠リ郡長ノ認可ヲ請ハント欲スルトキハ学務委員ヲ経由スベシ

第六条　父母後見人ニ於テ第五条ニ拠リ児童ガ就学ノ場所方法ヲ定メ申出ザル時ハ学務委員ハ其学区ノ就学法ニ従ヒ之ヲ定ム可シ

第七条　甫メテ学齢ニ入ル児童ハ当月ヨリ就学スルヲ法トス然レドモ小学若クハ巡回方法ニ従ヒ就学セシメントスルトキハ其生徒募集ヘ時宜ニアラザルヨリハ暫ク其入学スルヲ猶予セシムルコトアル可シ此処場合ニ於テハ爾後最近ナル生徒募集期ヲ待テ就学セシム可シ

但公立学校ニ於テ生徒ヲ募集スルハ両年度トス両度（ママ）ノ外学校ノ都合ニ依リ臨時補欠員トシテ入学ヲ許スコトアルベシ

第八条　未就学休学児童ノ翌年中就学スルヲ得ル者ニシテ小学校若クハ巡回方法ニ従ヒ就学セシメントスルトキハ翌年ノ前学期開業ニ於テ入学セシムベシ

但前学期ニ於テハ尚就学スルコト能ハサル事故若クハ理由アルモノニシテ其調査ニ確当スルモノ及ヒ先ニ

未就学休学ノ事故若クハ理由ヲ公認セラレ後ニ其事由消滅スルモノハ後学期開業ノトキ又ハ臨時ニ於テ入学セシムベシ

第九条　父母後見人ハ第五条就学予定ノ場合ニ於テ其学齢児童ガ翌年中已ムヲ得ザルノ事故若クハ相当ノ理由アリテ就学スルコト能ハザルトキハ之ヲ学務委員ニ申其調査ヲ経不就学認定証ヲ請ヘ可シ

第十条　第一類ノ学齢児童ニシテ教育令第十五条ニ拠リ已ムヲ得ザル事故ト称シ就学スルコト能ハザルモノ左ノ如シ

第一項　風癲白痴若クハ篤疾ニ罹ル者

第二項　親族中風癲若クハ篤疾ニ罹ル者アリ其看護ニ給待スル者

第三項　盲唖聾蹇ノ廃疾ニ罹ル者

第四項　居住ノ地方人家稀疎殆ンド無煙ノ僻郷ニシテ就学ノ方便ナキ者

右ノ外家貧苦ニシテ学資支弁ノ途ナク学区ニ於テ貧生特別就学ノ方法設立セザル際ニアリテハ暫ク就学スル能ハザル事故トス

但学資中唯受業料ヲ出シ能ハザルニ止ル者ハ学区当然ノ就学法ニ従ヒ就学スベキモノトス故ニ之ヲ已ムを得ザル事故トスルノ限ニアラス

第十一条　第二類ノ学齢児童ニシテ教育令第十五条ニ拠リ相当ノ理由ト称シ就学スルコト能ハザルモノト認ムベキ事項ハ第十条列記スル項々ノ外左ノ如シ

第一項　他ノ学科ヲ修ムル者

第二項　幼稚弟妹ヲ看守スル者

第三項　商買見習奉公ニ出ル者
第四項　工匠ノ徒弟ニ出ル者
第五項　他家ニ雇仕スル者
第六項　常時不断ニ家事業務ノ労ニ服スル者
第十二条　学務委員ハ第五条及第九条ノ場合ニ於テ学齢簿ヲ点検シ左ノ項々ニ該当スル学区内児童ヲ区別シ第二十八条記載例ニ拠リ就学予定調査簿ヲ編制シテ之ヲ郡長ニ出スベシ
第一項　第一類ノ学齢児童ニシテ其年就学スルコト能ハザル事故アル者
第二項　第一類ノ学齢児童ニシテ其年就学スルヲ得ル者
第三項　第二類ノ学齢児童ニシテ其年就学スル能ハザル理由アル者
第四項　第二類ノ学齢児童ニシテ其年就学スルヲ得ル者
右第一項ノ事故及第三項ノ理由ハ第九条父母後見人ノ申立ニ就キ当否ノ意見ヲ付シテ郡長ノ認可ヲ経可ス
第十三条　郡長ニ於テ第十二条第一項及第三項ニ就キ相当ノ事故若クハ理由ト認ムベキ事項ハ第十条及第十一条記載スル所ノ項々ニ該当スル者トス
第十四条　学務委員ハ第十二条第一項及第三項ニ就キ郡長ノ認可ヲ経タル後其就学スルコト能ハスト認定セル児童ハ不就学詔書ヲ付与シ、其就学スルヲ得ル児童ハ名簿ヲ調製シ該小学校長（校長ナキトキハ教員以下倣之）ニ回付スベシ
但郡長ニ於テ父母後見人ノ申出ヲ採用セザルモノハ其旨ヲ該父母後見人等ニ示諭スベシ

第十五条　不就学証書ハ左ノ要件ヲ記シタル木牌等ニシテ児童ヲシテ常ニ携帯セシムベキモノトス
一　児童ノ住所姓名年齢
一　事故若クハ理由ノ要領
一　父母後見人ノ住所姓名
一　不就学認定ノ年度
一　証牌付与ノ年月日
第十六条　就学名簿ハ左ノ要件ヲ掲載シ入学スベキ学校毎ニ区別シテ之ヲ回付スルヲ要ス但家庭教育ノ児童ハ回付ノ限ニアラス
一　児童ノ住所姓名年齢並誕生月日
一　父母後見人の住所姓名
一　入学期日
第十七条　学校長ハ学務委員ヨリ回付スル名簿ニ基キ生徒出席簿ヲ製シ日々ノ出席ヲ印記シ其欠席ハ父母後見人具申スルノ事由ヲ詳記スベシ
但父母後見人欠席ノ事由ヲ具申セザルトキハ学務委員ニ照会シ之ヲ督促シ已ニ具申スルト雖モ第三十二条事由ノ事項ニ該当セザルカ若クハ事実曖昧ニ渉ルト考察スルトキハ復之ヲ学務委員ニ照会シ其回答ヲ得テ詳細之ヲ登録スルヲ要ス
第十八条　学校長ハ生徒出席簿ニ拠リ毎週一回生徒出席表ヲ製シ校門ニ掲示シ毎月ノ始メ前月中生徒出欠ノ調査月報ヲ製シ之ヲ学務委員ニ報告スベシ

第十九条　生徒出席調査月報ハ毎児童出席ノ多寡及欠席ノ事故ヲ記シ且第十七条但書ニ於ル往復文書ノ要旨其他考察ノ件々奨励ノ意見等一々具載スルヲ要ス
第二十条　凡ソ学齢児童ノ第十二条第二項及第四項ニ該当スルモノノ父母後見人等ハ左ノ項々ノ責任アリトス
第一項　修学ニ必要ナル用具即チ教科書石盤紙墨筆硯等欠乏ナク之ヲ供給スル事
第二項　受業料収入ノ定メアル学校ニ就学セシムルニ当ツテハ其校則ニ従ヒ之ヲ弁納スル事
但貧困ナルモノハ一般学区ノ就学法ニ従ヒ受業料ヲ納メズ就学セシムルコトヲ許可セラル可シ
第三項　学校放課時間即チ毎朝夕及休日ニテ出校セザルノ際ハ其児童ノ自宅温習ヲ監督シ且常時勤怠ヲ注意シ之ヲ教訓スル事
第四項　毎日学校出席ノ時限ニ遅緩ナカラシムル事
第五項　最上タル権威ヲ濫用シテ妄ニ出席ヲ抑留シ決シテ目前ノ小事ニ使役スルガ如キ姑息アルベカラザル事
但出席及温習時間ノ外ニ於テ相当ノ業務ヲ課スルハ至当ノ事タルベシ
第六項　一時止ムヲ得ザルノ事故ニ由ルト雖ドモ苟モ欠席セシムルコトアルトキハ其都度事由ヲ学校ニ届ケ出ベキ事
但欠席届方ハ口上書ヲ用ユルモ又ハ近隣ヨリ出校ノ年長生等ニ伝言シ之ヲ託スルモ其便利ニ従フ可シ
第二十一条　凡ソ学齢児童第十二条第一項及第三項ニ該当スルモノノ父母後見人等ハ左ノ項々ノ責任アリトス
第一項　児童ヲシテ常ニ不就学証書ヲ携帯セシムベキ事
第二項　不就学ノ事故若クハ理由消滅スルトキハ速カニ其旨ヲ学務委員ニ申立且就学ノ手続ヲナス事
第二十二条　凡ソ学齢児童第十二条第二項及第四項ニ該当スルモノニシテ其年就学十六週ニ満タザルハ父母後見

人ヲ責罰スルモノトス然レドモ已ムヲ得ザル事由アリテ欠席スルモノハ格別ナリトス今其事由ノ相当
ト認ムベキ事項ヲ示スコト左ノ如シ

第一項　病気治療ノ日
第二項　親族中危篤ノ病者アリ暫クモ其左右ヲ辞スベカラザルノ日
第三項　父母及自己ノ誕生祝日
第四項　風雨積雪洪水及流行悪疫等渾テ学校通路ニ危険ノ虞アル日
第五項　親族ノ忌祭日
第六項　親近ノ内臨時吉凶ニ就キ已ムヲ得ザルノ事アル日

以上項々ハ第一類ノ学齢児童ニシテ已ムヲ得ス欠席スルモノト認ムベキ事故トス第二項ノ学齢児童ハ
以上項々ノ外更ニ下ノ一項ヲ加フ

第七項　農家ノ田植並ニ秋穫ノ時漁村ノ春秋大漁季節ノ如キ老幼男女ノ別ナク悉ク其事ニ従ハザルヲ得ザル
ノ場合アル日

右項ノ外大祭日例祝日休日等一般学校休日ハ勿論第七条ノ下項及第八条ノ但書ニ於テモ就学猶予ヲ要
スルノ日数ハ凡テ相当ノ事故若クハ理由ト認定ス

第二十三条　学務委員ハ就学予定調査ヲ結了スルノ後ト雖ドモ常時学齢児童ヲ監視シ左ノ項々ノ場合ニ於テハ父
母後見人ヲ督責シテ児童ノ就学ヲ怠ラザルラシムベシ

第一項　生徒欠席ニ就キ学校ノ照会アル場合
第二項　毎月ノ始メ学校長ノ報告書ヲ検閲シ生徒ノ欠席多キ者アル歟或ハ欠席ノ事由不明瞭ナルモノアル場

合

第三項　不就学証書ヲ与ヘタル児童ニシテ其不就学ノ事由ノ消滅セルコトヲ察知スル場合

第四項　学校視察官吏及学区内公立小学校ニ於テ不就学児童ノ事由消滅スルモノヲ察知シ之ヲ照会スル場合

第二十四条　学務委員ハ毎月一月中ニ於テ学区内各学校ヨリ報告セル前年中月報告書ニ就キ生徒出席十六週日ニ満タザリシモノヲ調査シ第二十八条記載例ニ拠リ左ノ項々ニ区別シテ就学結果調査簿ヲ製シ之ヲ郡長ニ具申ス可シ

第一項　第一類学齢児童ニシテ不得止事故アルニアラザリシ者

第二項　第一類学齢児童ニシテ不得止事故アリシ者

第三項　第二類学齢児童ニシテ相当ノ理由アルニアラザリシ者

第四項　第二類学齢児童ニシテ相当ノ理由アリシ者(10)

ここで、青森県の「就学督責規則」の特徴点を考察しておこう。骨格部分は文部省の規程に即しているが、しかし全体としてはかなりオリジナルな規程、言い換えると文部省の規程を繰り返すだけではない、かなり独自かつ具体的な督責規則になっている点を指摘できる。この中でとくに重要だと思われる点として、「不就学証書」を作成し「木牌」に必要事項を書かせ児童に常時携帯させたこと（第十五条）、「就学十六週ニ満タザルハ父母後見人ヲ責罰」としながら免責の中に当時としては珍しい「父母及自己ノ誕生祝日」を規定していること（第二十一条）などを指摘できる。

次に秋田県の規則を概観しよう。この場合は、青森県とは対照的に文部省の規程にかなり近いことがわかる（文部省のそれと異なる部分は傍線箇所）。

甲第七号

教育令第十五条但書ニヨリ就学督責規則別冊之通相定候条此旨布達候事

明治十五年一月二十五日　秋田県令　石田英吉代理秋田県少書記官　樺山資雄

（別冊）就学督責規則

第一条　学齢児童就学督責ノ事務ハ学務委員之ヲ掌理シ郡長之ヲ総管スルモノトス

第二条　学務委員ハ毎年ノ終ニ於テ其学区内ノ児童翌年学齢ニ在テ左ノ項々ニ該当スル者ヲ区別シ十二月十日以前ニ就学調査簿（本県十四年第三百九十九号達学事表簿乙号第一式甲就学調査簿）ヲ製シテ之ヲ郡区長ニ出スヘシ

第一項　未タ小学科三箇年ノ課程ヲ卒ヘサル学齢児童ニシテ其年就学スル能ハサル事故アル者

第二項　未タ小学科三箇年ノ課程ヲ卒ヘサル学齢児童ニシテ其年就学スルヲ得ル者

第三項　既ニ小学科三箇年ノ課程ヲ卒ヘタル学齢児童ニシテ其年就学スル能ハサルノ理由アル者

第四項　既ニ小学科三箇年ノ課程ヲ卒ヘタル学齢児童ニシテ其年就学スルヲ得ル者

右第一項ノ事故及第三項ノ理由ハ父母後見人等ノ申出ニ因リ児童毎ニ之ヲ記載シ且ツ之ニ当否ノ意見ヲ付シテ郡長ノ認可ヲ経ヘシ

第三条　学務委員ハ第二条ノ第一項第三項ニ付郡長ノ認可ヲ経タル後ハ其第二項第四項ニ該当スル児童ニシテ小学校ニ入リ普通教育ヲ受クヘキ者ノ学齢児童姓名簿（本県十四年第三百九十九号達学事表簿乙号第二式乙学齢児童名簿）ヲ製シ一月十日限リ該小学校教員ニ回付シ且其名簿ニ載セタル児童中ニ就キ父母後見人等ノ申出ヲ郡長ニ於テ採用セサル分ニ限リ其旨ヲ該父母後見人等ニ示諭スヘシ

第四条　小学校教員ハ学務委員ヨリ回付シタル児童名簿ニ基キ生徒出席簿（本県十四年第三百九十九号達学事表簿

甲号第二式生徒出席簿）ヲ製シ開校後ハ日日其出席欠席ヲ点検シ翌月五日限リ小学校長或ハ首座教員ヨリ学務委員ニ報知スヘシ

第五条　学務委員ハ小学校長或ハ首座教員ノ報知ニヨリ欠席ノ多寡ヲ検査シ其出校十日ニ満タサル者アルトキハ其父母後見人等ニ就キ欠席ノ事故若クハ理由ヲ質シ、其謂レナキニ於テハ篤ト将来ヲ戒諭シ或ハ其筋ノ説諭乞フコトアルヘシ

第六条　学務委員ハ毎年ノ始ニ於テ前年中左ノ項々ニ該当スル者ヲ調査シ児童毎ニ其事故及理由ヲ記シ之ニ意見ヲ付シテ其第一項及第三項ニ当ルモノノ名簿（別紙甲号書式）ハ一月二十日限リ郡長ニ差出シ認可ヲ経ヘク其第二項及第四項ニ当ルモノノ名簿（別紙乙号書式）ハ一月三十日限リハ郡長ニ具申スヘシ（別紙甲号乙号書式略）

第一項　第二条第二項ノ学齢児童ニシテ不得已事故アリテ就学十六週日ニ満タサリシ者

第二項　第二条第二項ノ学齢児童ニシテ不得已事故アルニアラスシテ就学十六週日ニ満タサリシ者

第三項　第二条第四項ノ学齢児童ニシテ相当ノ理由アリテ就学十六週日ニ満タサリシ者

第四項　第二条第四項ノ学齢児童ニシテ相当ノ理由アルニアラスシテ就学十六週日ニ満タサリシ者

第七条　郡長ニ於テハ第六条第二項及第四項ニ就キ学務委員ノ具申スル所ヲ適当ナリト認ムルトキハ其意見ヲ付シテ県令ノ処分ヲ乞フヘシ

第八条　未タ小学科三箇年ノ課程ヲ卒ヘサル学齢児童ニシテ就学スル能ハサルノ事故アリト認ムヘキ者ハ概ネ左ノ如シ

一　疾病ニ罹ル者

一　親族疾病ニ罹リ他ニ看護ノ人ナキ者
一　癈疾不具ニシテ尋常教育ニ就クヲ得サル者
一　一家貧苦ノ者
但此等ノ者ヲ待ツヘキ学校等ノ整備ナキ場合ニ限ル
第九条　既ニ小学科三箇年ノ課程ヲ卒ヘタル学齢児童ニシテ其年就学スル能ハサルノ理由アリト認ムヘキモノハ
前条ノ事故アルハ勿論左ノ両項ニ係ルモノトス
一　他ノ学科ヲ修ムル者
一　職業ニ就ク等ノ者
第十条　巡回授業ニ就ク学齢児童ノ就学督責ハ前条々ニ異ナルコトナシ
第十一条　家庭教育ニ就クモノ郡長施行スル所ノ試験ニ及第スルヲ得サルトキハ学務委員ニ於テ其父母後見人等ニ示諭シテ小学校入レシムヘシ
但家庭教育ニ就クヲ名トシテ普通学科ヲ修メサルカ若クハ学務委員ノ示諭ヲ用イサルモノハ第六条第二項及第四項ノ例ニ倣ヒ郡長ニ具申シ郡長ニ於テハ第七条ノ例ニヨリ意見ヲ付シテ県令ノ序文ヲ乞フヘシ
第十二条　家庭教育ニ就キタルモノヲ郡長ニ於テ試験シ本県定ムル所ノ小学校教則ニ就キ三箇年ノ課程ヲ卒ヘタルモノト同一ノ学力ヲ有スル時ハ小学科三箇年ノ課程ヲ卒ヘタルモノトナスヘシ
第十三条　他管ヨリ本県ニ寄留スル学齢児童ノ就学督責ハ其寄留ノ月ヨリ本則ニ因ルモノトス(11)

秋田県は、傍線部分が独自規程だが、全体として巡回授業と家庭教育に関する規程が具体化されている点にとどまっている。

青森県と秋田県の二県の「就学督責規則」を概観したが、文部省の規程をふまえつつ独自な規程を作成した県と、規程の内容を最小限にとどめた県があることが予想されうる。何故そうした違いが生じるかといえば、当該府県の地方官の教育・学校観、学制後の就学施策とその結果としての就学状況に規定されたのではないかという仮説が成立する。

おわりに

ここまで述べてきたように、一八七〇年代から一八八〇年代における地域就学政策の展開過程を就学の「勧奨・奨励」と「督責」の両面から考察する課題は、そのまま一八七〇年代から一八八〇年代への教育構造を解明する課題に繋がると予想しうる。

具体的な課題としてまとめると次のようになる。第一に、一八七〇年代の学制前後における就学「勧奨・奨励」と「督責」政策の府県別展開過程の考察と地域におけるその担い手の解明。第二に、その結果としての当該地域における就学状況の分析。第三に、一八八〇年代における就学「勧奨・奨励」と「督責」政策の展開と担い手の考察（七〇年代との連続と非連続）。第四に、一八八〇年代の当該地域における就学状況の分析（同じく七〇年代との連続と非連続）。

これらの課題は、地域史的アプローチを必要とするが、そこでは中央政府における教育政策立案過程の考察を進めながら、他方で当該地域の総合的施策の中で教育政策を位置付ける広い視野において分析を進めねばならない。

註

（1）『研究』参照。

(2) 就学促進のための教育行政の展開を、筆者は次のように捉える。すなわち一八七〇年代を「就学告諭を中心とした勧奨・奨励を中心」とした時代、一八八〇年代を「規則などで法的に責任を追及する就学督責を中心」とした時代、と。問題は、七〇年代～八〇年代を単純な展開としてではなく、勧奨・奨励と督責の、構造展開として捉える必要があるということだ。一八七〇年代から一八八〇年代に展開される中央政府の就学政策の展開を単純に「勧奨から督責」へと理解することはできない。むしろ「勧奨」と「督責」の両面をもった政策として構造化し、時期による変化・地域による違いを追究する必要があるということである。

(3) 学制布告書では、「学問は士人以上の事とし国家の為にすと唱」えて「学費及其衣食の用に至る迄多く官に依頼し之を給するに非ざれば学ばざることと思ひ一生を自棄するもの」が少なくないことは「惑へるの甚だしきもの」と指摘する。同布告書の論理は、「国家のための学問ならば官による給付」になるわけだが、そこを否定し「立身のための学問」を強調するわけだから論理的には「民費による負担」となる。しかし同布告書にはそのことは明言されていない。筆者が本文で「暗示」としたのはそのためである。ちなみに学制章程第八九章は、「一切ノ学事ヲ以テ悉ク民費ニ委スルハ時勢未タ然ル可カラサルモノアリ」と学制布告書より踏み込んで表現し、原則―例外関係を明記した。

(4) 拙稿「『就学告諭』と『学制』の強迫性をめぐって」（『往来』第一三八号、日本教育史研究会編、二〇〇二年六月三〇日）参照。

(5) 就学告諭における「親概念」の詳細な分析は、小林（重栖）啓子「第三章　就学勧奨の論理―就学告諭の視角別分析―　第四節　就学告諭における親概念」（『研究』所収）参照。なお、民衆に対する「強迫」的心性を形成した、就学告諭で使用された多様な用語の分析については、拙稿「就学告諭における『強迫性』の考察―就学『義務』論生成序説―」（『形成』所収、本書第一部第三章）参照。

(6) 『石川県教育史　第一巻』（一九七四年）一二五頁。

(7) 『山梨県教育史　第一巻　明治編』（一九七六年）二六〇頁。

(8) 同前。

(9) 『研究』「資料編一覧表」参照。

(10) 『青森県教育史　第三巻（資料編一）』（一九七〇年）三〇八～三一四頁。

(11) 『秋田県教育史　第一巻（資料編一）』（一九八一年）一三五～一三七頁。

第五章　地域からの義務教育成立史
——山形県を中心に——

課題設定

本章の目的は、近代日本義務教育の成立過程において、道府県がどのような役割を果たしたのかを考察することにある。政府・文部省が打ち出した教育政策に対し、道府県は、当該地域が直面する課題に対応した形で政策を浸透させていく。

本章では、近代日本の公教育成立から義務教育が制度的に確立するまでの間に、中央政府の、主として就学政策に即して、道府県がどのように対応したかを考察する。具体的には、一八七二年（明治五）の学制を受けての対応（ここではとくに県が発した就学告諭や就学督励諸政策になる）、一八八〇年（明治一三）の第二次教育令を受けての対応（ここではとくに就学督責規則を中心とする対応）、一八八六年（同一九）の第一次小学校令から一九〇〇年（同三三）の第三次小学校令を受けての対応（各年次府県が発する就学規則を中心とする対応）に区別して考察することになる。[1]

ところで、国家レベルにおける近代日本義務教育制度成立史に関しては多くの先行研究があるが、道府県の動向に着目した研究については少ない。[2]

本章では、課題設定に即し史料の揃っている山形県を対象として考察することとした。(3)

図1　山形県の明治初年・廃藩沿革図

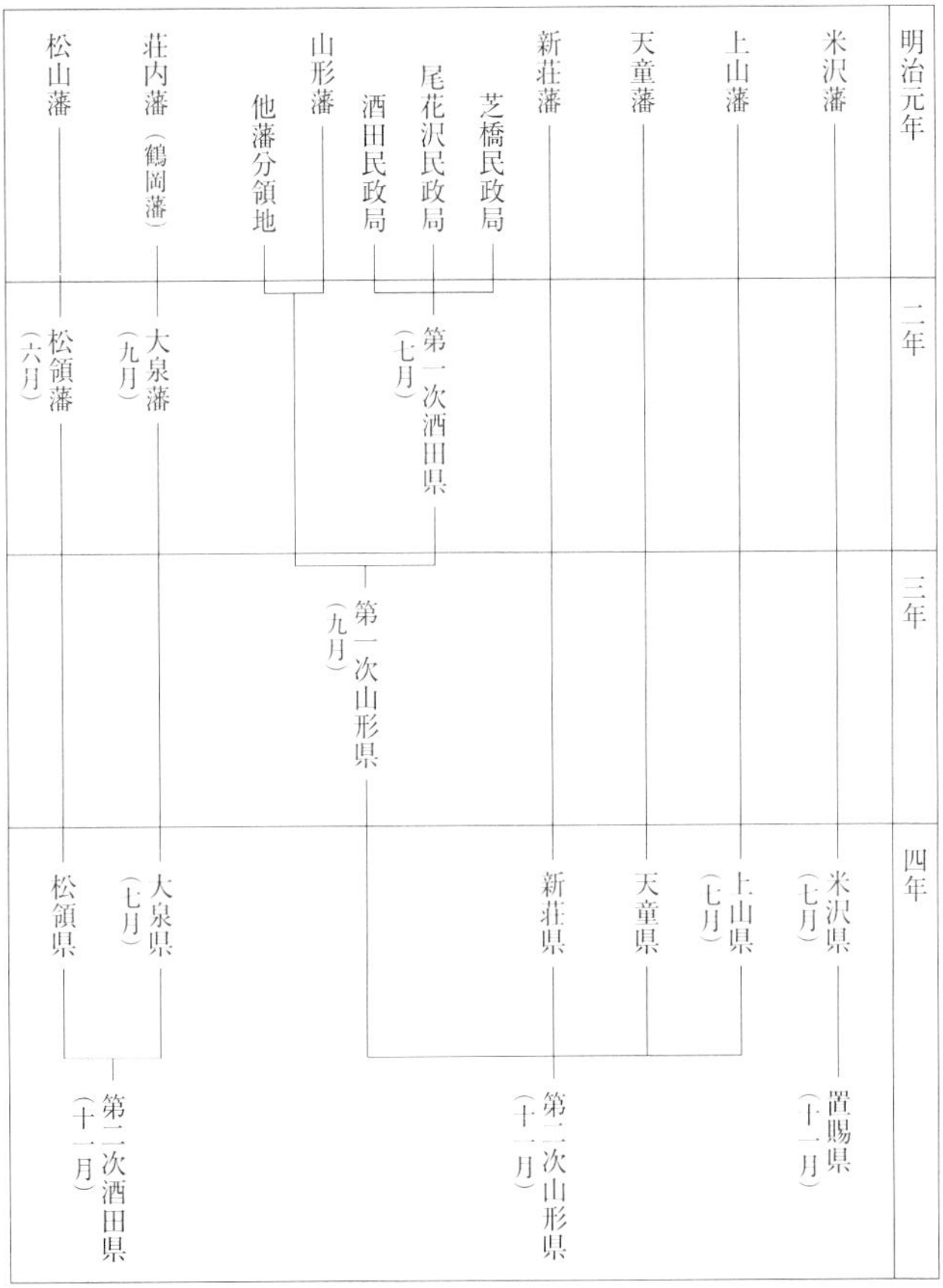

出典　『山形県の歴史』（山川出版社、二〇一二年）二六一〜二六二頁。

一　学制期の就学勧奨政策

本節では一八七〇年代、つまり学制期における府県の就学政策に着目する。学制期における府県の就学政策といえばまずは就学告諭について検討する必要がある。就学告諭の定義については他稿に譲るとして(4)、第一次就学告諭研究会がその調査で発見、一覧表に示した山形県の就学告諭を手がかりに検討しておこう（表1参照）。

第一次就学告諭研究会の成果を深化・発展させた第二次就学告諭研究会は、表中の〈旧番号6―4〉と〈同6―5〉を就学告諭とは認定していない。ただし、府県の動きを考察する本章では〈同6―4〉は考察の対象とする。〈同6―5〉は「教導職の説論」の重要さを説いたものであるがゆえに近代学校への就学を説くものではないので、ここでの考察からは外すこととする。以下、本文中において資料番号を本表の番号を使用し〈山形県◯〉と付記することにする。

まず最初に、一八七二年（明治五）学制布告書公布以前の就学

受信	出　典　1	出　典　2	備　　考
記事なし		酒田市史　改訂版下巻	
同上	日本教育史資料1（729頁）	山形県史　資料編19 近現代史料1	資料件名は出典2による。
同上		山形県教育史資料 第1巻, 大山町史	
同上	山形県史料11		
同上	山形県史料11		
同上	山形県史料11		
同上		山形県教育史資料 第1巻	

告諭に注目しておこう。

1　一八七二年学制布告書公布前の就学告諭とその特徴

最初は、民政局が発した訓示〈山形県1〉である。

酒田港において学校相建てたく候間、読書に志これ有り候者の姓名を書き取り、差し出し候様、場所の儀は当分清閑にこれ有り候寺院を相選然るべく、書籍の儀は、めいめい持ち合はせ候だけ取り集め、差し出し候様、そもそも学校の儀は、大儀名分（ママ）を明らかにいたし、聖賢の教に背かざる様勉励仕り候儀は、大小学校の差別これ無く候へども、郷学の儀は臣として忠を尽くし、子として孝を尽くし、弟として不敬の振舞これ無き様、専一に教へこれ有りたく候。その内抜群の人材これ有り候はば、経済の方に相導き、読書該博に相渡り候上は、東京大学校も差し遣はし申すべく候条、いづれも其の意を得、急速に取り懸かり候様申しつけ候間、なお又吟味を遂ぐべく候[5]

この訓示では、学校とは「大儀名分を明らかに」するため「聖

表1　山形県の就学告諭と就学勧奨文書

都道府県番号	資料番号	都道府県名	旧藩府県名	資料件名	年月日	発信
6	1	山形県	酒田県	酒田港において学校相建てたく候間	明治2年6月	酒田民政局
	2	山形県	米沢県	学校革制大旨	明治4年9月	米沢県庁
	3	山形県	酒田県	就学督励のこと	明治6年9月	県参事 松平親懐
	4	山形県	置賜県	向後小学校ニ於テ官省ノ御布達本県ノ触達告諭	明治6年11月11日	
	5	山形県	置賜県	教導職の説諭について	明治6年12月13日	
	6	山形県	置賜県	各区巡回趣意書取	明治7年1月7日	
	7	山形県	置賜県	明治八年置賜県第八十四号(女子教育振興のこと)	明治8年2月20日	県権令 新荘厚信

出典　『研究』450～451頁。

賢の教に背」くことのないよう「勉励仕り（中略）臣として忠を尽くし、子として孝を尽くし、弟として不敬の振舞これ無き様、専一に教へ」るところであることを明らかにする。「抜群の人材」があれば「東京大学校も差し遣は」す、という。教育と学校の重要性、さらには優秀なる人材を中央に派遣するという構想である。東京の大学が地方の優秀なる人材にとっての立身出世の柱となっていることがわかる。そのため学校設立に「急速に取り懸か」ることを呼びかけている。

次に、米沢県庁が発した告諭「学校革制大旨」〈山形県2〉である。

今般学校従前の（ママ）体裁を（ママ）改め（ママ）、四民一途人材教育之制度相立候間、執レモ其条規ヲ守リ勉励可致事、但学体ヲ分テ五科トス、皇学・洋学・医学・筆学・数学トイフ、筆・数ハ日用不可欠ノ術、医ハ健康を（ママ）保全するの（ママ）業、三科各其道を（ママ）究情せざるへからず（ママ）、皇国普通ノ字ヲ以書スルモノヲ学フヲ皇学トス、支那学、国学洋書学ナリ、尤政教翻訳事実ヲ主トシ、和漢洋ヲ論スルコトナシ、洋字ヲ以テ書スルモノヲ学フヲ洋学トス、皇学・洋学其文字各異ナリト雖モ、其理ハ則一ナリ、其好ム所ニ従ヒ、内派ヲ標シ私党ヲ樹ルコトナク五ニ相親ミ、天地ノ公道ニ基キ、宇内ノ長所ヲ採テ己レガ知識ヲ長シ、大ニ皇国ノ用ヲ為スヲ期スヘシ（ママ）

明治四　九月　米沢県庁[6]

米沢藩校興譲館は、一八七一年（明治四）七月の廃藩置県およびその際の藩政改革によって性格を改変することになる。[7] この告諭の内容は「四民一途人材教育之制度相立」その教育内容は「五科（皇学・洋学・医学・筆学・数学）」である、ゆえに「五ニ相親ミ、天地ノ公道ニ基キ、宇内ノ長所ヲ採テ己レガ知識ヲ長シ、大ニ皇国ノ用ヲ為ス」というものである。

酒田民政局長官の訓示および米沢県庁の告諭は、学校・教育の果たす役割について確認しながらも、そこでいう学問内容については、従来の範疇の学問の強調・学びの強調であった。

2　一八七二年学制布告書公布後の就学告諭とその特徴

一八七二年（明治五）学制が公布された。これを受けて〈山形県3〉〈同4〉〈同6〉〈同7〉などの告諭が相次いで出された。

まず一八七三年（同六）酒田県参事松平親懐名によって出された告諭〈山形県3〉をみよう。

学制之儀ニ付テハ兼而太政官御布告並文部省布達ヲ以一同奉承知候通之次第ニ付、先般小学区分夫々相達候事ニ有之、右小学区中申合便宜ノ場所選即今開校之取運可致ハ勿論之筈、凡小学之規則満六歳ヨリ十三歳迄ヲ以卒業之期限トシ素ヨリ漢学洋学ヲ不問文部省ニ於テ其宜ヲ折衷シ更ニ選定相成候皇国一統之学制ニテ、各其年ニ応シ夫々之教ヲ設ケ幼年輩四民男女ヲ不論皆此学ニ従事シ徒ニ戯打過ル年月間ノ修行ヲ以テ終身百年之用ヲ達スルニ足ラシムルハ則小学之教ニ候、依而ハ学問之儀各身ヲ立ル資本ニシテ学費等敢テ官ニ可仰ノ理ナキ勿論ナリト雖モ、処在一般学校施設ノ儀ハ今般始テ着手之事ニモ有之旁小学普及之為格別ノ御趣意ヲ以テ当分各府県管下惣人員高ニ応シ年々委託金御渡之事ニ相成、既ニ当県二十万余ノ人員ヲ以テ一ヶ年定額被相渡候事ニ付、管内ニ於テモ別紙割合ノ通学費金当分相定候条、一同篤キ御趣意ヲ体シ年々課出可致此段相達候事

明治六年　酒田県参事　松平親懐（後略）(8)

これには学制布告書を受けて小学校開設に向けた動きがあること、六歳～十三歳を就学時期としたこと、「漢学洋学」を問わずに「皇国一統之学制」が制定され「四民」平等に「学ニ従事」すること、「学問之儀」は「身ヲ立ル資本」であること、「学費等敢テ官ニ可仰ノ理ナキ勿論」で小学校普及のために「委託金御渡之事」などが記されてい

る。

次は〈山形県4〉である。全文は次のとおりである。

太政維シ明万機維シ新ナル今日小民婦女児ニ至ル迄御布告ノ候処、往々其文字ヲ読得サルヨリ其意味モ解セス終ニ読得サルヲ以テ常トナシ御布告ヲ等閑ニ心得候或ニ相聞ヘ以テ外ノ事ニ候折格御新政ノ御旨意モ貫徹致サス、難有御教諭等モ徒ニ看倣シ又ハ御政権ヲモ不相弁ヨリ不図違戻ノ罪ヲ招キ結局無罪ノ良民譴責ヲ蒙リ候様ニ立至リ実不便ノ有様ナラスヤ、依之管内人民老幼遺脱ナリ御布告ノ趣ヲ奉載シ御時節柄ヲモ会得候様今般左ノ方法相設ケ候条区長正副戸長及小学校訓導タルモノ能々注意世話可致モノ也

向後各小学校ニ於テ官省ノ御布達本県ノ触達告諭書共漏ナク毎一部ツ、買受ケ、休日毎新年歳末其他御祭日御祝日ヲ除ク其区構内小前婦女子ニ至ル迄一等集会シ、訓導欠員ナレハ仮訓導タルモノ周ク読示シ丁寧ニ講諭可致事

但学校買受ノ分毎部一通ツ、ソノ区校数見計ヒ其戸長ヘ束テ可相渡代償ハ学校費ノ内ヲ以テ一箇月分ツ、翌月十日迄戸長手元ヘ取纏ヲ庶務課ヘ可相納事

米澤町其他市街ヲナシタル宿駅等ニ於テ以来官省御布達本県所触書等売捌方申付置候条有志ノ者ハ勝手ニ買受可申事

豪農巨商自ラ人民ノ頭分ヲ免レサルモノ毎部一通ツ、必ス買受ケ、家族又ハ町村内近隣等ヘ兼々読聞セ可申事

但貫属ノ輩別テ本文ノ趣注意可致事

毎部一通ツ、遺脱ナク買受度志願ノモノハ兼テ県庁ヘ申立候ハ、出版毎一通宛無遅延配達ス可シ、又ハ方角便利ヲ以テ売捌所ヨリ配達致ス可キ事

但県庁ヨリ直買受ノ代償ハ翌月十日迄ニ一箇月分其戸長へ相納売捌所ヨリ買受候分ハ同翌月五日迄ニ同町へ可相払事

明治六年十一月十一日(9)

ここでは、明治維新という政治的一大変革の時期に際して、文章の読解に難を有する民衆の実情を考慮し、中央政府の布告をいかにして最下層民衆に周知徹底するかその手段を具体的な方法をもって示した。告諭をいかに徹底するか腐心する県の姿がみえる。

次は〈山形県6〉である。

義臣本県赴任以来乍不及日夜勉励県治改正ニ従事セシハ全ク上維新ノ朝意ヲ奉シ下人民主宰ノ職掌ヲ尽シ速ニ風俗ヲ正シ治績ヲ挙ケン為メナリ、而ルニ管下実地ノ景況ニ疎ナレハ或ハ万一ノ誤失アルヲ恐レ今般各区ヲ巡回シ其実際ヲ視察シ従テ区戸長以下村吏ト親ク常務ノ可否ヲ議シ以テ施政ノ方向ヲ補助スルアラントス、依テ其大目ヲ掲ケ告諭スル左ノ如シ区戸長以下村吏タルモノ何レモ人民ノ長タル職ニシテ即チ令参事ト大小差異アル而已ト云フモ可ナリ其責亦難カラスヤ、上官省ノ御趣意ヲ体シ下之ヲ人民ニ配達貫徹セシメ而テ陋習ヲ去リ惰風ヲ警タ一夫モ其所ヲ得サルナク各自営業ニ勉強シ其自主ノ権利ヲ保全セシムへキ様世話可致事（中略）

邑ニ不学ノ戸ナク家ニ不学ノ人ナキ様深仁ノ朝旨ハ人民ヲシテ身ヲ修メ智ヲ開キ才芸ヲ長シ忠孝ノ道ヲ弁へ以テ自主ノ権利ヲ得セシムへキ基礎ナレハ各等精々尽力シ学校ヲ興シ区内子弟男女無漏学問ニ就カシメ教育ノ道ヲ尽スへキ事(10)

この告諭もまた内容から判断すれば明らかなように、一般の民衆に対し呼びかけたものではなく「区戸長以下村吏」に呼びかけたものである。「邑ニ不学ノ戸ナク家ニ不学ノ人ナキ様深仁ノ朝旨ハ人民ヲシテ身ヲ修メ智ヲ開キ才芸ヲ長シ」と、ここまでは学制布告書の内容・理念と一致するが「忠孝ノ道ヲ弁ヘ以テ自主ノ権利ヲ得セシムヘキ基礎」としているところにこの告諭の独特な内容がある。「各等精々尽力シ学校ヲ興シ区内子弟男女無漏学問ニ就カシメ教育ノ道ヲ尽ス」べきであるとしている。学校を興すその理念において、学制布告書に独自な内容を付加した告諭だといえよう。

最後は〈山形県7〉である。

女教ノ振興セサル可ラサル方今ニ在テ一大要務トス、故ニ東京府下ニ於テ女子師範学校設立ノ挙アリ此挙ヤ夙ニ皇后宮ノ嘉尚セラルル所トナリ、本月第二日文部大輔田中不二麿ヲ宮中ニ召シ女学ハ幼稚教育ノ基礎ニシテ忽略ス可ラサル者ナリ聞ク頃者女子師範学校設立ノ挙アリト我レ甚タ之ヲ悦ヒ内庫金五千円ヲ加資セントノ親論アリ、嗚呼世ノ婦女子ヲ勧メテ教育ノ根抵ヲ培植セシメント欲セラルル特慮ノ懇ナル邦国人民ノタメニ祝賀セサル可シヤ、庶幾クハ其父母タル者心ヲ傾ケ此盛意ヲ体認シ女子ヲシテ此ニ従事セシメ其業日ニ就リ月ニ将ミ更ニ得ル所ヲ推拡シ遂ニ幼稚ノ教育ヲ善美ニシ以天賦ノ幸福ヲ完了セシ事ヲ右文部省第三号ヲ以報告候条此段相達候事

右管内無漏触示モノ也　二月二十日　置賜県権令　新荘厚信(11)

大間敏行は、「明治八年二月一〇日発行の『文部省報告』第三号に記載された」事実をもとに、多くの府県で類似の女子教育振興の告諭が作成されたと指摘している。大間は、続けて「明治八・九年に出された女子向けの就学告諭のほとんどがこの皇后『親諭』への応答として作成されたものである」と指摘する。(12)『文部省報告』第三号記事と対比してみると、末尾「右文部省第三号ヲ以報告候条此段相達候事　右管内無漏触示モノ也」だけが山形県による付加部分である。

ここまでの考察をまとめると、一八七二年（明治五）学制布告書を受けて、山形県が発した就学告諭は、「四民」

平等と学問が立身の資本である理念が確認できる。その上で「皇国一統之学制」が制定され小学普及のために「委託金」が設けられたことが確認されている。さらに〈山形県4〉のように、民衆に告諭を徹底する県の具体的な手段を提起した。学制布告書の内容・理念をつねに確認し、独自の内容を加味するなどして就学を諭している。

二 就学告諭以外の就学勧奨政策

就学告諭以外の勧奨政策を具体的に検討する。山形県は次のとおり一八七六年（明治九）七月「第四十三号」を発令した。ここに「生徒養成法」、「就学督励法」、「貧民ノ子弟ヲ就学セシムル法」、「就学金積立方法」、「女児教授ノ方法」を具体的に定めた。以下、具体的に検討しておく。

第四十三号

区長副　学区取締　戸長副　学校世話掛

生徒養成法就学督励法貧民ノ子弟ヲ就学セシムル法就学積立方法女児教授ノ方法別紙之通相定候条、区内無洩触示共々協議ヲ遂ケ取計申此旨相達候事

但就学督励方法中記牌ノ儀ハ県庁ヨリ下渡候条現在就学生徒取調受取方可申出事

明治九年七月十九日　山形県参事　薄井龍之

生徒養成法

第一　学齢中晩年ノ就学生アラハ先ツ是ヲ八級ニ入レ、之ヲ授業スル若干日ニシテ教員若シ力余アリト認ムル

トキハ是ヲ七級ニ昇進シ、之ヲ試ムル若干日ニシテ尚余力アラハ復之ヲ進級セシメ、凡ソ其力余リナキノ級ニシテ然ル後成規ヲ循踏セシムヘシ

第二　生徒学業ノ優劣勤惰表ヲ製シ毎日之ヲ記載シ置キ、月末ニ必ス右表ヲ点検シ小試験表ヲ併セテ其得点ヲ掲示シ、以テ教導上ニ精密注意ヲ加ヘ生徒ヲ鼓舞振励スヘシ

第三　多ク未熟ノ教師ヲ雇ヒ置クヨリ寧ロ生徒受持ノ数ヲ多クシ善良ノ教師ヲ撰任スヘシ

第四　小学々齢以外ノ子弟小学ノ正則ヲ履ム能ハサルモノ変則小学ナルモノヲ起シ、之レニ入学セシメ以テ目下ノ急ヲ済フヘシ

但僻陬ノ地ニシテ該校ヲ設クル能ハス、且昼間生業ニ従事スル者ハ尋常小学中夜学ノ科ヲ置キ以テ之ニ充ツヘシ

就学督励法

第一条　学齢ニ及ンデ学ニ就カサル子女ノ姓名ヲ調査シ学区取締ニオヰテ毎月表ヲ製シ其事由ヲ詳記シ、一ハ之ヲ該県第五課ニ出シ一ハ其携フル所トナシ学ニ就ヲ待テ携フル所ノ表ヲ消シ其レ由ヲ第五課ニ報告スルモノトス

第二条　事故アリテ永ク学ニ就シメサルモノハ、毎月始必ス父兄ヨリ其由ヲ学区取締ニ告ルモノトス

第三条　毎年一回長次官ノ内並学務選任ノ吏員ハ毎年両次各校ヲ巡視シ、不就学生ノ父兄ヲ招集其事由ヲ聞糺スコトアルヘシ

第四条　学齢ノ者該区小学教授時間中三四名以上街衢ニ遊戯スルヲ巡査認ムルトキハ姓名及ヒ父母ノ住所ヲ問ヒ、

其レ父母ニ就キ就学期限ノ証書ヲ出サシメ尚ホ学区取締ニ謀リ之ヲ地方庁ニ進達スルモノトス

第五条　既ニ就学セシモノハ常ニ記牌ヲ帯シメ、不就学ヲ鑑別スルニ易カラシムヘシ

但記牌ハ第五課ヨリ下渡スヘシ

貧民ノ子弟ヲ就学セシムル法

第一条　貧民ノ子女ハ能ク其実況ヲ推窮シ之ヲ二等ニ分テ簿冊ニ謄記スヘシ、学資窮乏ノタメ学ニ就クアタハサルモノヲ一等貧児トシ、児護ノ如キ時間中出校スル能ハザルモノヲ以テ二等貧児トナス

第二条　一等貧児ハ必需ノ物品書籍石盤等総テ之ヲ貸与シ、正則科目ヲ遂テ授業スヘシ而シテ授業料ハ収入セサルヘシ

但区戸長ノ検査ヲ経而後一等貧児タルヲ保証スルモノトス、尤非常困窮ニシテ今日ノ生活ニ逼ルモノヽ如キハ紙筆ヲモ給スルコトアルヘシ、其費用ハ有志ノ出金ヲ要スヘシ有志ノ出金ナキトキハ校費ニ組入区内ノ課出タルヘシ

第三条　二等貧児ハ専ラ読書算術ノ二科ヲ授ケ、習字ハ手本ヲ与ヒ居宅ニ於テ之ヲ習ハシメ日ヲ期シテ検正スヘシ、而其教授時間ノ如キハ午前一時間トナシ尤夜学ニ出席セシムルヲ要ス、然ト雖地方ノ景況ニヨリ均一ナルアタハサルハ学科並時間モ適宜ノ方法ヲ設ケ勉テ就学ニ易カラシメンコトヲ要スヘシ、授業料ハ収入セサルモノトス

第四条　右貧児ノ父兄ハ学校ノ洒掃其他内外力役ノ事務ニ従事セシメ、恩賚ノ幾分ヲ報セシムルコトアルヘシ

就学金積立方法
第一条　就学ノ要費用ニ開セザル能ハス、故ニ毎戸一子ヲ生スレハ満一ヶ年ヲ過ギ其月ヨリ毎月金三銭宛ヲ積マシメ之ヲ其小区扱所ニ領置シ其子満六年ニ至レハ金一円八十銭ヲ得ベシ、以テ就学ノ費用ニ供シ即チ下等小学々料ノ書籍及石盤ヲ買ヒ渡スモノトス
第二条　モシ学齢ニ至ラスシテ子女夭死セハ該父兄ニ還付スルモノトス

女児教授ノ方法
第一条　女子ノ教育ニ裁縫ノ科ヲ設クルハ上等小学ニ有リトイヘドモ現今ノ実況ヲ察スルニ該科ヲ設クル必スシモ上等小学ニ限ラス下等小学教科中更ニ教則ヲ斟酌シ時間ヲ増減シ満十歳以上ノモノニハ必ス裁縫ヲ教フル二時間ノ課業ト定ムベシ
第二条　民力及ハサル地方ニ於テハ唯裁縫場ヲ区別スヘシ、而シテ教場ヲ別ツアタハサル学校ハ男女座位ヲ別ツベシ
第三条　女学校ノ教員ハ成丈ケ婦人ヲ以テスルヲ適当トス
第四条　洋算ノ精密ナルモ日用簡便ナルハ和算ニ如カス故ニ教授ノ間斟酌シテ和算ヲ授クルモ妨ケナシ(13)

上記「第四十三号」は総論である。「生徒養成法」では、誰が通学すべきなのか、通学すべき正当の年齢以外の「晩年ノ就学生」に対する具体的な措置を示しており興味深い。さらに、「第二」において「生徒学業ノ優劣勤惰表」の作成と「小試験表ヲ併」せることを示している。

「就学督励法」では、就学しない「子女」の調査の厳密化を求め、その事由を父母から学区取締へ報告することを

求めている。さらには毎年一回「長次官ノ内並学務選任ノ吏員」が不就学の児童の親を招集しその事由を「聞糺」すとしている。不就学児童の「父兄」に対し、就学に関する説諭が行われたことは想像に難くない。ここでも全国的にみられた「就学牌」が使用されている。

「貧民ノ子弟ヲ就学セシムル法」では、貧困児童を二等に区分する。「学資窮乏」による就学できない児童を「一等貧児」とし、「時間中出校」できない児童を「二等貧児」とした。「一等貧児」には学用品の貸与と授業料免除を、「二等貧児」には「読書算術」の「二科」を授け「習字ハ手本ヲ与ヒ居宅ニ於テ」習わせている。

「就学金積立方法」では子どもの誕生後からの積立預金を奨励している。

「女児教授ノ方法」では、女子の就学奨励のため下等小学教科からの裁縫科の設置を促し、教場を分けることが難しい場合には男女別の座位にするよう指示している。

本節の検討をまとめておこう。政府による学制布告書発布以前に、酒田民政局および米沢県庁は、学校・教育の果たす役割について確認した。そこでの学問内容については、従来の範疇の学問の強調、学びの強調であったが、維新変革期にあって、独自に教育と学校の重要さを強調したことに地域指導者の啓蒙的先駆性をみることができる。

一八七二年（明治五）学制布告書を受け、山形県が発した就学告諭は「四民」平等と学問が立身の資本であるとする理念が確認できる。その上で「皇国一統之学制」が制定され小学普及のために「委託金」が設けられたことが主張されている。〈山形県4〉の告諭は民衆に徹底する県の具体的な手段を提起した。ここには政府・県の告諭を地域民衆に徹底しようとする意図がはっきりと見て取れる。

山形県は、学制布告書の内容・理念を確認するとともに独自の内容を加味し、政府・県の告諭を民衆に周知徹底しようと腐心したのである。

三 一八八〇年代の山形県における就学政策の特徴

1 一八八〇年第二次教育令以前の就学政策

山形県は、一八八〇年（明治一三）一二月、「乙第二百三十八号児童就学法」を定めた。後述するように多くの府県では文部省による達・第三号・就学督責規則起草心得（一八八一年〈同一四〉一月二九日）を受けて就学の督責規則が本格的に制定されることになるが、山形県の場合、第二次教育令の出る前に就学督励に関する規則を出した事例に該当する。他県に比して早期――おそらく、最初期のものと考えられる――「就学督励法」であるといってよい。

乙第二百三十八号

児童就学法左ノ通相定候条此旨布達候事

但是迄ノ布達共右ニ矛盾スルモノハ都テ廃止候事

明治十三年十二月二十五日　山形県令　三島通庸

児童就学法

第一条　管内学齢ノ者ヲシテ不就学ナカラシメンカ為メ、学務委員巡校掛ハ其町村学齢人名簿ヲ製シ就学不就学ヲ区分シテ之ヲ督励スヘシ

第二条　学齢ヲ調査センカ為メ、学務委員巡校掛ハ毎年十二月戸長ト共ニ翌年中学齢ニ入ルヘキ児童ヲ調査シ、学齢人名簿ニ登記スヘシ

第三条　学務委員巡校掛ハ毎年定期試験前ニ於テ予メ学齢人名簿ヲ点検シ、事故ナクシテ就学セサルモノアル

トキハ父母後見人等ヲ勧誘シ試験後直ニ就学セシムヘシ

第四条　事故アリ自今就学セシムルコト能ハサル旨父母後見人等ヨリ申立ルトキハ、学務委員巡校掛ニ於テ其事由ヲ取糺シ、詳細学齢人名簿ニ記入シ時々就学ヲ督促スヘシ

第五条　前条ノ場合ニ於テ事故ヲ概別スルコト左ノ如シ

第一　身体虚弱或ハ疾病

第二　親族ノ疾病看護ニ従事ノモノ

第三　該児童ヲ就学セシムルトキハ家事困難ヲ生スルモノ

第六条　事故ナクシテ父母後見人等児童ノ就学ヲ拒ム歟或ハ事故ニ托シ就学セシメサルモノハ、教育令第十五条ニ背キ其責任ヲ尽サヽルモノトシ、学務委員巡校掛戸長連署ノ上郡長之ニ副書シテ県庁ヘ開申スヘシ

第七条　凡ソ学齢児童別ニ普通教育ヲ受クルノ途アリト称シ学校ヘ入ラサルモノアルトキハ、学務委員巡校掛ニ於テ其受クル所ノ学科読書習字算術地理歴史修身ノ六科ヲ備フルヤ否ヲ審査スヘシ

第八条　前条ノ場合ニ於テ其学科六科ヲ備ヘサルトキハ就学トスヘカラサルヲ以テ其父母後見人等ヲ説諭シテ普通学校ニ入ラシムヘシ、若シ父母後見人等説諭ヲ用ヒサルトキハ第六条ノ手続ニ准ヒ県庁ヘ開申スヘシ

第九条　凡ソ学齢児童家貧困ニシテ就学シ得サル歟、或ハ道路懸隔ニシテ通学シ能ハサル事情アルトキハ、学務委員巡校掛ニ於テ該町村戸長ニ協議シ其就学シ得ヘキ方法ヲ設ケ、学齢中少ナクモ十六ヶ月間ハ普通教育ヲ受ケシムヘシ

第十条　毎年六月十二月ニ於テ学務委員巡校掛ハ左ノ第一号第二号書式ニ照準スル所ノ表ヲ調整シ郡役所ニ出

シ、郡役所ニ於テハ之レニ第三号書式ノ統計表ヲ付シ県庁ニ進達スヘシ（後略）(14)

この「児童就学法」は非常に特徴的な内容を含んでいる。第一は、後に一般化してくる就学猶予とする事故の内実を「就学セシムルコト能ハサル」（第四条）例として「身体虚弱或ハ疾病」、「親族ノ疾病看護ニ従事」、「該児童ヲ就学セシムルトキハ家事困難ヲ生スル」と内容を規定したことである。第二は、第六条で「事故ナクシテ父母後見人等児童ノ就学ヲ拒ム」、「事故ニ托シ就学セシメサルモノ」を、第一次教育令下第十五条「学齢児童ヲ就学サシムルハ父母後見人等ノ責任タルヘシ　但事故アリテ就学セシメサルモノハ其事由ヲ学務委員ニ陳述スヘシ」の具体的な例として明確にした点である。「事故ナクシテ（中略）就学ヲ拒ム」、「事故ニ托シ就学」を拒む例を明記し、これを「学務委員（中略）戸長連署」で「郡長之ニ副書」して県庁に「開申」するとした。第三は、第一次教育令のいう「普通教育」を受けたと見なされる条件として「学校へ入ラサル」場合に、そこで「読書習字算術地理歴史修身」の六科が備えられているかどうか「審査」するとしたことである（第七条）。しかも第八条では、それが（つまり六科が）満たされない場合には就学とは見なさない旨規定した。これは第一次教育令の曖昧さを補正したといえよう。第四は、第九条で「貧困」「道路懸隔」で「就学シ得サル」場合「学務委員」「該町村戸長」の「協議」により一六ヵ月は就学できる方策を協議することを求めた点である。

このように「児童就学法」は、他県に比して早期の段階で「身体虚弱」、「疾病」、「親族ノ疾病看護ニ従事」、「該児童ヲ就学セシムルトキハ家事困難ヲ生スル」として「就学セシムルコト能ハサル」例を明確化し、全体として第一次教育令の規定を補正する役割を果たした。

2　一八八〇年第二次教育令以後の就学政策

山形県が「児童就学法」を発令した三日後の一八八〇年（明治一三）一二月二八日、政府は太政官布告五九号・第二次教育令を布告した。その第十五条で「父母後見人等」の学齢児童の就学責任を明記するが、その但書に「但就学督責ノ規則ハ府知事県令之ヲ起草シテ文部卿ノ認可ヲ経ヘシ」とあった。この但書を受けて、各府県は「就学督責規則」を作成することになるが、文部省はそのモデルとして達・第三号・就学督責規則起草心得を発した。

教育令第十五条但書就学督責規則ノ儀ハ別紙起草心得ニ拠リ取調ヘ可伺出此旨相達候事

（別紙）

就学督責規則起草心得

第一条　学齢児童就学督責ノ事務ハ学務委員之ヲ掌理シ郡区長之ヲ総管スルモノトス

第二条　学務委員ハ毎年ノ終ニ於テ其学区内ノ児童翌年学齢ニ在テ左ノ項々ニ該当スル者ヲ区別シ就学調査簿ヲ製シテ之ヲ郡区長ニ出スヘシ

第一項　未タ小学科三箇年ノ課程ヲ卒ヘサル学齢児童ニシテ其年就学スル能ハサルノ事故アル者

第二項　未タ小学科三箇年ノ課程ヲ卒ヘサル学齢児童ニシテ其年就学スルヲ得ル者

第三項　既ニ小学科三箇年ノ課程ヲ卒ヘタル学齢児童ニシテ其年就学スル能ハサルノ理由アル者

第四項　既ニ小学科三箇年ノ課程ヲ卒ヘタル学齢児童ニシテ其年就学スルヲ得ル者

右第一項ノ事故及第三項ノ理由ハ父母後見人等ノ申出ニ因テ児童毎ニ之ヲ記載シ当否ノ意見ヲ付シテ郡区長ノ認可ヲ経ヘシ

第三条　学務委員ハ第二条ノ第一項第三項ニ付郡区長ノ認可ヲ経タル後ハ其第二項第四項ニ該当スル児童ニシテ小学校ニ入リ普通教育ヲ受クヘキ者ノ名簿ヲ製シ之ヲ該小学校教員ニ回付シ且其名簿ニ載セタル児童中ニ

就キ父母後見人等ノ申出ヲ採用セサル分ニ限リ其旨ヲ該父母後見人等ニ示諭スヘシ

第四条　小学校教員ハ学務委員ヨリ回付シタル児童名簿ニ基キ生徒出席簿ヲ製シ開校後ハ日日其出席欠席ヲ点検シ毎月末之ヲ学務委員ニ報知スヘシ

第五条　学務委員ハ小学校教員ノ報知ニ因リ欠席ノ多寡ヲ検査シ時々父母後見人等ニ就キ欠席ノ事故若クハ理由ヲ質シ其謂レナキニ於テハ篤ト将来ヲ戒諭シ或ハ更ニ其筋ノ説諭ヲ乞フコトアルヘシ

第六条　学務委員ハ毎年ノ始ニ於テ前年中左ノ項々ニ該当スル者ヲ調査シ児童毎ニ其事故及理由ヲ記シ之ニ意見ヲ付シテ其第一項及第三項ハ郡区長ノ認可ヲ経ヘク其レ第二項及第四項ハ郡区長ニ具申スヘシ

第一項　第二条第二項ノ学齢児童ニシテ不得已事故アリテ就学十六週日ニ満タサリシ者

第二項　第二条第二項ノ学齢児童ニシテ不得已事故アルニアラスシテ就学十六週日ニ満タサリシ者

第三項　第二条第四項ノ学齢児童ニシテ相当ノ理由アリテ就学十六週日ニ満タサリシ者

第四項　第二条第四項ノ学齢児童ニシテ相当ノ理由アルニアラスシテ就学十六週日ニ満タサリシ者

第七条　郡区長ニ於テ第六条第二項及第四項ニ就キ学務委員ノ具申スル所ヲ適当ナリト認ムルトキハ其意見ヲ付シテ府知事県令ノ処分ヲ乞フヘシ

第八条　未タ小学科三箇年ノ課程ヲ卒ヘサル学齢児童ニシテ就学スル能ハサルノ事故アリト認ムヘキ者ハ概ネ左ノ如シ

一　疾病ニ罹ル者

一　親族疾病ニ罹リ他ニ看護ノ人ナキ者

一　癈疾ノ者

一　一家貧窶ノ者

但此等ノ者ヲ待ツヘキ学校等ノ整備ナキ場合ニ限ル

第九条　既ニ小学科三箇年ノ課程ヲ卒ヘタル学齢児童ニシテ其年就学スル能ハサルノ理由アリト認ムヘキ者ハ前条ノ事故アルハ勿論他ノ学科ヲ修ムルカ若クハ職業ニ就ク等ノ者トス

第十条　巡回授業及家庭教育等ニ就テノ就学督責モ亦前条々ニ準シ適当ノ方法ヲ設クヘシ

文部省による上記就学督責規則起草心得（以下、起草心得）を受け、山形県は次の「乙第七十五号」を制定した（起草心得と対比させて字句の異なる部分に傍線を付しておく）。

乙第七十五号

教育令第十五条但書ニ依リ児童就学督責規則別紙ノ通相定候条此旨布達候事

但昨十三年十二月二十五日乙第二百三十九（八カ）号児童就学法ハ廃止候事

明治十四年五月三十一日　山形県令　三島通庸

児童就学督責規則

第一条　学齢児童就学督責ノ事務ハ学務委員之ヲ掌理シ郡区長之ヲ総管スルモノトス

第二条　学務委員ハ毎年ノ終ニ於テ其学区内ノ児童翌年学齢ニ在テ左ノ項々ニ該当スル者ヲ区別シ就学調査簿ヲ製シテ之ヲ郡長ニ出スヘシ

第一項　未タ小学科三箇年ノ課程ヲ卒ヘサル学齢児童ニシテ其年就学スル能ハサルノ事故アル者

第二項　未タ小学科三箇年ノ課程ヲ卒ヘサル学齢児童ニシテ其年就学スルヲ得ル者

第三項　既ニ小学科三箇年ノ課程ヲ卒ヘタル学齢児童ニシテ其年就学スル能ハサルノ理由アル者

第四項　既ニ小学科三箇年ノ課程ヲ卒ヘタル学齢児童ニシテ其年就学スルヲ得ル者

右第一項ノ事故及第三項ノ理由ハ父母後見人等ノ申出ニ因テ児童毎ニ之ヲ記載シ当否ノ意見ヲ付シテ郡長ノ認可ヲ経ヘシ

第三条　学務委員ハ第二条ノ第一項第三項ニ付郡長ノ認可ヲ経タル後ハ其第二項第四項ニ該当スル児童ニシテ小学校ニ入リ普通教育ヲ受クヘキ者ノ名簿ヲ製シ之ヲ該小学校教員ニ回付シ其名簿ニ載セタル児童中ニ就キ父母後見人等ノ申出ヲ採用セサル分ニ限リ其旨ヲ示諭スヘシ

第四条　小学校教員ハ学務委員ヨリ回付シタル児童名簿ニ基キ更ニ生徒出席簿ヲ製シ開校後日々其出席欠席ヲ点検シ毎月末之ヲ学務委員ヘ報知スヘシ

第五条　学務委員ハ小学校教員ノ報知ニ因リ欠席ノ多寡ヲ検査シ時々父母後見人等ニ就キ欠席ノ事故若クハ理由ヲ質シ其謂レナキニ於テハ篤ト将来ヲ戒諭シ或ハ更ニ其筋ノ説諭ヲ乞フコトアルヘシ

第六条　学務委員ハ毎年ノ始ニ於テ前年中左ノ項々ニ該当スル者ヲ調査シ児童毎ニ其事由及理由ヲ記シ之ニ意見ヲ付シテ其第一項及第三項ハ郡長ノ認可ヲ経ヘク其第二項及第四項ハ郡長ニ具申スヘシ

第一項　第二条第二項ノ学齢児童ニシテ不得已事故アリテ就学十六週日ニ満タサリシ者

第二項　第二条第二項ノ学齢児童ニシテ不得已事故アルニアラスシテ就学十六週日ニ満タサリシ者

第三項　第二条第四項ノ学齢児童ニシテ相当ノ理由アリテ就学十六週日ニ満タサリシ者

第四項　第二条第四項ノ学齢児童ニシテ相当ノ理由アルニアラスシテ就学十六週日ニ満タサリシ者

第七条　郡長ニ於テ第六条第二項及第四項ニ就キ学務委員ノ具申スル所ヲ適当ナリト認ムルトキハ其意見ヲ付シテ県令ノ処分ヲ乞フヘシ

第八条　未タ小学科三箇年ノ課程ヲ卒ヘサル学齢児童ニシテ就学スル能ハサルノ事故アリト認ムヘキ者ハ概ネ左ノ如シ

一　疾病ニ罹ル者

一　親族疾病ニ罹リ他ニ看護ノ人ナキ者

一　廃疾ノ者

一　一家貧苦ノ者

但此等ノ者ハ必ス方法ヲ設ケ普通教育ヲ受ケシムヘシト雖トモ未タ其レ設備ニ至ラサル場合ニ限ル

第九条　既ニ小学科三箇年ノ課程ヲ卒ヘタル学齢児童ニシテ就学スル能ハサルノ理由アリト認ムヘキ者ハ前条ノ事故アルハ勿論他ノ学科ヲ修ムルカ若クハ職業ニ就ク等ノ者トス

第十条　学齢児童ニシテ学校ニ入レス巡回授業ニ依ラス家庭等ニテ普通教育ヲ授ケシムル旨該校父母後見人等申出ルトキハ学務委員ニ於テ其授クヘキ学科ヲ審査シ少ナクモ修身読書習字算術ノ四科以上ヲ備フルニ於テハ之レヲ郡長ヘ出願セシメ其認可ヲ経ヘシ

第十一条　前条ノ場合ニ於テ其学科四科以上ヲ備ヘサルトキハ就学トスヘカラサルヲ以テ該父母後見人等ヘ懇篤戒諭シ其事実ヲ郡長ヘ具申スヘシ

第十二条　巡回授業ノ方法ヲ設クル地方ニ於テ学齢就学ヲ督責スルモ前条々ニ準シ取扱フヘシ(15)

起草心得を受けて各府県が制定した就学督責規則について、大矢一人は、その制定日・条文数・起草心得との内容の比較等に沿って全体像を整理した(16)。山形県の「乙第七十五号」でいえば、第一に、制定日が「明治十四年五月三十一日」であり、起草心得が出たのが同年一月二九日であるから約四ヵ月後となる。これは同年三月に制定された岩手県の就学督責規則に次いで二番目に制定された。第二に、その内容についてである。一見してわかるように、起草心得と比べると「第十条」以下に「乙第七十五号」の特徴がある。すなわち、「家庭等ニテ普通教育ヲ授ケ」る場合に「修身読書習字算術ノ四科以上」を備えているか否かを「学務委員」が審査し「郡長へ出願」することとした点である。しかも次の「第十一条」では「四科」を備えていない場合は「就学」と見なさないため、「該父母後見人等へ懇篤戒諭シ」その事実を「郡長」へ具申するとした。第三は、「第十二条」において、巡回授業の方法を前条項に準じて扱うとした点である。

山形県は、就学督責規則の作成について、他府県に比して早期であった。第二次教育令発令以前に出された「乙第二百三十八号」は、後の就学猶予規程の先蹤と位置付けることが可能である。また、文部省による起草心得を受けた「乙第七十五号」は、全国的にも早い時期に制定され、しかも家庭教育ではより具体的かつ丁寧な施策が試みられたのである。

四　一八八〇年代後半・小学校令期の就学規則の特徴

1　一八八六年第一次小学校令期の就学規則の特徴

文部省は、一八八六年（明治一九）第一次小学校令（四月一〇日）を発令した[17]。これを受けて山形県は、一八八七年（同二〇）二月二二日に「県令第二十九号　学齢児童就学規則」を制定する。

県令第二十九号

明治一九年勅令第一四号小学校令第四条ニ基キ学齢児童就学規則左ノ通相定ム

明治二〇年二月二二日　山形県令　柴原和

学齢児童就学規則

第一条　凡児童八月ヨリ翌年七月マテニ入ル者アルトキハ其父母後見人等ハ児童ノ姓名生年月族籍及就学セシムヘキ年月等ヲ記載シ、其年八月中ニ戸長ニ届出ヘシ

第二条　学齢児童左ノ一項若クハ数項ニ該当スル者アルトキハ其父母後見人等ヨリ就学猶予ヲ請フコトヲ得

第一項　廃疾ノ者

第二項　身体ノ発育其度ニ適セサル者

第三項　疾病ニ罹リ全癒ノ目的ナキ者

第四項　家計困窮ニシテ官若クハ町村ノ救助ヲ受クル者又ハ児童ノ力ヲ以テ生計ヲ助クル者

第三条　前条ノ一項若クハ数項ニ該当シテ就学猶予ヲ請ハントスルトキハ其父母後見人等ハ児童ノ姓名生年月族籍及事故ノ種類並ニ猶予期限ヲ記載シテ願出ヘシ

但前条ノ第一項第二項第三項ニ該当スル者ハ其町村内ニテ現ニ児童ヲ就学セシメタル父母後見人等ノ二人以上ノ保証書ヲ添フヘシ

第四条　就学猶予ノ期限内ニ其事故止ミ若クハ猶予満期ノ者ハ直ニ戸長ニ届出就学セシムヘシ

第五条　就学猶予満期ニ至リテ事故尚止マサル者若クハ就学ノ後未タ尋常小学科ヲ卒ラスシテ第二条ノ事故ニ際会スル者ハ第三条ノ手続ニ依リ猶予ヲ願出ツヘシ

第六条　学齢児童就学ノ後未タ尋常小学科ヲ卒ラサル者他ヨリ移住シタルトキハ其父母後見人等ハ直ニ戸長ニ届出就学セシムヘシ

但就学猶予期限内ノ者ハ其旨戸長ニ届出ツヘシ(18)

第一次小学校令は、その第五条で就学義務猶予規程はあるが、免除規程はない。本「県令第二十九号」の第二条も猶予規程である。小学校令のそれが「疾病」、「家計困窮」、「其他止ムヲ得サル事故」という三つの事由であるのに対し、「県令第二十九号」では「廃疾」、「身体ノ発育其度ニ適セサル者」、「疾病ニ罹リ全癒ノ目的ナキ者」、「家計困窮ニシテ官若クハ町村ノ救助ヲ受クル者」、「児童ノ力ヲ以テ生計ヲ助クル者」と五つの事由となっていることに注目したい。

2　一八九〇年第二次小学校令期の就学規則の特徴

文部省は、一八九〇年（明治二三）第二次小学校令を発令した（一〇月七日）(19)。これを受けて山形県は一八九二年（同二五）三月二九日、「県令第二十三号　学齢児童ノ就学及家庭教育等ニ関スル規則」を定めた。以下第三次小学校令（一九〇〇年〈同三三〉八月二〇日）までの同県における就学規則関係法令を整理すると次のようになる。

一八九二年（同二五）三月二九日・「県令第二十三号学齢児童ノ就学及家庭教育等ニ関スル規則」
同年同日・「訓令第二十六号学齢児童ノ就学及家庭教育等ニ関スル取扱規則」（県令第二三号の取扱規則）
一八九三年（同二六）九月六日・内三第一三九九号（「訓令第二十六号」による報告書式の規程）
一八九五年（同二八）一月二一日・県令第三号（「県令第二十三号」改正）
一八九八年（同三一）八月一日・県令第六〇号（「県令第二十三号」改正）
一八九九年（同三二）七月二〇日・訓令二〇三号（「訓令第二十六号」改正）
同年同日・訓令第百四号（「訓令第二十六号」追加）

一九〇〇年（同三三）一月二二日・訓令第九号（「訓令第二十六号」追加）

一見して明らかなように、「県令第二十三号　学齢児童ノ就学及家庭教育等ニ関スル規則」（一八九二年〈同二五〉三月二九日付）および「訓令第二十六号学齢児童ノ就学及家庭教育等ニ関スル取扱規則」（同日付）が主要な規則で、後に出ているのはその改正または追加であることがわかる。これら規程改正の結論のみを記すと、いずれも就学のための事務の整備であって、規定そのものの本質的改変は認められない。

そこで以下は、主として「県令第二十三号」と「訓令第二十六号」を分析・考察の対象とする。

県令第二十三号

明治二十三年十月勅令二百十五号小学校令第二十四条ニ基キ学齢児童ノ就学及家庭教育等ニ関スル規則左ノ通相定ム

明治二十五年三月二十九日　山形県知事　長谷部辰連

学齢児童ノ就学及家庭教育等ニ関スル規則

第一条　学齢児童ノ就学及家庭教育等ニ関スル事務ハ市町村長ニ於テ之ヲ管理スヘシ

第二条　凡児童ノ前年五月ヨリ其年四月マテニ学齢ニ達スル者アルトキハ学齢児童ヲ保護スヘキ者ヨリ児童ノ氏名生年月族籍及就学セシムヘキ市町村立尋常小学校又ハ之ニ代用スル私立尋常小学校名等ヲ記載シ其年三月三十一日限リ児童現住地ノ市町村長ニ届出ツヘシ

第三条　学齢児童ヲ市町村立尋常小学校又ハ之ニ代用スル私立尋常小学校ニ入レス家庭又其他ニ於テ尋常小学校ノ教科ヲ修メントスルトキハ其学齢児童ヲ保護スヘキ者ヨリ児童氏名生年月族籍及左ノ諸款ヲ具シ第二条ノ期日マテニ市町村長ニ願出ツヘシ

一　市町村立尋常小学校又ハ之ニ代用スル私立尋常小学校ニ入レサル事由
二　教授者ノ履歴書（家庭教育又ハ親族等ニ教育ヲ委託スル場合ニ限ル）
三　学校名及其設立者ノ氏名族籍（学校ニ入学セシムル場合ニ限ル）
第四条　学齢児童左ノ事故ニ該当スルモノアルトキハ其学齢児童ヲ保護スヘキ者ヨリ就学ノ猶予又ハ免除ヲ請フコトヲ得
但就学猶予ノ期限ハ本条第一款ノ場合ヲ除クノ外ハ総テ一箇年以内トス
一　廃疾ノ者
二　身体ノ発育未タ其度ニ達セサル者
三　疾病ニ罹リ速ニ全癒ノ見込ナキ者
四　家計困窮ニシテ児童ヲ就学セシムルトキハ生計上ニ差支ヲ生スル者
五　父母疾病ニ罹リ他ニ看護ノ人ナキ者
六　不時ノ故障等ニテ就学セシムルコト能ハサル者
七　通学上著キ不便アル者
第五条　前条ノ事故ニ該当シテ就学ノ猶予又ハ免除ヲ請ハントスルトキハ学齢児童ヲ保護スヘキ者ヨリ児童ノ氏名生年月族籍及事故ノ種類等ヲ記載シ第二条ノ期日マテニ市町村長ニ願出ツヘシ
但前条第一款乃至第三款ノ事故ニ該当スル者ハ医師ノ診断書ヲ添フヘシ
第六条　就学猶予ノ期限内ニ其事故止ミ若クハ猶予満期ノ者ハ第二条ノ手続ニ依リ届出ツヘシ
第七条　就学猶予満期ニ至リ事故尚止マサル者若クハ就学ノ後未タ尋常小学科ヲ卒ラスシテ第四条ノ事故ニ際

会スル者ハ第五条ノ手続ニ依リ願出ツヘシ
第八条　就学免除ノ許可ヲ得タル者ト雖モ其事故止ミタルトキハ更ニ第二条ノ手続ニ依リ届出ツヘシ
第九条　未タ尋常小学科ヲ卒ラサル学齢児童他ヨリ移住シタルトキハ其学齢児童ヲ保護スヘキ者ヨリ第二条ノ手続ニ依リ移住地ノ市町村長ニ屆出ツヘシ(ママ)
但既ニ就学ノ猶予又ハ免除ノ許可ヲ得タル者等ハ其旨届出ツヘシ
第十条　家庭又ハ其他ニ於テ尋常小学校ノ教科ヲ修メシメタル学齢児童該教科ヲ卒リタルトキハ市長村立尋常小学校ニ於ル試験ノ程度ト同等ノ試験ヲ受ケシムヘシ
但私立小学校ニ入学セシメタル学齢児童ニ在リテハ市町村長ニ於テ試験ヲ必要トスル場合ニ限リ本文ノ試験ヲ受ケシムヘシ(20)

訓令第二十六号

郡市役所　町村役場

明治二十五年三月県令第二十三号ヲ以テ学齢児童ノ就学及家庭教育等ニ関スル規則相定メ候ニ就テハ其取扱手続左ノ通心得ヘシ

明治二十五年三月二十九日　山形県知事　長谷部辰連

学齢児童ノ就学及家庭教育ニ関スル取扱手続

第一条　市町村長ハ毎年一月戸籍簿ニ拠リ前年五月ヨリ其年四月マテニ学齢ニ達スル児童ヲ調査シ其年二月限学齢児童ヲ保護スヘキ者ニ対シ通告書ヲ発スヘシ

第二条　市町村長ハ学齢児童ノ就学及家庭教育等ニ関スル規則第三条第五条第七条ノ願書ヲ受理シタルトキハ篤ト審案又ハ検査シ相当ト認ムルモノハ第五条第七条ニ就キテハ事実ヲ詳具シテ監督官庁ノ許可ヲ受クヘク第三条ニ就キテハ許可ノ上直ニ其事実ヲ監督官庁ニ報告スヘシ

第三条　市町村長ハ左ノ事項ヲ市町村立学校及之ニ代用スル私立尋常小学校ニ通知スヘシ

一　学齢児童ノ就学及家庭教育等ニ関スル規則第二条第六条第八条第九条本文ノ届書ヲ受理シタルトキハ其児童ノ氏名生年月族籍及該児童ヲ保護スヘキ者ノ住所氏名職業

二　同則第七条後段ノ願出ヲ許可シタルトキハ其児童ノ氏名及事由

第四条　市町村長ハ市町村立尋常小学校及之ニ代用スル私立尋常小学校ヲシテ生徒出席簿ヲ製シ日々其出席欠席ヲ点記シ之ニ依リテ左ノ処分ヲ為サシムヘシ

一　相当ノ事由ナクシテ出席セサルコト一週日以上ニ及フ者アルトキハ其児童ヲ保護スヘキ者ニ対シ出席ヲ督促スルコト

二　督促二回ニ及フモ尚其効ナキトキハ之ヲ市町村長ニ報告スルコト

第五条　市町村長ハ左ノ場合ニ於テ学齢児童ヲ保護スヘキ者ニ対シ誡諭ヲ加フヘシ

一　就学ノ猶予又ハ免除ノ許可ヲ得スシテ就学セサル者若クハ許可ヲ得タル後其事故止息スルモ尚就学セサルモノアルトキ

二　第四条第二ノ報告ニ接シタルトキ

第六条　市町村長ハ前条ノ場合ニ於テ再三戒諭ヲ加フルモ之ニ服セス又ハ実行セサル者アルトキハ其事実ヲ監督官庁ニ具状スヘシ

第七条　市町村長ハ学齢調査簿ヲ製シ左ノ事項ヲ記入スヘシ
一　学齢児童ノ住所氏名生年月
二　学齢児童ヲ保護スヘキ者ノ住所氏名職業
三　就学ノ場所（小学校令第二十二条ノ場合ニ限ル）
四　就学及尋常小学校ノ教科ヲ卒リタル年月日
五　就学ノ猶予又ハ免除ノ事由及其年月日
六　小学校令第二十三条ニ依リ欠席一学年ニ及ヒタル者アルトキハ其事由
七　小学校令第三十一条第一項第二項ノ事情アルカ為メ就学セシムルコト能ハサルモノハ其事由
第八条　市町村長ハ市町村立尋常小学校及之ニ代用スル私立尋常小学校ヲシテ学齢簿ヲ製シ左ノ事項ヲ記入セシムヘシ
一　就学児童ノ住所氏名生年月
二　就学児童ヲ保護スヘキ者ノ住所氏名職業
三　入学退学及卒業ノ年月日
四　修業ノ経歴
第九条　市町村長ハ学年ノ終リニ於テ市町村立尋常小学校及之ニ代用スル私立尋常小学校ヨリ左ノ事項ヲ記載セル報告書ヲ徴スヘシ
一　新ニ卒業シタル児童ノ氏名
二　児童就業ノ成績

三　小学校令第二十三条ニ該当スルカ為メ欠席一学年ニ及ヒタル児童ノ氏名
第十条　前条第一第二ハ家庭又ハ其他ニ於テ尋常小学校ノ教科ヲ授クル場合ニモ之ヲ適用ス
第十一条　市町村長ハ前条ノ報告書ヲ受理シタルトキハ其尋常小学校ノ教科ヲ卒リタル学齢児童ノ学力ヲ試験スヘシ
但私立小学校ニ入学セル学齢児童ニ関シテハ特ニ試験ノ必要ヲ認メタル場合ニ限リ之ヲ行フヘシ
第十二条　市町村長ハ学齢児童ニ就キ学年ノ始メヨリ二箇月以内ニ左ノ事項ヲ監督官庁ニ報告スヘシ
一　前学年マテニ尋常小学校ノ教科ヲ卒リタル児童ノ数
二　市町村立尋常小学校及之ニ代用スル私立尋常小学校ニ在学セル児童ノ数
三　家庭又ハ其他ニ於テ尋常小学校ノ教科ヲ修ムル児童ノ数
四　新学年ニ於テ就学ヲ猶予シ又ハ免除シタル児童ノ数（猶予期限ノ二箇年以上ニ渉ル者ハ其年数及人員ヲ割注スヘシ）
五　前学年マテニ就学ヲ免除シタル児童ノ数
六　新学年ニ入リ始メテ就学シタル児童ノ数
七　前学年ニ於テ臨時ニ市町村立尋常小学校及之ニ代用スル私立尋常小学校ニ入学シ及同校ヨリ退学シタル児童ノ数
第十三条　郡長ハ前条ノ報告ニ依リ其郡内各町村ノ分ヲ統計シ学年ノ始メヨリ三箇月以内ニ知事ニ報告スヘシ(21)

まず確認すべきは、ここに示した「県令第二十三号」と「訓令第二十六号」との関係である。内容から判断して児童の就学に関する細部を規定した規則は「県令第二十三号」であるとみて間違いない。「訓令第二十六号」は児童就学を実現するための事務取扱規程である。

その上で「県令第二十三号」をみると、第一の特徴は、第四条および第五条にあるように、「就学ノ猶予」と「免除」が区別されずに規定されている点である。第二の特徴は、第四条で「猶予又ハ免除」として「廃疾ノ者」、「身体ノ発育未タ其度ニ達セサル者」、「疾病ニ罹リ速ニ全癒ノ見込ナキ者」、「家計困窮ニシテ児童ヲ就学セシムルトキハ生計上ニ差支ヲ生スル者」、「父母疾病ニ罹リ他ニ看護ノ人ナキ者」、「不時ノ故障等ニテ就学セシムルコト能ハサル者」、「通学上著キ不便アル者」、の七つの事由が指摘されている点である。

じつはこの点について三原芳一は次のように指摘する。「文部省は第二次『小学校令』全面実施を前にした明治二四年一一月、府県学務官を招集した際に普通学務局から『学齢児童ノ就学及家庭教育等ニ関スル規則中一定ヲ要スヘキ要件』（中略）を提示して、次のように就学猶予・免除事由の限定をはかっている」とし、(22)「貧窮」、「疾病」、「其他已ムヲ得サル事故」の三つの事由があると指摘する。第二次小学校令でいう猶予の事由である。

さらに三原は、「就学義務・免除事由規定には『文部大臣ノ許可ヲ受』（注・第二次小学校令第二十四条のこと—引用者）けているにもかかわらず、さまざまなものが存在した」(23)と指摘した上で、第二次小学校令を受けて作成された府県就学規則を三つのタイプに分類している。第一は猶予事由と免除事由を区別せずに「貧困」、「疾病」、「其他已ムヲ得サル事故」の三事由だけをあげた県の就学規則（千葉県と神奈川県）。第二は猶予事由と免除事由の区別はしないが、その事由を詳細に規定している静岡県・京都府・奈良県などの就学規則。第三は猶予事由と免除事由を規定しているもので和歌山県・島根県・愛知県・福岡県・石川県などの就学規則(24)。

山形県の「県令第二十三号」は、「廃疾ノ者」、「身体ノ発育未タ其度ニ達セサル者」、「父母疾病ニ罹リ他ニ看護ノ人ナキ者」の事由は第二次小学校令には規定されていない。ここは山形県独自のものであり、三原のいう第二のタイプに位置する。

3　一九〇〇年第三次小学校令期の就学規則の特徴

文部省は、一九〇〇年（明治三三）第三次小学校令を発令した（八月二〇日）。これを受けて山形県は同年一二月二七日「県令第九十六号　学齢児童就学ニ関スル細則」を制定した。

県令第九十六号
学齢児童就学ニ関スル細則左ノ通定ム
明治三十三年十二月二十七日　山形県知事　関義臣
学齢児童就学ニ関スル細則
学齢児童ノ就学及家庭教育ニ関スル取扱手続
第一条　市町村長ハ学齢簿ニ拠リ学年ノ始ニ於テ就学セシムヘキ児童ヲ調査シ入学期日ヲ四月一日ト定メ一月限保護者ニ通知スヘシ
第二条　市町村長ニ於テ前条ノ通知以後市町村ニ来住シ又ハ其他ノ事由ニ依リ学年ノ始ニ於テ就学セシムヘキモノアルトキハ学齢簿ニ記入スルト同時ニ入学期日ヲ四月一日ト定メ其保護者ニ通知スヘシ
第三条　市町村長ハ就学期間内ニ在ル児童ニシテ其市町村ニ来住シタルモノアルトキハ学齢簿ニ記入スルト同時ニ入学期日ヲ十四日以内ニ定メ其保護者ニ通知スヘシ
第四条　第一条乃至第三条ニ依リ通知ヲ受ケタル保護者ニシテ児童ヲ就学セシメ難キ事由アルトキハ第一条ノ場合ニ在テハ一月十五日限リ第二条及第三条ノ場合ニ在リテハ其通知ヲ受ケタル日ヨリ七日以内ニ就学義務

ノ免除若クハ就学猶予ノ申立ヲ為スヘシ
第五条　市町村長ハ尋常小学校ノ教科卒ハリタル学齢児童ニシテ来住シタル者アルトキハ遅滞ナク其児童就学ノ始期ニ達シタル年ノ学齢簿ニ記入スヘシ
第六条　市町村長ハ児童ノ入学期日前左ノ事項ヲ関係学校長ニ通知スヘシ
一　児童ノ氏名、入学期日、生年月、住所
二　保護者ノ氏名、住所、職業、児童トノ関係
前項通知ノ後児童ノ就学ニ関シ異動ヲ生シタルトキハ其都度通知スヘシ
第七条　市町村長ニ於テ就学義務ノ免除又ハ就学猶予ニ関シ監督官庁ノ認可ヲ受ケントスルトキハ其申立ヲ受ケタル日ヨリ十四日以内ニ事由ヲ具シテ稟申スヘシ
第八条　市町村長ニ於テ小学校令第三十六条第一項但書ニ依リ認可ヲ与ヘタルトキハ之ト同時ニ其事由ヲ具シテ監督官庁ニ報告スヘシ
第九条　市町村長ニ於テ小学校令施行規則第九十一条第九十二条ノ報告ヲ受ケタルトキハ十四日以内ニ二回以上ノ督促ヲナシ仍相当ノ事由ナクシテ就学又ハ出席セシメサルトキハ最後ノ督促ヲナシタル日ヨリ七日以内ニ監督官庁ニ報告スヘシ
第十条　小学校長ニ於テ児童ノ出席ヲ停止シタルトキハ其事由ヲ具シ市町村長ニ報告スヘシ其停止ヲ解キタルトキ亦同シ
第十一条　市町村立尋常小学校長ハ毎月就学児童ノ出席欠席ヲ調査シ翌月三日限リ監督官庁及市町村長ニ報告スヘシ

第十二条 市町村又ハ町村学校組合ノ区長及其代理者ハ市町村長又ハ町村学校組合長ノ指揮命令ヲ受ケテ区内児童ノ就学及出席ニ関スル事務ヲ補助執行スヘシ

第十三条 小学校令施行規則第九一条乃至第九四条ノ就学又ハ出席ノ取扱ニ関シテハ郡市町村長及小学校長ニ於テ各其必要ナル帳簿ヲ製シ事件ノ顚末ヲ明ニスヘシ

第十四条 雇傭者ニ於テ尋常小学校ノ教科ヲ修了セサル学齢児童ノ就学ヲ妨クルトキハ其保護者ハ之ヲ市町村長ニ申立ツヘシ

前項ノ申出アリタルトキハ市町村長ニ於テ雇傭者ヲ訓告シ若之ニ応セサルトキハ其旨ヲ監督官庁ニ報告スヘシ

第十五条 市町村長ハ左式ノ調査表ヲ製シ毎年五月限リ監督官庁ニ報告スヘシ（表略）

備考一、学齢人員ハ本籍ト寄留トヲ問ハス四月末日ニ於ケル現住人ノ内年齢六年一ヶ月ヨリ満十四年ニ至ルマテノ児童ノ数ヲ掲クヘシ

一、学齢人員欄内現在尋常小学科修学以下ハ総テ前項学齢児童中ノ数ニ就キ掲クヘシ

一、本年尋常小学校ニ入学シタル児童ハ新ニ就学ノ始期ニ達シタル児童及前ニ猶予若クハ免除セラレタル児童ノ入学シタル数ヲ掲クヘシ

第十六条 郡長ハ前条ノ報告ニ依リ其郡内各町村ノ分ヲ統計シ毎年六月限リ知事ニ報告スヘシ(25)

これも一見してわかるように、就学のための事務細則ともいうべき内容である。第一次小学校令を受けた「県令第二十九号 学齢児童就学規則」および第二次小学校令を受けた「県令第二十三号 学齢児童ノ就学及家庭教育等ニ関スル規則」の場合、それぞれ対応する小学校令を補足ないし補充する役割を有していた。それに対し第三次小学校令

に対応した「県令第九十六号　学齢児童就学ニ関スル細則」の場合、もはやそうした性格をみることはできない。なぜならば、第三次小学校令が発令された翌日（八月二一日）には文部省令第一四号小学校令施行規則さらにその翌日（八月二二日）には文部省訓令第一〇号小学校令改正並小学校令施行規則発布ニ関スル件が相次いで出され、就学猶予と免除の要件が厳密に規定された。言い換えると従来各府県が独自に定めていた就学督促・猶予・免除の手続きが、すべて小学校令施行規則に一元化して定められ、全国一律に厳格・実施されたのであった。府県がその独自性を発揮する余地はなくなったのである。

おわりに

本章は、近代公教育の始期から義務教育が成立するまでの時期に、中央政府が発した就学政策に対し、山形県が発した多様な就学政策を対比させることで、府県の果たした役割を浮き彫りにすることを目的とした。

学制期、政府による学制布告書発布以前に、酒田民政局や米沢藩庁は学校・教育の果たす役割について独自な視点から確認し告諭として発した。当時の地域指導者の啓蒙的先駆性を確認することができる。一八七二年（明治五）学制布告書を受けて県が発した就学告諭では学制が示す理念と制度を確認し、それらを地域民衆に徹底しようとする意図がみえる。

一八八〇年代前半、山形県の就学督責規則は第二次教育令発令以前に出され、それは他府県に比して早かった。「乙第二百三十八号　児童就学法」の内容にみられる「就学セシムルコト能ハサル」事由は、後の就学猶予規程の先蹤形態である。起草心得を受けた「乙第七十五号　児童就学督責規則」は、全国的にも早い時期に制定され、家庭教育条項は具体的な施策である。

第一次と第二次小学校令を受けた「県令第二十九号　学齢児童就学規則」、「県令第二十三号　学齢児童ノ就学及家庭教育等ニ関スル規則」は、各小学校令の内容に山形県独自の内容を加味して提起・制定された。しかし第三次小学校令を受けて制定された「県令第九十六号　学齢児童就学ニ関スル細則」では独自性を加味する余地すらなく、専ら小学校令施行規則どおりに実施する細則と位置付けられるのであった。山形県の事例が全国的にどのように位置付けられるか、今後の他府県の動向の考察による。今後の課題である。

註

（1）花井信「日本義務教育制度成立史論」（牧柾名編『公教育制度の史的形成』〈梓出版社、一九九〇年〉所収。その後、花井信『製糸女工の教育史』〈大月書店、一九九九年〉第一章に再録）が先行研究のレビューをはじめ義務の定義を含めて詳細に検討している。

（2）数少ない研究の中で、長野県に限定した研究ではあるが、神津善三郎『教育哀史―子守・工女・半玉の学校―』（銀河書房、一九七四年）およびそれをもとにした『近代日本義務教育の就学に関する研究―長野県における学齢期勤労児童の場合―』（銀河書房、一九七八年）がある。ただし、神津の研究も学制期からの公教育成立史をオーバービューしたものではない。その他、時期を限定して道府県に注目した研究はある。例えば学制期における各道府県が発した就学告諭に即した研究では、『研究』所収の諸論文、『形成』所収の諸論文がある。どちらも学制期に限定して府県が発した就学告諭に着目し、その動向に即して歴史的位置付けを明らかにしている。また、一八八〇年代前半の就学督責規則に即した研究では、『二〇一四（平成二六）年度～二〇一七（平成二九）年度科学研究費補助金研究成果報告書　近代学校の組織化に関する地域史研究―就学行政の「勧奨」と「督責」の構造化―』（研究代表者・荒井明夫）が各府県の就学督責規則を分析しその特徴を考察している。一八八〇年代後半以降の小学校令期の動向については、府県就学諸規則に着目した三原芳一の研究「日清戦後教育政策の構造―就学督励をめぐって―」（『花園大学研究紀要』第一二号、一九八一年）をはじめとする三原の一連の研究および東京を中心事例として考察した土方苑子『東京の近代小学校―「国民」教育制度の成立過程―』（東京大学出版会、二〇〇二年）がある。

（3）山形県における公教育制度成立の諸動向については、荒井武編『近代学校成立過程の研究―明治前期東北地方に関する実証的研究―』（御茶の水書房、一九八六年）所収の諸論考があるが、時期的には明治前期が中心である。
（4）大間敏行「就学告諭とは何か―就学告諭の再定義―」（『形成』所収）。
（5）『酒田市史　改訂版　下巻』（一九九五年）三〇九～三一〇頁。
（6）『山形県史　資料編一九　近現代史料一』（一九七八年）八〇九頁。
（7）拙著、一三八～一三九頁。
（8）『山形県教育史資料　第一巻』（一九七四年）一二一頁。他に『大山町史』（一九六八年）五三五～五三六頁。
（9）『山形県史料十一　置賜県歴史制度部』（『府県史料　山形県編』所収、一九八五年）。
（10）同前。
（11）前掲『山形県教育史資料　第一巻』二〇頁。
（12）大間敏行「附論一　類似した就学告諭の作成契機―明治八・九年の女子教育に関する告諭から―」（『形成』所収）。
（13）前掲『山形県教育史資料　第一巻』四四～四六頁。
（14）同前、一七〇～一七二頁。
（15）同前、一八〇～一八二頁。
（16）大矢一人「各府県の『就学督責規則』概観」（前掲『二〇一四（平成二六）年度～二〇一七（平成二九）年度科学研究費補助金研究成果報告書　近代学校の組織化に関する地域史研究―就学行政の「勧奨」と「督責」の構造化―』所収）。
（17）以下の叙述に必要な範囲で第一次小学校令の関係条文を記しておく。

第三条　児童六年ヨリ十四年ニ至ル八箇年ヲ以テ学齢トシ父母後見人等ハ其学齢児童ヲシテ普通教育ヲ得セシムルノ義務アルモノトス

第四条　父母後見人等ハ其学齢児童ノ尋常小学校ヲ卒ラサル間ハ就学セシムヘシ其就学ニ関スル規則ハ文部大臣ノ認可ヲ経テ府知事県令ノ定ムル所ニ依ル

第五条　疾病家計困窮其他止ムヲ得サル事故ニ由リ児童ヲ就学セシムルコト能ハスト認定スルモノニハ府知事県令其期限ヲ定メテ就学猶予ヲ許スコトヲ得

(18)『山形県教育史資料　第二巻』（一九七五年）四五〜四六頁。

(19)以下の叙述に必要な範囲で第二次小学校令の関係条文を記しておく。

第二十条　児童満六歳ヨリ満十四歳ニ至ル八箇年ヲ以テ学齢トス学齢児童ヲ保護スヘキ者ハ其学齢児童ヲシテ尋常小学校ノ教科ヲ卒ラサル間ハ就学セシムルノ義務アルモノトス

前項ノ義務ハ児童ノ学齢ニ達シタル年ノ学年ノ始メヨリ生スルモノトス

学齢児童ヲ保護スヘキ者ト認ムヘキ要件ハ文部大臣之ヲ規定ス

第二十一条　貧窮ノ為又ハ児童ノ疾病ノ為其他已ムヲ得サル事故ノ為学齢児童ヲ就学セシムル能ハサルトキハ学齢児童ヲ保護スヘキ者ハ就学ノ猶予又ハ免除ヲ市町村長ニ申シ立ツヘシ

市町村長ハ前項ノ申立ニ依リ必要ナリト認ムルトキ又ハ前項ノ申立ナキモ猶必要ナリト認ムルトキハ学齢児童若クハ学齢児童ヲ保護スヘキ者ニ就キテ検査ヲ行フコトヲ得

市町村長ハ本条第一項ノ申立又ハ第二項ノ検査ニ依リ就学ヲ猶予シ又ハ免除スルトキハ監督官庁ノ許可ヲ受クヘシ

(20)前掲『山形県教育史資料　第二巻』一五六〜一五七頁。

(21)同前、一五九〜一六一頁。

(22)三原芳一「日清戦後就学督励の諸相（Ⅰ）―就学督促の文脈―」（『花園大学研究紀要』第一五号、一九八四年）九四頁。

(23)同前、九六頁。

(24)同前、九六〜九七頁。

(25)前掲『山形県教育史資料　第二巻』四七八〜四八〇頁。

第二部　地域における中学校設立研究

第一章　山形県における尋常中学校の成立

課題設定

本章の目的は、山形県における尋常中学校の成立過程について、幕末維新期から現県域に尋常中学校四校（山形・米沢・鶴岡・新庄）が成立する一九〇〇年（明治三三）までを対象時期とし、本県尋常中学校設立の特徴を明らかにすることにある。(1)なお、地域における中学校の設立過程に焦点を絞るため、各時期の中学校における教育課程の考察・叙述は最低限にとどめる。

府県の統合が全体としてほぼ現在の県域となる一八七六年（同九）、新山形県は、置賜県・旧山形県・鶴岡県を統合して成立するが、幕末維新期まで遡るときわめて複雑多様な旧藩による所領構成となっている。簡単に本県を構成する旧藩の所領を整理すると、米沢藩（直江時代三〇万→一五万石、最終一四万石）、新庄藩（六万石）、庄内藩（一四万石→一二万石）、上山藩（四万石→三万石）、天童藩（二万石）、山形藩（六万石）であり、他に他藩領域の飛地を複雑に抱え込んでいる。

まずは、藩校の解体過程、近代学校への変質を考察しておきたい。

一 藩校の近代学校への変質とその特徴

主要な藩校を列記すると次のようになる。米沢藩—興譲館、新庄藩—明倫堂、庄内藩—致道館、上山藩—明新館、天童藩—養正館、山形藩—立誠堂、である。

藩校のこの時期の動向について野中一也は、「士族の子弟のみという封建的原則が守られ、庶民の子弟」へは「二三の例外をのぞいて開放されなかった」とし、その例外に属するのが、致道館（好学の者を評議の上許可）、明新館（入学を求める者を許可）、養正館（無条件）である、と指摘している。(2) しかし、封建的原則を守った藩校も含めて、戊辰戦争の混乱期に藩校を維持することはきわめて困難で、米沢藩校興譲館を除く他の藩校は、いずれも一度は閉鎖・閉校に追い込まれていく。

一八七一年（明治四）の廃藩置県により旧上山県・天童県・新庄県・山形県が統合され第二次山形県が誕生、米沢藩は米沢県（同年七月）から置賜県（同年一一月）となった。

このとき、山形県では県当局が「一時ト雖モ校学ヲ閉ル中ハ学生勉学ノ志ヲ挫折センコトヲ恐レ(3)」旧藩校である明新館（上山県）、養正館（天童県）、明倫堂（新庄県）、立誠堂（山形県）には再組織化の意図があったようではあるが、一八七二年（同五）学制発令以前における再組織化の試みは、米沢の興譲館以外にはみることができない。維新以後、近代的中学校が胎動してくる学制期、山形県において中等教育機関として存在していたのは米沢の興譲館だけであった。

ここで同館の封建的な教育機関から近代的教育機関への変質過程を概観する。

同館は、戊辰戦争により教育機能を中断した時期が一時的にあったが、早くも七一年（同四）には洋学舎へ性格を変えている。さらに同年七月の廃藩置県およびその際の藩政改革によって封建的な性格から近代学校へと断続的に性格を変化させた。

同年九月、米沢県庁より就学告諭「学校革新大旨」が布達され、そこには「今般学校従前の体を改め、四民一途人材教育の制度相立学問孰れも其規条を守り勉励可致事」とあった。すなわち「四民一途」の人材教育が宣言され、皇学・洋学・医学・筆学・数学の五科が設置された。有名な英国人チャールズ・ヘンリー・ダラス（Charles Henry Dallas）が語学教師として着任するのがこの一〇月である。ダラスは月額二五〇円の高給待遇であった[4]。同年一一月置賜県と改称し、それとともに興譲館も士族授産金による協立中学校へとその性格を変えていく（詳細は拙著第二部第一章二を参照）。

次に山形県内の他の藩校の動静を概観しよう。先にみたように、旧藩校の再組織化による活性化は図られたようだが、米沢のような近代化過程は他地域にはみることができない。旧藩校はどのように活用されていたか。

庄内藩校旧致道館については次の指摘がある。大川周明は、恩師で庄内出身の佐藤能雄について「明治七年五月、新学校令によって旧致道館の建物に、苗秀学校という小学校が設けられたので、先生は直ちに之に学した」と書いている。藩校致道館が七二年（同五）の学制を受けて小学校として活用されていたわけである。さらに彼は「苗秀学校は旧藩士即ち士族の子弟だけを収容し、士族以外の子弟のためには別に市内数カ所の学校を設けて居た。此の差別待遇は鶴岡市民の甚だ不満とするところ」と指摘する[5]。つまり旧藩校が、士族の子弟に限定されながら小学校として利用されていたというわけである。

これらの例から読み取れるように、山形県における一八七二年（同五）の学制受容の一つの特徴は、旧藩校を近代中学校と連続させた例は米沢藩校興譲館の事例のみであって、いずれも他の事例は小学校として活用された点にある。

二　山形県における学制の受容とその特徴

一八七二年（明治五）学制発令に先立ち、第二次山形県は次のような教育改革を計画化する。すなわち「（一八七二年—引用者）四月十日文部省ノ意ヲ稟ケ学校ヲ廃シ更に普通学校ヲ設クルノ順序方法」を定めた。その第一章は「管内ヲ分チテ四中学区トナシ中学校四ヶ所ヲ設立スル事上ノ山・山形・尾花沢楯岡村内・新庄」とし、第二章「先ツ上ノ山・山形・新庄・尾花沢楯岡内四所ニ中学ヲ建規制略定ヲ爾《シカ》後ニ村落ノ小学校ニ及フ事」とする(6)。この計画は、学制発令に先立つ五ヵ月前の計画案で、県内を四中学区に区分するなど、七二年（同五）学制の先駆けとして注目すべき改革案である。

学制を受けた七三年（同六）、次のように山形県権参事薄井龍之の名で「山形県中学区分」が達せられた。

　今般当県中学区分之儀左ニ、

第一中学区。村山郡第一第二第三大区、及置賜郡之内第六大区ヲ併セテ第一中学区トス

第二中学区。村山郡第四第五大区、及最上郡第七大区ヲ併セテ第二中学区トス

右之通相定候ニ付、此旨相心得戸長副戸長共ニ於テハ、別テ御趣意相弁江其区其村町扱下ノ人々ヲシテ、尽ク学ニ興起セシメ、智ヲ開キ身ヲ修メ芸ヲ長シ家屋ヲ立テ、夫ノ渾沌無智ニシテ家ヲ破リ身ヲ喪フガ如キ者ナカラシメ候様、厚ク注意可致此旨相達候也

明治六年一月二十日　山形県権参事　薄井龍之(7)

表2　1874年（明治7）～76年（同9）中学校統計表・外国語学校統計表

学事年報	種　別	校　名	設立年	教　員	生　徒	校　主
明治7年	中学校	米沢中学校	明治5年	3	男61	鈴木味平
	外国語学校	米沢中学校	明治5年英語	3・外国教員1	男34	鈴木味平
明治8年	中学校	米沢中学校	明治5年	4	男131	片山仁一郎
	外国語学校	米沢中学校	明治5年英語	2・外国教員1	男40・女1	片山仁一郎
明治9年	中学校	米沢中学校	明治5年	4	男87	片山仁一郎
	外国語学校	山形英語学校	明治8年英語	1・外国教員0	男10	なし
		米沢英語学校	明治5年英語	2・外国教員1	男40・女1	片山仁一郎

出典　「山形県学事年報」(『山形県教育史資料　統計編　第一巻』〈1980年〉26，58，93～94頁）より作成。

このように、学制の規定を受けて対応し、中学校設立に向けて動きはじめたかのようにみえるが、実際には、そうした動きを示したのは、藩校興譲館の伝統を引き継ぎ、近代学校へと変質させていった置賜県のみであって(8)、第二次山形県と酒田県では、小学校教員養成（伝習所設立）こそが最優先の課題であり、中学校設立の動きはこの時期にはいまだ出ていない。

次に米沢中学校の実態を「山形県学事年報」にて確認しておく。

表2にある外国語学校について付言すれば、学校設立により英語教育を重視する姿勢がみえるが、山形県全体についてみれば英語教育が普及するのは一八八〇年代に入ってからである(9)。

ところで、当時の米沢中学校がいかに充実していたかは、次の文部権大書記官・中島永元の「巡視功程」により明らかである。

現今開設ノ中学ハ私立学校ニシテ旧米沢藩学校興譲館内ニ教場ヲ設ケタリ其費額ハ資本金一万六千三百円ノ利子及付属地々税等ヲ支消スルノ法アリ専ラ旧藩主上杉氏ノ篤志ニ成ルモノト云フ、現今入学生徒ノ総数百九名アリテ其課業用書ハ文章規範、生理発蒙、兵要地理小誌、化学日記、十八史略、英氏経済論、物理全誌、万法精理、日本外史、日本政記、易知録、与地誌略、温史、泰西史鑑ノ類ナリ又校内ニ英語学ノ一科ヲ設ケ英人ゼームス、グーデング（月給金九十円）ヲ雇ヒ語学生徒三十七名ヲ教養ス其レ上限生徒ノ学力ハ顧フニ東京大学予備門ノ四五級ノ間ニ位スヘシ、中学生徒ノ如キモ亦多クハ変則生徒ニシテ小学課業ヲ卒ヘテ中学ニ昇リシ者ニ非サレハ其科業ノ一二ニ就ヲ之《ママ》ヲ観レハ却テ小学生徒ニ及ハサルモノアルニ似リ、但学科高尚ニシテ学齢以上ノ生徒ヲ教育スル者ハ山形県下中ニ唯一校アルノミ其英学教則ハ左ノ如シ

中学英語学科教則

○第四級　語学、読本、書取、綴字、文法、習字、地理初歩、算術
○第三級　語学、文法、読本、書取、地理、史学、代数初歩、幾何初歩
○第二級　語学、史学、代数、幾何、文法、究理、作文、経済学
○第一級　語学、史学、法学、作文、記簿法、論理学、代数(10)

この時期の米沢中学校は、巨額な基金を基に当時としては他に例をみないほどに充実していたと思われる。しかし入学してきた生徒の学力の程度は先の「巡視功程」にあるように「小学生徒ニ及ハサルモノアルニ似リ」というほどに深刻で、しかるに学校が目標としていた水準には遠く及ばなかったものと思われる。

次に他地域の小学校教員養成の動きについて概括する。

一八七三年（同六）の動きに「八番中学区第一番弘文学校（旧七日町学校）九番中学区第三番開達学校（寒河江）ヲ以テ仮ニ師範学校トシ全区内ノ教師又俊才ナル生徒ヲ集メ、時トシテハ東京師範学校ニ発遣シ一般教則ノ体裁ヲ伝習セシメ全県へ拡充模範セシムル」のが目的で、「八月二十日広業学校（陣馬村）仮教師水野修治開達学校同石丸栄道ヲ学事見習トシテ東京師範学校ニ派遣ス」とある。彼らは、その後に帰県し「一時小学弘文学校ニ在職セシメ巡回授業ヲ兼シメ各学校ヲ逓番巡回」した。(11)

このように、非常に即席で教員を養成したことがわかる。それほどに喫緊な課題であった。

同様の動きは、酒田県にもみられる。同年一一月中台直矢、小室由成、小倉政挙らを上京させ、師範学校に派遣した。三名は帰県すると小学校教員に伝達講習を行った(12)。

しかるに、師範学校こそは急務となる小学校教員養成機関であるとともに、当該県域における最高の中等教育機関でもあった。前出の大川周明『佐藤能雄先生伝』は「当時山形県下には中等程度以上の学校としては、米沢や鶴岡に旧藩校の延長ともいふべきものが二・三あったが、学校らしい設備を有して居たのは師範学校だけであった。従って師範学校に学ぶ人々は強く教育家になろうと志せる者のみでなく、他に学問するところがないために入学する者や、徴兵免除の特典に欲するために入学する者が多かった。県令三島通庸の嗣子弥太郎の如きも、叙上の理由で師範学校に入って居た(13)」と指摘している。

置賜県においても教員養成の必要性は同じであった。

一八七四年（同四）置賜県年報は「先ニ師範学校卒業生卒業生千葉恒平ヲ当県訓導トシテ差遣ハサレシヨリ米沢市中ノ小学校ヲ教則改正ノ着手トシ、先其教員ニ上下教則教授ノ方法ヲ授ケシメ、続テ後来訓導トナサンカ為メ若干ノ生徒ヲ募リ師範学校類似ノ課程ヲ立テ、往々其人ヲ養成シ卒業ニ至レハ管内諸小学校へ派出セシメントス(14)」と伝え、それを具体化すべく次の権令名の通達を発した。

置賜県第百二十八号

今般師範学校得業生三等訓導千葉恒平ヲ教師トシテ米沢中学校内ニ於テ後来訓導ニ可充者へ小学正則伝習為致候ニ付、試験之上生徒二十五名入学差許候条年齢十八年以上三十五年以下志願ノ者来ル四月十日迄ニ同校へ可申出候事

右管内無漏触示スモノ也

三月十四日　置賜県権令　新庄厚信(15)

これまでみたように、第二次山形県・酒田県・置賜県は、いずれも一八七二年（同五）学制に対応すべく即席の小学校教員養成対策で対応した。県統合がほぼ現在の県域を構成する七六年（同九）の第三次山形県成立において、県師範学校の設立は当面の最大の教育課題であった。同年の学事年報は次のように述べている。

県立小学師範学校ヲ新築セントスルヤ用材乏シキ地方ニシテ加フルニ学資ニ乏シキヲ以テ先キニ一等官林ヲ内務省ニ懇請シ、既ニ特別ノ允許ヲ受ケ目今精々著手中ニ之レアリ右落成ノ後ハ偏ニ官立師範学校ノ規則ニ則リ大ニ招募スル所アラントス(16)

ここまでみてきたように、県師範学校設立の課題は県の総力をあげた課題であった。

次の「達」は師範学校設立が全県をあげての取り組みであったことを示している。

達

師範学校建築費献納之儀ニ付別紙主旨ヲ以テ懇々説諭人民一同挙テ特志ヲ表シ候様執計来ル十二月二十日限リ取纏可申出候、尤十円ノ分ハ人名ヲ以テ願出以下ノ分ハ御賞賜ノ運モ有之候ニ付総額ヲ括リ町名ヲ以テ差出銘々内訳ハ別紙ニ認候様可取扱候此旨諭達及候事

明治十年十月二十八日　山形県第二課（ママ）(17)

さて、設立された師範学校では、次の「学第二十九号」にあるように公費生・自費生に区分し、前者は「一ヶ月三円ノ公費」が支給され管内小学校への奉職が義務付けられた。

学第二十九号　元各大区　元区

今般本県師範学校ニ於テ生徒百二十名ヲ限学業試験ノ上公費及自費ニテ入学差許候条左ノ通相心得志願ノ者ハ

雛形ノ願書ニ履歴書持参来ル九月五日ヨリ十日まで出頭可致此旨普達候事（ママ）

明治十一年八月十八日　　山形県学務課

一　生徒ハ十八年以上三十五年以下ニシテ普通ノ学科ヲ学ヒ得体質壮健種痘又ハ天然痘ヲナセシ者タルヘシ

一　入学ヲ得ル者ハ雛形ノ証人連印ノ証書ヲ出スヘシ

一　公費生ハ一ヶ月金三円ヲ給シ卒業ノ上ハ在学二年ノ者ハ奉職三年ノ比例ヲ以管内小学教員ニ奉事セシメ相当ノ給料ヲ与フ

一　自費生卒業ノ上ハ進退本人ノ志意ニ任カス

一　試験合格ニ至ラスト雖他日師範生トナルヘキ目的アルモノハ定員百二十名ヲ超過セサレハ予科生トシテ入校ヲ許シ一ヶ月金二円ヲ貸与スヘシ

但此貸費ハ奉職ノ上月賦ヲ以償却セシム(18)

師範学校設立後、ようやくにして小学校教員養成が定着していくことになる。そして第四節でみるように、この師範学校から中学校が独立していくのである。

三　三島通庸県令の着任と郡立中学校の設立

1　三島通庸の県令着任

三島通庸（一八三五〜八八年〈天保六〜明治二一〉）は薩摩藩士で、大久保利通の腹心・同志であった。民衆の反対にも関わらず土木工事を強引に展開し「土木県令」、「鬼県令」と呼ばれたのは周知のとおりである。一八七二年（明治五）に教部大丞に着任、七四年（同七）に大久保利通に推され教部大丞兼務のまま酒田県令となる。その後七六年（同九）初代山形県令、八二年（同一五）福島県令となる。八五年（同一八）末の第一次伊藤内閣下で初代警視総監を歴任した。彼は、山形県令着任直後から、まず医学校を設立し、そして郡立中学校設立政策を積極的に展開、本県における中学校設立の基礎を築いた。[19]

ところで、三島の酒田県令着任は、「天狗騒動」から「ワッパ騒動」へと展開していく農民騒擾の収束が目的であった。

戊辰戦争敗戦後の庄内藩は、二度に及ぶ転封令にも関わらず、旧藩勢力を温存した。彼らは中央政府の指示による俸禄の削減を行いながら巧みな藩政の運営によって、後に「御家禄派」と呼ばれる官僚群を構成し、藩領に対して強圧政治を続けていた。「天狗騒動」と「ワッパ騒動」は、その結果生じた二つの農民運動であった。

「天狗騒動」とは、一八六九年（同二）一〇月「大庄屋・肝入費用を含む雑税廃止をはじめ一八ヵ条の要求を新県に提出」し「単なる減税闘争を越え（中略）農民支配機構を壊滅寸前にまで追い込んだ」農民運動である。また「ワッパ騒動」とは、七二年（同五）石代納全面許可を農民に示達しなかった酒田県に対し、その要求から始まりながらも雑税廃止・村役人の不正追及を経て徴税機構の否定、過納金返還などの訴訟闘争を主たる目的とする運動で、その主体は農民であるが、豪農―貧農の連携を軸に町人層や不平士族までも巻き込み六年間にわたって闘われた運動である。[20]そしてこのワッパ騒動の中心的指導者森藤右衛門（一八四二〈天保一三〉～八五年〈明治一八〉）は、山形県を代表する自由民権運動家で、後にみる庄内中学校設立の中心的人物であった。

「天狗騒動」から「ワッパ騒動」へと農民運動は、明らかに前近代的一揆的運動から権利請願的運動へと展開・発展の可能性を示していた。[21]まさにその時期に三島が大久保に強く請われて酒田県令に着任したのである。

次の書簡は、大久保から三島宛のものであるが、戊辰戦争後の東北地方平定に腐心する大久保の様子がよくわかって興味深い。三島の酒田県令任命は、新政府の威信をかけたものであったといってよい。

利通ノ地位如何其少壮ヨリ患難憂苦ヲ共ニシタルノ隆盛ト別離ス而シテ朝廷ノ孤弱ヲ深慮シ独リ朝ニ立ツルニ及ンデ自カラ来リ君ニ東北ノ事ヲ托ス、君豈ニ多少ノ感ナカランヤ、況ンヤ棄テヽ之ヲ顧ミザルガ如キハ皇家ニ不忠ナルオヤ、因是君本領タル皇道ノ拡張モ亦以テ顧ミルニ暇マアラズ奮然起テ大久保ヲ輔ケザルヲ得ザルニ至レリ、然リ君ノ初メテ東北ニ往クハ一ニハ皇家ノ孤弱ヲ憂ヒ二ニハ老政友タル大久保ヲ東北ヨリ遥ニ輔助スルニアリ(22)

三島の使命は、東北地方の平定とその上での国家権力の統一にあったといっても過言ではなかった。彼は、一八七六年（明治九）の置賜県・鶴岡県・第二次山形県を統一した新山形県の初代県令に任命された。

2　一郡一中学校設立の展開

「山形県学事年報」における中学校欄はそれまで米沢中学校のみの記載だったが「明治十年中学校一覧表」に初めて登場してくるのが鶴岡中学校である(23)（表3）。

一八七七年（明治一〇）一二月開設の鶴岡変則中学校の設立が庄内地方における中等教育の嚆矢であった。生徒は九〇名、教員は、官立宮城師範学校卒業の関原弥里、上京して英語と理学を学んだ長沢利英、元藩校致道館助教の中台直矢、元酒田県十等出仕の白井重高、の四名であった。同変則中学校の教育内容は表4のとおりである(24)。

生徒数は、ここにあげられている男九〇名が事実とすれば（もっとも欠席者や中途退学者数が問題なのだが）当時としては決して少なくない。残念ながら、教育実態と教育水準は不明であるが、前述の大川周明の師・佐藤能雄は「当時の中学生は、小学校を卒業せぬものばかりで、学力は不揃いで且不十分であった」(25)と紹介している。

同校は、一八七九年（同一二）に西田川郡中学校と改称するが、七六年（同九）に落成した近代的な三階建築の朝暘学校に併置された(26)。

表3　明治10年中学校一覧表

名称	位　　置	何立	教員数	生徒数	首　座
中学校	羽前国田川郡鶴岡	公	男５	男90	関原弥里

出典　「山形県学事年報」（同前）125頁。

表4　鶴岡変則中学校の教育内容

級	読　　物	作　文	数　　学
第六級	国史略，兵要，日本地理小誌，日本外史，輿地誌略，物理階梯	普通往来物，紀事文	開方級数雑題，対数用法，代数四則
第五級	（洋書）リードル第一，第二小文典		
第四級	日本政記，十八史略，同続編，文章軌範，物理全誌，西史綱要	漢文和訳，和文漢訳	代数四則，一元一次方程式
第三級	（洋書）リードル第三，地理書		
第二級	皇朝史略，同続，綱鑑，易知録，万国公法，化学書，博物書	論説紀事，論文	多元及二次方程式，不定数
第一級	（洋書）格物究理，万国史		

出典　同前，120頁。

表5　「明治十一年第六大学区山形県管内私学校表」

名　称	位　　置	教員数	生徒数	本　主
変則中学校	羽後国飽海郡松嶺町	2	男35	酒井忠匡

出典　同前，200頁。

なお、「山形県学事年報」の「明治十一年第六大学区山形県管内私学校表」は表5である(27)。

長岡安太郎は、この変則中学校について、旧松山藩域の近代中学校設立過程の動向から次のように説明する。すなわち、旧松山藩は一八六九年（同二）一〇月町内に藩校を設置、その後校舎を新築して八月に開校式を挙行。校名を一貫堂とし後に里仁館と改称する。新校舎は町に譲渡し、小学校の校舎に充て、里仁館は二階に移り儒学と史学を講義した。七八年（同一一）二月里仁館を旧藩邸に移し私立開進変則中学校と改称。校主・酒井忠匡は旧藩主であるから、旧藩校を母体にした変則中学校で、八二年（同一五）「山形県学事年報」には止心校へと改称したとあり、その後消滅している[28]。

「山形県学事年報」の「明治十二年山形県管内公学校表」には新たに酒田中学が登場する。

同校は、一八七九年（同一二）酒田・秋田町内に開設した学校であるが、朝暘学校に匹敵するほどの近代的な建築であるといわれる琢成学校（小学校）の三階に併設され飽海中学校とも称した。七二年（同五）学制下に教員養成で全県的に活躍した千葉恒平が首座教員であった[29]。

以上、主に「山形県学事年報」を手がかりに、三島県令着任以後の山形県内郡立中学校設立状況について概観した。ところで野中によれば「三島県令は上杉鷹山の功績を誉めたたえ」てはいるが、米沢中学校に視察さえ行っていない、という[30]。

さて、県令三島通庸は、一八八〇年（同一三）一月「丙第十号」を出し中学校設立を加速することを訴えている。

丙第十号

本県ノ儀是マテ四中学区ニ分割相成候処今般学制被相廃中学区ノ称廃止候得共小学全科梢々卒業ノモノ多数相見且学令（齢カ）外ニシテ篤志修学ノモノノ為メ中学校ノ設ナクハアルヘカラス依テ各郡内協力ヲ以テ追々中学校ヲ興シ各自ノ目的ヲ達セシムル様厚ク注意可致此旨相達候事

明治十三年一月十二日　山形県令　三島通庸[31]

「山形県学事年報」によると「明治十三年山形県管内公学校表」に二校の変化がみえる[32]（表6）。

清川中学校は、一八七四年（同七）設立の清川学校が七九年（同一二）最上川の大洪水で流失した後の翌年に新築落成した。八一年（同一四）の天皇行幸の際に宿泊所になったが、その後生徒は減少し、翌年に東田川郡中学校と改称するが、八三年（同一六）廃校となった(33)。

南置賜中学校は、天皇行幸に際し臨幸を乞うべく米沢中学校内に併設された公立中学校である。それまでの伝統とは逆に、英語を教えず漢学を主とするカリキュラムゆえに「私立」米沢中学校に転校する生徒が多く八五年（同一八）に廃校となった(34)。

表6　「明治十三年山形県管内公学校表」

名　称	位　置	教員数	生徒数	首　座
清川中学校	東田川郡清川村	1	男22	鈴木保正
南置賜中学校	南置賜郡門東町下ノ町	3	男75	安部常五郎

出典　「山形県学事年報」（同前）254～259頁。

表7　「明治十四年山形県管内公立諸学校表」

名　称	位　置	教員数	生徒数	首　座
最上中学校	羽前国最上郡小田島町	2	男28	北条巻蔵

出典　同前，311頁。

「明治十四年山形県管内公立諸学校表」（表7）には最上郡の中学校設立の動きがみえる(35)。

一八八一年（同一四）五月、最上郡長野間政寿、同学務委員和田十郎・遠藤瑳治磨、同郡書記瀬川清、県会議員大泉理助らが県令三島とともに最上中学校を設立した。同年九月に新庄小学校の新築とともに同二階に移る。経費は同郡全町村の負担という、文字どおりの郡立で管理者は最上郡長であった(36)。

最上中学校の設立によって、ようやく全県的に中学校設立の展望がみえはじめた八二年（同一五）七月、三島通庸は福島県令を任命され山形県より離任することとなる。在任期間中に、山形中学校設立の構想があったことは次節の史料から明らかである。この山形中学校設立構想は、三島にとって各郡一中学校設立構想の延長なのか、それとも山形中学校を中核とする学校体系の実現なのか不明である。しかしその後の展開は、後者の方向で山形県尋常中学校を設立していくことになる。

このように、一郡一中学校設立は、当該地域の中等教育要求を掘り起こす一方で、その要求に根ざした形で中学校を設立することになった。

四　山形県における尋常中学校の成立

1　山形県中学校の設立

一八八一年（明治一四）一二月、山形師範学校内に「中学師範学予備科（ママ）」が設置されその規則要領等が布達された。

乙第百八十八号
山形師範学校中へ中学師範学（ママ）予備科ヲ設ケ規則要領左之通ニ候条入学志願ノ者ハ来ル明治十五年一月一日迄
本人願書持参該校へ出頭可致此旨布達候事
但詳細規則ハ追テ別段可相達候事
明治十四年十二月十六日
山形県令三島通庸代理　　山形県大書記官　深津無一

中学師範学予備科規則要領
一　予備学科ハ他日中学師範学校生徒タルヘキ者ヲ養成センカ為メ設ルモノニテ学科ヲ初等高等ノ二等ニ分チ、初等ハ四ヶ年高等ハ二ヶ年通シテ在学六ヶ年ト定メ、初等学科ヲ卒ルモノハ初等中学師範生タルヘク高等学科ヲ卒ルモノハ高等中学師範生タルヘシ
一　学科ハ修身、和漢文、英語、算術、代数、幾何、三角法、地理、歴史、生理、動物、植物、金石、物理化学、経済、記簿、本邦法令、修治、図画及唱歌体操トス

但、唱歌ハ当分之ヲ欠ク

一　生徒ハ行状端正体質強健年齢十四年以上ニシテ左ノ学科試験合格ノモノタルヘシ

但小学全科ヲ卒ルモノ十四年未満ト雖トモ入学ヲ許ス可シ

一　読書　日本外史皇朝史略十八史略ノ類

一　作文　記事文論文及ヒ尺牘文ノ類

一　算術　分数小数諸等（ママ）正転比例

一　書法　楷行草

一　生徒ヲ公費自費生ノ二種トシ公費生ヘハ一月金四円ヲ給与スヘシ

但公費生ハ当分二十名ニ限ル

一　生徒ハ入学中故ナク退校或ハ他途ニ出身スルヲ許サス

但小学師範学科ニ転学セント欲スル者若クハ不得止事故アリテ退校ヲ願フ者ハ其事実ニヨリテ許可スルコトアルヘシ

一　試験規則（入学月次定期臨時ヲ云フ）学資給与及償還則並舎中ニ関ル諸規則等ハ都テ小学師範生徒ト一般タルヘシ(37)

そして翌年八月、次の「告第三十三号」をもって募集が告示された。

告第三十三号

山形師範学校ニ於テ中学生十五名内公費生九名（他日中学師範生タルヘキ志願ノモノニ限ルヘシ）自費生六名ヲ限リ学力試験ノ上入学差許候条志願ノ者ハ来ル九月三日マテ本人願書持参該校ヘ出頭可致此旨告示候事

明治十五年八月一日　山形県令折田平内代理　山形県大書記官　深津無一[38]

中学師範学（校）を設置し生徒を師範学校同様に「公費生自費生」に二分し「初等四年」卒業の者を初等中学師範生として、「高等二年」卒業の者を高等中学師範生とするというのである。この限りでは「初等高等」の区分が、師範学校制度に対応した区分なのか（つまり将来的に師範学校を初等高等と二分する予定だったのか）教員の身分・待遇としての「初等高等」区分なのか不明である。

しかし次の関根仁之助（一八八五年〈明治一八〉四月、山形県師範学校中等師範学科卒業）は「入学は明治十五年九月、当時本校内に中学師範予備科といふのが付設されていた。本校に入学するには年齢が少し不足の為に、先づ予備に入学し本校に転学。この予科は明治十七年に廃止されたので予科生の一部は師範部に転学、一部は東京その他の学校に転学できた[39]」と回顧しており、「高等中学師範生」の東京師範学校派遣も視野にあったのかもしれない。

さらに寺岡平蔵（一八八六年〈同一九〉七月、山形県師範学校高等師範学科卒業）も次のように語っている。

明治十五年一月、山形師範学校内に仮りに中学師範予備科というものを設けられた。その名の為め中学校や師範学校に入る予備科のように誤解されたがそうではない。当時今の東京高等師範学校の前身ともいうべき中等学校教員養成機関たる中学師範学校というのが東京に一校だけあった（マヽ）。此の中学師範学校に入学する予備科なのである。年齢十四歳以上の者入学試験の結果公費生十七名自費生五名入学許可された。此予備科は募集は一回限りで、明治十七年六月に新たに県立中学校が設立されると同時に廃止となり、在学生は解散されたが、志望によって師範学校と中学校の適当の級に編入されてあった[40]。

二人の回顧から、「中学師範学予備科」とは、東京高等師範学校の予科の意図をもって設置された学科課程であると思われる。

ところが、何らかの状況変化があったようで、寺岡が指摘するように「中学師範学予備科」は一回のみの募集で停止したようだ。県知事離任に際しての、三島から折田への「引継書類」によると、

明治十五年八月七日

山形県令折田平内代理大書記官深津無一江事務引継書類　福島県令　三島通庸

（山形師範学校ニ）中学科ヲ置キ生徒二十名ヲ限リ公費ヲ給シテ之ヲ養成ス他日中学師範学校設置ノ上ハ師範生徒タラシムルノ予備トス中学教科ハ未タ文部省ノ認可ヲ経ス仮ニ施行ス（後略）(41)

と、明確に「（山形師範学校ニ）中学科ヲ置」いて「生徒二十名ヲ限リ公費」で「養成ス」ることが明記され、その目的は「他日中学師範学校設置」に際して「師範生徒タラシムル」ためなのであった。しかし、一ヵ月後の深津から三島への応答になると山形中学校建築問題に変わっている。

別段引継　演説

山形中学校建築敷地トシテ県庁脇旅籠町地内ニ於テ二千七十三坪七号五勺該校建築費之内ヨリ買入置候処、今度県会之請求ニ依リ金三千八十円五十五銭ニテ譲渡シ、右金請取候上ハ山形中学校建築費之内へ組入レ追テ福島長平負債金皆済之上合金額ヲ以テ山形中学校建築之見込ニ有之候右御演説之趣致承知候也

明治十五年九月　山形県大書記官　深津無一

福島県令　三島通庸殿(42)

寺岡の回顧とも重ねると、「中学師範学予備科」構想は県立中学校設立構想へと変化・変質したと考えて間違いなかろう。かくして一八八四年（明治一七）一〇月二九日、山形県中学校の開校式が行われ、ここに本県初めての県立中学校が開設された(43)。

2　二つの中学校令と山形県の対応

周知のように、一八八六年（同一九）中学校令から九一年（同二四）中学校令中改正へと政府の中学校設立政策の根本が大きく転換する。中学校令は、その第六条において「尋常中学校ハ各府県ニ於テ便宜之ヲ設置スルコトヲ得、但シ地方税ノ支弁又ハ補助ニ係ルモノハ各府県一箇所ニ限ルヘシ」とし第九条では「尋常中学校ハ区長村費ヲ以テ設置スルコトヲ得ス」と、公費による設置制限をかけた。公費設置制限規定による予想された府県の混乱に対しては、同日に公布された諸学校通則の機能により解決できるという見通しがあった。

中学校令中改正は、第六条において「尋常中学校ハ各府県ニ於テ一校ヲ設置スヘキモノトス、但土地ノ情況ニ依リ文部大臣ノ許可ヲ得テ数校ヲ設置シ又ハ本文ノ一校ヲ設置セサルコトヲ得」とし、続く第九条では「郡市町村ニ於テハ土地ノ情況ニ依リ須要ニシテ其区域内小学教育ノ施設上妨ナキ場合ニアラサレハ尋常中学校ヲ設置スルコトヲ得ス、前項ノ制限内ニ於テ府県知事尋常中学校ノ設置ヲ認可セントスルトキハ予メ文部大臣ノ指揮ヲ請フヘシ」とした。つまり同改正は、小学校設置を優先しつつ尋常中学校の一県一校設置を原則とした。これにより中学校令の設置制限規定は事実上撤廃されたことになる(44)。

こうした中央政府の政策転換に対し、山形県ではいかに対応したか。対応の仕方にこそ、各府県の特徴が集中的に現れるだけに概観しておきたい。

3　政府の中学校政策と庄内・米沢地域

一八八六年（同一九）中学校令を受け、他県のような県立中学校設置位置をめぐる混乱や誘致をめぐる地域間対立は全くみられない。山形県中学校は、そのまま県を代表する中学校の位置を確保した。他方で、最上中学校は廃校の運命を辿り、存続運動や分校誘致運動は史料的には、一八九七年（同三〇）まで確認できない。

その中で、深刻な影響を受けたのは庄内地域における中学校設立・誘致運動と米沢中学校である。(45)

ここで庄内地域における中学校設立の動向を概観しておこう。先に述べたが、一八八三年（同一六）には東田川郡中学校が廃校となり、西田川郡中学校は焼失、移転によって辛うじて存続した。(46) 鶴岡変則中学校以来の、庄内地域における中学校存続の危機的状況であった。このとき、岡田是行・斉藤良輔・森藤右衛門・小野寺順太ら地域の指導者層たちが中学校設立運動を展開する。それは、三郡連合町村立中学校設立運動に端を発し、県立中学校誘致運動を経て庄内中学校設立へと展開する。

彼ら指導者たちは、中学校存続が危ぶまれた八三年（同一六）、三郡連合町村立中学校設立計画を議した。『荘内中学校沿革史』には次のようにある。

（一八八三年〈同一六〉―引用者）一月十二日三郡有志者岡田是行斉藤良輔森藤右衛門小野寺順太ノ諸氏鶴岡ニ会合シ、飽海郡ヨリ提議セル二題即チ最上川架橋ト三郡連合町村立中学校ノ設立ニ就キ図ルトコロアリ、謂ラク郡立中学資金タル三郡一万六千円ヲ合セ之ニ増加徴募シ以テ一校ヲ創メントセシナリ(47)

「最上川架橋」という地域の最も切実な問題と中学校設立を同等に論じているところに中学校設立に対する要求の強さを読み取ることができる。また、近代中学校設立の課題が、地域の一大公共事業として位置付いていることも確認しうる。だがこの三郡連合町村立中学校設立計画は不成功に終わる。鶴岡と酒田の地域間対立が原因であった。彼らの運動は、県立中学校分校誘致計画へと発展する。この計画も失敗、それに追い打ちをかけるように、八六年（同一九）中学校令により唯一存在していた西田川郡中学校も廃校の運命を辿ることになった。

西田川郡中学校の廃校を受け庄内中学校設立協議会が発足、庄内中学校設立運動が始まる。運動を指導したのは、この間熱心に中学校設立運動を展開してきた地域指導者たちである。運動の目的は、総額七万円の基本金をもつ私立中学の、通則一条校としての開校を目指すことにあった。

次に米沢地方の動向である。八六年（同一九）中学校令によって南置賜中学校は廃校に追い込まれるが、米沢中学校も大きな影響を受けることになった。米沢の場合、学校基本金の金額に関していえば私立学校として存続することは確かに可能であった。しかし問題は別なところにあった。

すなわち、一八八〇年代を通じて、中学校の中に格差が持ち込まれ、明らかに「公立」ないし「官立」の「私立」に対する優位が形成されていたからである。米沢の地域指導者たちは、「私立」米沢中学校を県立または府県管理中学校や徴兵令による認定、などの特典を得る方向で学校改革を検討していた(48)。地域の共有財産によって経営され、それゆえに「私立」として性格付けられた米沢中学校は、中学校正格化政策による「県立」のもつ諸特典に対して無力であった。

一八九二年（同二五）の米沢有為会東京部会の例会で、中学校令中改正を受け「米沢私立中学校を現在の儘に為し置くべきか又は県立若くは公立と為すべきかの大問題」が起こったという。幹事の下平泰蔵が「昨年十二月十四日勅令を以て中学校に関する規則」が改正され「今度は各府県は必ず少なくとも一の中学校を有すべき事」になった、「我山形県にては県下三ヶ所に之を設くるの議県会に提出せられむとするやに聞く、今日に当たり我私立中学校の大方針を定め置くことが頗る緊要」と述べた。このとき「県立化」に対する二つの方向が示されている点は興味深い。すなわち「私立にして只県立の資格を得」る場合と「地方税を以て維持する」場合である。さらに前者の場合には、徴兵令による認定学校と通則一条校の二つに区分されるという。

この提案に対して、「自由政度を維持し自由の空気」を尊重する視点から「県立化」に反対する論と無資格の私立学校ではなく県立化にすべきという賛成論が展開された。議論の末「県立化」の意義を「第一、試験を要せず判任見習生たるを得る事、第二、試験を要せず高等中学予科並に其他官立諸学校（東京音楽学校、東京工業学校、高等商業学校）に入学するを得る事、第三、陸軍一年志願兵たることを得る事、第四、徴兵の点に於ては一ヶ年以上の課程を了りたるの生徒は六ヶ年以内徴集の猶予を得る事なり」という点に見出し、通則一条適用の途を選択することになった。一八九二年（同二五）八月、次のような「私立米沢中学校寄付金募集趣意書」が発表され、本格的な寄付金募金運動が始まる。

私立米沢中学校寄付金募集趣意書

地方学生ノ不幸ハ其地方ニ完全ノ教育ヲ受クベキ学校ノ設ナク早ク客地ニ留学シテ巨額ノ学資ヲ消費スルヨリ大ナルハナシ。乃チ造士館ノ鹿児島ニ起ル、猷修館《（修猷館カ）》ノ福岡ニ起ル、高等中学ノ山口ニ起ル、南海学校《（海南学校カ）》ノ高知ニ起ル。蓋シ其弊ヲ此ニ察スルニ因ルナリ。我置賜地方私立中学ノ設アル、其来ル久シ。而テ学生未ダ大ニ其便益ヲ蒙ル能ハザルモノ抑何ヲ以テ然ルヤ。他ナシ、其資格ノ程度ニ達スベクシテ未ダ達スル能ハザルヲ以テナリ。何ヲカ程度ト謂フ。曰、私立ニシテ府県立ト同地位ヲ有スルモノ是ナリ。謹テ省令ヲ案ズルニ、私立ニシテ固定収入二千四百円以上アルモノハ認可学校トシ、四千円以上アルモノハ県立ト其資格ヲ同フスルヲ得ベシト。然バ則チ我ガ私立中学ニシテ四千円以上ノ固定収入ヲ増殖シ其資格ヲ高尚ニセバ、其卒業者ハ直チニ高等中学校ニ入ルベク、又判任ノ官タルベク退テ野ニ在ルモ完全ナル中等教育ヲ履修セル所ノ良民タルベシ。之ヲ早ク客地ニ留学シ巨額ノ学資ヲ消費シ以テ此学科ヲ履修スルニ比スルニ、其得、其失知者ヲ俟タズシテ知ルベシ。今ヤ本会員本校員ト協同シ、一ハ本県知事ニ地方税ノ補助ヲ請願シ、一ハ旧置賜地方並ニ其他有志ノ義捐ヲ募集シ四千余円ノ固定収入ヲ増殖シ、我中学ノ資格ヲ高フシ県立ト其地位ヲ同フシ、彼ノ鹿児島以下諸校ト東西相駢肩シ、以テ大ニ我ガ地方学生ノ便益ヲ隆興セントス。敢テ謂フ。諸君、幸ニ此ノ挙ヲ協賛シテ大ニ我ガ地方行進ノ便益ヲ企図スル所アレ。

明治二十五年八月　私立米沢中学校

米沢士族会

有志各位御中（後略）(49)

「私立」米沢中学校の県管理のために計画されたのは総額八万円、従来の資本三万円の他県税補助金三万円、物産会社寄贈金一万五〇〇〇円で残額五〇〇〇円を募金するという計画であった。

4　一八九三年度山形県会での米沢・庄内中学校県費補助議論

庄内・米沢両中学校の、通則一条適用に向けた寄付金募金運動は十分に広がらなかったが、中学校令中改正は県内複数中学校への県費補助を可能にしたため、両中学校の運動は、寄付金募金運動から県費補助請願運動へと変質する。両校の代表者は互いに連絡を取り合い共同して県会対策を進める。

その様子を『米沢有志会雑誌』は次のように紹介する。「庄内地方に於ても先きに駒林廣運石川養貞其他の諸氏中等教育の必要を感し中学校設立に尽力する所あり既に数年前より中学校を設立せしも其資本の充実せさるに至つては我中学校よりも甚たしく、為めに県立の資格を得るには尚巨多の金員を要し其募集方法に至りては殆と其術に苦しみ校主西田川郡長町野重世氏は特に書を奔せて米沢中学校基本金募集の法を質」した、と。それに対して「我中学校は補助を県税に求めて以て資本金増殖を計るの返答をなした」ところ「庄内中学校亦た米沢中学校の意に同感を表し更に日を刻して山形に会合」し、両校の共同で県費補助を進めることになった、という。

その結果「三万円を要する旨（中略）茲に両地方の中学校設立の必要及ひ其基本金募集の困難なる所以を説て県税補助の要求」を提出。これに対し県執行部は「県知事、書記官、参事官も其要求を理由ありとなし県参事会に同意を求めたるに参事会亦た之を可決して本年度の議会に要求するに至」り、原案提出となった。

県立中学校設立・分校設立・県費補助問題は、従来から県会の最大焦点の一つであった。県立中学校設立の可否においては数年来議論が分かれたが、庄内地方選出議員並に米沢地方選出議員の間にも「地方的感情より県立中学校に不同意を表したる者なきに非す或は又た絶対的に教育上の観察より公立に反対した」者もあり、「中学問題といへは多少衝突」するような問題で「本年補助問題の起るや否や或は従来の感情より或は地方的感情より反対をなす者ありて村山地方の議員は本年度に於ける大問題と噂」していたという。

二五日からの第一読会で、補助反対派は「資本の補助を以て県政違反の原案」であると主張、原案返上論を主張した。これに対し賛成派は「法律適否の議論は暫く論せさるも本県の教育上三中学校鼎立の必要なる所以を説き其資本の補助にして県制上不可なりとせは経費の補助に修正するも可なり」と主張。結局、第一読会では二名の多数をもって補助派が勝利した。議会の大勢は「資本の補助を以て県制違犯」と認める者が多く「若し経費の補助とせさるに於ては一読会の決議一転して二読会に敗北」は必至であった。当初「資本の補助」に賛成だった者も「経費説」に変わる者が相当数いるようであった。

議会が紛糾した様子がわかる。結局「両中学に経費三万円ツヽを七ヶ年に補助するの議案を提出」しなおし可決する運びとなった。当初第一読会では「二万五千円を五ヶ年に修正するの説尤も多数にして殆と全会一致の如き光景」であったが「一読会通過して二読会の際に至り其光景一転し一歩を進めて却て原案三万円補助を可とするの数大に増加し殊に前日来資本の補助に反対したる諸氏の中には大に金員減額の不可を論して原案を賛成するものあるに至り第三読会に於て三万円を七ヶ年に支出するの原案に確定」した。

こうして庄内・米沢両中学校への毎年三万円の県費補助が成立したのである。(50)

5　山形県における尋常中学校の成立

庄内・米沢両中学校は、後者が一八九三年（同二六）四月二五日「告示第五十五号」をもって通則一条適用の山形県米沢尋常中学校と改称、前者も同年五月二五日「告示第五十六号」をもって通則一条の適用を受け山形県管理の中学校となった。(51)

両校とも学校基本金は、地域民衆の寄付金等に依存し、商議員会による学校管理方式など他の県立にはない通則一条校独特の性格を有しながらも、県立と同一の管理を受ける中でしだいに自治的性格を喪失していく。同時に両校とも県費補助を受けながらも学校運営の基金には苦労していた状況であった。

結局、一八九九年（同三二）の中学校令再改正を受けて、両中学校の通常県会で両校の県立移管が提案・可決される。

告示第十三号

諸学校通則第一条ニ依リ設置維持シタル本県米沢中学興譲館及同庄内中学校ヲ本年四月一日ヨリ県費支弁ト為ス

明治三十三年二月八日　山形県知事　関義臣(52)

なお米沢中学校の基金は民法施行法第十九条により「米沢中学興譲館基本財団」と財団法人になり、管理中学校時代に蓄積した資本金は民法でいう「独立ノ財産」に該当するので奨学団体として基金を活用していく。(53)

他方、一貫して県立中学校であった山形県中学校は、庄内・米沢両中学校の県立移管に伴い山形県山形中学校と改称する。(54)

ここで一八八六年（同一九）中学校令を受けて最上中学校が廃校となった最上郡の動向を大まかにみておこう。一八九九年（同三二）の中学校令再改正は、最上地域にも一定の影響を与えた。つまり県立中学校誘致運動を本格化させることになった。

すでに同郡ではそれ以前から中学校誘致運動が展開されていた。以下の史料は運動の最初期のものである。

明治三十年度山形県最上郡臨時郡会議事筆記　明治三十年四月十六日午後二時十分

（中略）

議長　小磯　本郡新庄町外十八ヶ村有志総代小野廣八外六名ヨリ山形県尋常中学分校設置請願ノ建議書提出ニ付、書記ヲシテ朗読セシム（中略）

中学分校設置請願之義ニ付建議

当最上郡ハ県下ノ北隅ニシテ山形尋常中学校ヲ距ル事十六里余位置ノ遠隔不便ナル、有為ノ子弟ヲシテ其教育ヲ得セムル能ハス、今ヤ進化ノ世ニ当ツテ中等教育ノ必要ナル論ヲ俟タス、此時ニ際シ是レカ設立計画ヲ為サンハ視々郡下子弟ヲシテ不可謂ノ不幸ヲ被ラシム炳焉見ルカ如キノミ、依テ中学分校設置ノ義本郡会ニ付シ、其決議ヲ以テ其筋ヘ請願相成度、郡内各町村有志ヲ代表シ此段及建議候也

明治三十年四月

最上郡新庄町外十八ヵ村有志総代

小野廣八（他六名略）

最上郡長　小磯進殿(55)

これらを受け地域指導者たちが県会に働きかけ、一八九九年（同三二）一一月二九日県会で採択され、ようやく山形中学校新庄分校設置が実現することになった。

告示第三十号

山形県最上郡新庄町ニ山形県山形中学校新庄分校ヲ設置シ本年四月十三日ヨリ仮校舎ニ於テ開校ス

明治三十三年三月八日　山形県知事　関義臣(56)

ここに、山形県尋常中学校は、山形・庄内・米沢・新庄の四尋常中学校として成立したのである。

おわりに

以上、幕末維新期から山形県における尋常中学校成立過程を、主として地域における設立という視点から考察してきた。ここで、本県尋常中学校成立過程の特徴をまとめておきたい。

当該地域における幕藩体制下の旧藩校が、近代中学校の母胎とならず、米沢藩興譲館以外の他の旧藩校は近代中学校ではなく、一八七二年（明治五）学制下のむしろ小学校の母胎となったことが第一の特徴である。第二は、そのことは同学制への対応の特徴でもあった。小学校の優先的普及と、そのための師範養成教育への対応、伝習所（師範学校）の設置を推進したことである。第三は、その師範教育・師範学校から近代中学校が分化して登場した点である。一八八四年（同一七）の山形中学校の成立がそれである。ただし、全県的にみた場合、米沢中学校や庄内中学校は地域民衆の力で成立し、山形中学校はむしろ遅れて登場した。その山形中学校が県立として不動の地位を占めたため、他の二校は通則一条校として存在した。かくして後の新庄町における山形中学校新庄分校設立を含め、一九〇〇年

(同三三)に四尋常中学校として確立したのであった。

註

(1) 山形県における中等教育史研究として、上倉裕二編『山形県教育史』(山形県教育研究所、一九五二年)、野中一也「山形県の中等教育」(本山幸彦編『明治前期学校成立史』〈未來社、一九六五年〉所収)、佐藤幹男「山形県庄内地方における『近代的』中等教育機関の成立過程—庄内中学校の事例を中心に—」、田原音和「明治前期庄内地方の社会変動と中学校の創設」(どちらも荒井武編『明治前期学校成立過程の研究』〈御茶の水書房、一九八六年〉所収)等がある。

これら先行研究の共通点は、庄内中学校が通則一条校であるという事実を全く考慮していない点にあった。拙著では、山形県庄内中学校も米沢中学興譲館も、通則一条校であるため、山形県庄内中学校は拙著の第二部第三章三で、米沢中学興譲館は第二部第一章二でそれぞれ分析・考察した。なお、史料上庄内中学校は「庄内私立中学校」「私立庄内中学校」と、米沢中学興譲館も「私立米沢中学校」「私立米沢中学興譲館」などと呼ばれているが、本章では庄内中学校、米沢中学校と呼ぶことにする。

(2) 野中前掲論文、三九三頁。

(3) 「山形県史　政治之部　学校」(『府県史料　山形県編』所収、一九八五年)一一八頁。

(4) 『米沢市史　近代編』(一九九五年)八四頁。

(5) 大川周明「佐藤能雄先生伝」(『大川周明全集　第四巻』所収、一九六二年)二六二～二六三頁。

(6) 前註(3)に同じ。

(7) 『山形県教育史資料　第一巻』(一九七四年)三頁。

(8) この間の動向については、拙著、一四〇～一四一頁参照。学制公布後興譲館は廃校となり、一八七四年(明治七)には新たに「私立」米沢中学校が発足する。ここで「私立」と分類されるのは、従来上杉家の寄付金による設立といわれていたからである。しかしながら厳密に考察すると「共同立」というべきである。すなわち米沢県知藩事上杉茂憲は廃藩置県により東京移住を命ぜられた際、藩財産の分与に際し、士族授産のための共同管理結社である義社の結成を呼びかけた。その義社の活動の一環に米沢中学校の設立運営があった。つまり当時の米沢中学校は、旧藩財産の士族への分与を基金としそれに授業料を加えて運営する「共同立」(当時の概念では「私立」)であった。

（9）長岡安太郎は「明治八年に山形英語学校が開設された」と紹介し、続けて「当時の山形における英語熱の炎はまだまだか細く、この公立の英語学校の命も、生徒数十名では、わずかに一年しかもたなかった」と評する先行研究を紹介している。鈴木富生他「明治期における山形市の英学」（『山形大学英語英文学研究』第一六号、一九七二年）、長岡安太郎『明治期中学教育史―山形中学校を中心に―』（大明堂、一九九一年、四九頁）より重引。

（10）前掲註（7）書、一五二～一五三頁。

（11）『山形県史　明治初期　上　山形県史・置賜県史』（一九六〇年）。長岡前掲書、一五～一六頁より重引。

（12）長岡前掲書、一五頁。

（13）大川前掲書、一一七〇頁。

（14）『山形県教育史資料　統計編　第一巻』（一九八〇年）一六頁。

（15）前掲註（7）書、二〇頁。

（16）前掲註（14）書、八八頁。

（17）長岡前掲書、二一頁。

（18）前掲註（7）書、七八頁。

（19）一郡一中学校設立に関して、県令三島通庸の強力な指導力の発揮と彼の統治政策という評価が通説的である。しかしながら福島県令時代の三島の強権的政治手法と中学校設立政策の推進との関係、さらには三島の統治政策全体像の解明は残された課題となっている。それらの課題の解明を抜きに、一郡一中学校設立政策とその展開を評価することに対して慎重でなければならない。

（20）田原前掲論文、五三八～五五三頁参照。

（21）運動の指導者の一人である森藤右衛門は、一八七四年（明治七）一〇月・一一月に上京、左院に建白書を提出、酒田県政の改革を訴えた。武力による一揆や嘆願から、建白・訴訟運動に達したことでワッパ騒動は新たな段階を迎えたといえる。

（22）『山形県史　明治初期　下　三島文書』（一九六二年）一二四頁。

（23）前掲註（14）書、一二五頁。

（24）同前、一二五頁。

（25）大川前掲書、一二六四頁。

(26)『松山町史年表』（長岡前掲書、五六頁より重引）。
(27)前掲註(14)書、二〇〇頁。
(28)『山形県教育史資料　統計編　第二巻』（一九八一年）三一頁。
(29)長岡前掲書、五四頁。および前掲註(14)書、一二三頁。
(30)野中前掲論文、四〇七頁。
(31)前掲註(7)書、一一六頁。
(32)前掲註(14)書、二五四〜二五九頁。
(33)『立川町の歴史と文化』（長岡前掲書、五六頁より重引）。
(34)『山形県史　第四巻　近現代編上』（一九八四年）二一三頁。
(35)前掲註(14)書、三一一頁。
(36)野中前掲論文、四一六頁。
(37)前掲註(7)書、二二三〜二二四頁。
(38)同前、二九七頁。
(39)『山形県師範学校創立満五十周年記念録　真琴』第一四号（一九二八年）所収。長岡前掲書、六六〜六七頁より重引。
(40)同前。
(41)前掲註(22)書、三八五頁。
(42)同前。
(43)開校式での式辞および学則関係は、長岡前掲書、八三〜一一九頁。
(44)これらの政策動向・分析は、前掲拙著、第一部第三章参照。
(45)以下の詳細は、同前第二部第三章三を参照。ここでは概略のみ記す。
(46)当時の西田川郡中学校のカリキュラム表と思われるものが、鶴岡市郷土資料館に所蔵されている（図2参照）。
(47)拙著、二七九頁。
(48)中学校正格化政策とは、文部省の一八八一年（明治一四）中学校教則大綱の発令を嚆矢とし、相次ぐ法令によって地方に乱立し

学科（毎週時数）	初等中学科 第一年 前期	後期	第二年 前期	後期	第三年 前期	後期	第四年 前期	後期	高等中学科 第一年 前期	後期	第二年 前期	後期	各科授業時間比較
修身	二 嘉言善行	二 仝上	二 仝上	二 仝上	二 仝上	二 仝上	二 仝上	二 仝上	二 心理ノ大意 人倫ノ大道	二 仝上	二 人倫大道	二 仝上	二六
和漢文	六 読書 日本文法 近易漢文 作文 仮名交文 書牘文	六 読書 仝上 作文 仝上	六 読書 和文漢文 作文 仝上	六 読書 仝上 作文 仝上	六 読書 漢文 作文 仮名交文若クハ漢文	六 読書 仝上 作文 仝上	六 読書 漢文 作文 漢文	六 読書 仝上 作文 仝上	六 読書 仝上 作文 仝上	六 読書 仝上 作文 仝上	六 読書 仝上 作文 藝文	七 読書 仝上 作文 仝上	七三
英語	六 綴字附書取 読方 訳読 習字	六 仝上	六 文法 読書附書取 習字	六 仝上	六 仝上	六 読書附書取 作文	六 読書 作文	六 仝上	六 修辞 読書 作文	六 仝上	読書 家文 作文	七 仝上	七三
算術	六 分数 小数 比例	六 百分算 開平立	二 級数 求積										一二
代数			二 整数四術	二 分数四術	二 方程式	三 仝上	二 順列 錯列 級数						一〇
幾何				二 平面幾何	二 仝上	三 仝上	二 立体幾何	二 立体幾何 常用曲線					一一
三角法									三 八線変化 對数用法	三 對数用法 三角實算			六
地理	二 総論 日本地誌	二 日本地誌 萬國地誌	二 萬國地誌	二 地文	二 仝上								一〇
歴史	二 日本史	二 仝上	二 仝上	二 支那史	二 仝上	二 萬國史	二 仝上	二 仝上					一六
生理							二 総論 骨骼 筋肉 皮膚及消化 循血 呼吸等ノ諸器并ニ其効用 養生法	二 感覚器及神経等					四
動物			二 総論分科法 構造発育殊ニ性情性効用等	二 前期ノ続									四

図2　西田川郡中学校（？）カリキュラム表（教育課程）

植物	金石	物理	化學	経濟	記簿	本邦法令	習字	圖畫	體操	通計
							二 楷書	二 自在画法		六 八
							二 仝上	二 仝上		六 八
							二 行書	二 仝上		六 一〇
							二 草書	二 仝上		六 一〇
二 総論分科法構造発育殊性効用等		二 大意						二 用器画法		六 一〇
二 前期ノ続		二 前期ノ続						二 仝上		六 九
			二 無機化学大意	二 総論 生財 配財				二 仝上		六 一〇
			二 前期ノ続	二 交易 貨幣附銀行 租税	二 單式			二 仝上		六 一〇
	二 金石総論分科法硬性形状其他ノ性質及効用産地等	二 総論 重学			二 複式			二 自在若クハ用器画法		五 八
	二 前期ノ続及地質大意	二 重学 熱学	二 総論 非金属					二 仝上		五 八
		三 聴学 視学	三 非金属 金属			二 現行ノ法令		二 仝上		五 七
		三 電気学磁器学及気象大意	三 金属 有機化学大意					三 仝上		五 六
五	四	一四	一二	四	四	二	八	二六		三二四

唱歌體操ハ當分之ヲ闕ク

出典　鶴岡市郷土資料館蔵。

た不十分な中学校の規格化（整理統廃合）を進めた政策をいう。

(49) 拙著、一四八～　四九頁。

(50) 同前、一五一～　五四頁。

(51) 『山形県教育史資料　第二巻』（一九七四年）二一一頁。

(52) 同前。

(53) 詳しくは、拙著、第三部第二章三参照。

(54) 庄内・米沢両中学校の県費補助と一八九三年（明治二六）一一月山形県会の重要な審議案件に「山形県尋常中学校農業専修科規程」案の提案がある。県会では原案に大きな変更なく設置が認められた。尋常中学校の成立を問題にする本章から少々論点が異なるが、性格上重要な史料であるためここに紹介しておく。

県令第三十八号

明治十九年四月勅令第十五号中学校令第十二条ニ依リ山形県尋常中学校ニ農業専修科ヲ設置シ其規程左ノ通相定メ明治二十七年八月一日ヨリ施行ス

明治二十七年六月二十二日　山形県知事　木下周一

第一条　農業専修科ノ目的ハ農業ニ従事セント欲スル者ニ須要ナル学理ト実業トヲ教授スルニ在リ

第二条　修業年限ヲ三箇年トス

第三条　各学年級ノ学科課程並毎週授業時間ハ別表ノ如シ

第四条　生徒数ハ当分四十名内外トス

第五条　生徒ハ左ノ資格ヲ具フルコトヲ要ス

一　品行端正身体健康ノ者

二　尋常中学校第二年級以上ノ課程若クハ高等小学校四箇年ノ課程ヲ卒業シ又ハ之ト同等以上ノ学力ヲ有スル者

第六条　入学志願者ハ左ノ科目ニ就キ学力試験ノ上入学ヲ許可スルモノトス

但相当ノ学力アリト認ムルトキハ一科目若クハ数科目ノ試験ヲ欠キ又ハ全ク試験ヲ行ハサルコトアルヘシ

一　読書　本県高等小学校教科用読本ノ類

二　作文　漢字交リ文、日用書類
三　算術　比例、百分算
四　習字　行書　草書
五　地理　日本地理、万国地理ノ大要
六　歴史　日本歴史
七　理科　大意（以下略）

（前掲註（51）書、二四七頁）

なお、長岡はこの専修科について「初年度の出願者は五一名、入学者三四名、半途退学者は一名」と記しているが根拠は不明である。長岡前掲書、三二六～三二六頁。

(55)　『新庄北高等学校八十周年記念誌』（一九八一年）三二頁。

(56)　同前。

第二章　徴兵令認定学校研究
——私立尋常大村中学校を事例として——

課題設定

本章は、一八八四年（明治一七）の設立になる私立尋常大村中学校（長崎県）を対象事例として、当該地域における近代的中学校設立をめぐる長崎県議会での議論の内容と、地域民衆による学校設立運動の展開、さらにはそこで設立された私立尋常大村中学校の性格を考察することを目的とする。

さらにいえば、私立尋常大村中学校は、一八八七年（同一〇）一〇月に徴兵令認定学校の指定を受けた中学校である。通常ならば、「徴兵令による認定を受けたことで学校の性格がどのように変化したか」を考察するのが本来の筋道である。しかし、徴兵令による認定を受けた私立尋常大村中学校の場合「徴兵令認定の適用を受けたことで学校の性格が変化した」とはいえない。逆に、後述のように、私立尋常大村中学校の独特な性格が形成された後に、徴兵令認定学校の指定を受けている。

本章の分析・考察で使用する史料について説明する。まず『私立尋常大村中学校沿革一覧』(1)（以下『沿革一覧』と略）である。この史料は、冒頭で一八八八年（同二一）三月二五日付同校長植竹源太郎の「緒言」として、「是校旧大村藩内有志者ノ設置ニ係リ、百方経営漸ク進歩ノ針路ニ就キ、遂ニ官立府県立学校同格ノ認定ヲ辱フスルニ至ル」と（2）あるように、同校が徴兵令による認定学校の指定を受け、それを記念に刊行されたものと考えてよい。この『沿革一覧』には同校に関する基礎的史料が網羅されている。ここに掲載されている諸史料を活用・分析することで、同校の基本的性格がかなり解明できる。次に用いるのは、『長崎県議会史』である。（3）とくに一八八〇年（同一三）から八三年（同一六）にかけての県立中学校存廃論議が詳細に記されているため、本書を用いる。

次に本章の研究史的位置については、次のように説明できる。

第一は、一八八〇年代の地域における中学校設立運動の研究である。私立尋常大村中学校は、一八七九年（同一二）に長崎県議会の予算議決により大村地域に設立された県立中学校であるが、八三年（同一六）に廃校が県議会で決議され、その後地域有志の運動により私立として設立運動が展開、廃校の翌年に私立として再興する。長崎県の大村地方に着目した、県立中学校が廃校となり私立中学校として再興する（その後一八九〇年代末に再度県立となる）過程を描く論文である。第二は、本章は徴兵令の認定を受けた中学校の性格解明の論文だという位置付けである。徴兵令の認定を受けた中学校の本格的な分析研究はいまだなされていない。（4）

最後に本章の構成について述べておく。まず第一節では、幕末維新期における長崎県と大村地方の地域的概況について述べる。その中で、とくに藩校五教館の伝統を強く受け継ぎ、近代的中学校が叢生されていく過程を明らかにした。続く第二節では、大村地方における最初の近代的中学校である県立大村中学校が、県議会における論議の中で廃校となる。一八八〇年（同一三）から八三年（同一六）にかけての長崎県議会における論議を敷衍し、どのような論理において県立大村中学校が必要とされ、また廃校となったかを明らかにした。第三節では、県立中学校廃校を受けて始まる中学校設立運動の展開と、誕生した私立尋常大村中学校の学校資本金および学校維持管理方策に着目し、学

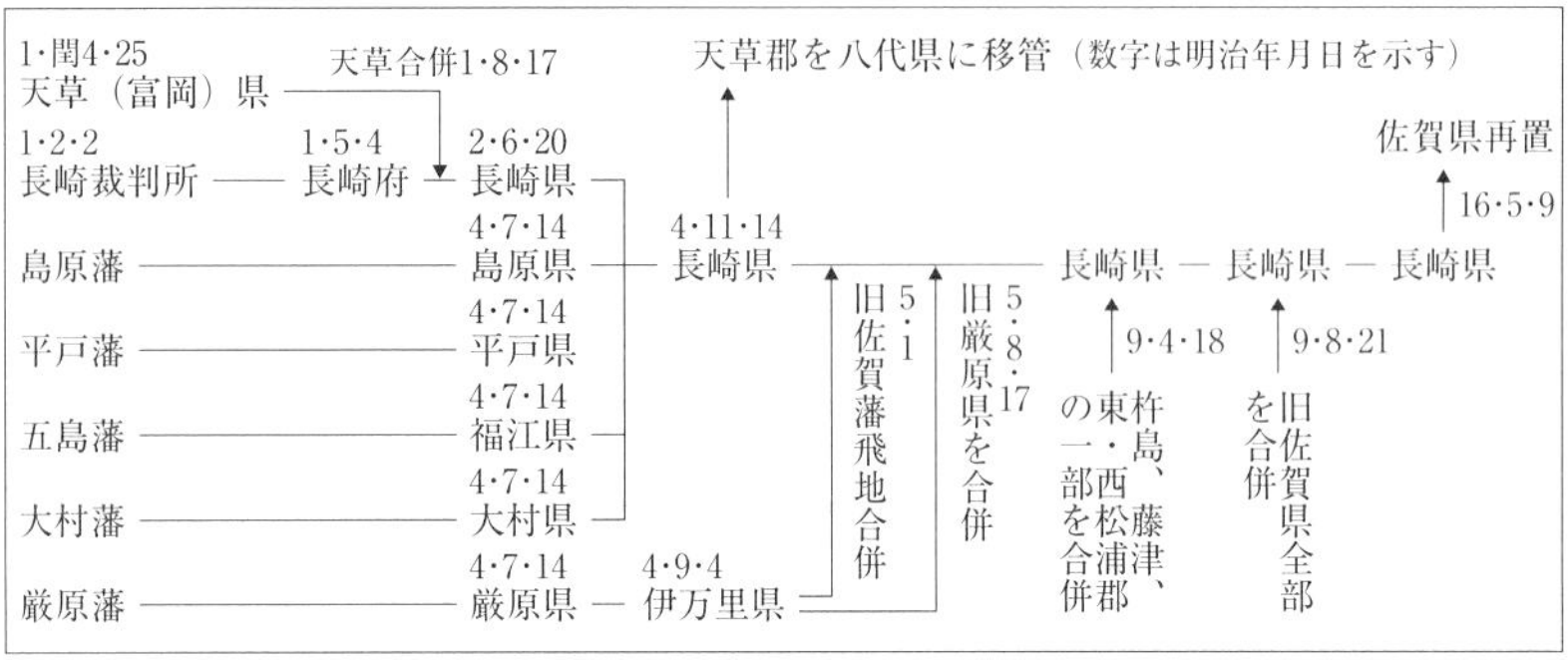

図3　長崎県における明治初年・藩・県の統合と分離

出典　『長崎県の歴史』（山川出版社，1998年）291頁。

校の性格において地域性を強く反映したものであることを明らかにする。そして最後にその私立尋常大村中学校が徴兵令認定中学校の指定を受けた事実を明らかにし、徴兵令認定中学校の性格を示そうと試みた。

全体として、私立尋常大村中学校の性格における地域性の解明を通じて、徴兵令認定中学校群の性格の一断面を解明しようと試みたものである。

一　長崎県大村地方における近代的中学校の叢生

1　長崎県と大村地方の地域的概要

本節では、幕末維新期の長崎県および大村地方における地域的概況について、刊行されている第二次諸資料をもとに整理しておくことにする。

幕末維新期の激動の中で、一八六八年（明治元）五月には長崎府が置かれ同年六月には長崎県と改称する。その行政範囲はともに天領であった長崎と天草に限定された。それ以外の各藩は旧藩主が藩知事となり従来どおり統治した。その後の県統合による新長崎県の成立は図3のとおりである。

大村地方の地域的な概要を述べる。旧大村藩は、幕末期に二万七〇〇〇石、最後の藩主は第一二代藩主・大村純熙である。維新期の当初の藩論は佐幕・尊皇に二分していたが、藩主の長崎取締辞任を契機に、藩論は尊皇倒幕へと統一、倒幕軍を結成した。以後、薩摩・長州などとともに倒幕の中枢藩の一つになる。大村純熙は維新後の賞典禄として三万石を受給した。これは、薩長の一〇万石・土佐の四万石に次ぐものである。(5)

大村地方は長崎県の県央部に位置し、大村湾の東岸に位置する。大村平野は長崎県内でも数少ないまとまった面積をもつ平坦地でもある。当該地域の中心的産業は、農業(米穀農業よりも商品作物が中心となる)と、漁業・回漕業・工業生産の発展を中軸として地域形成と発展が営まれてきた。『大村市史』は「大村藩領彼杵地帯(中略)における農民層分化の形態は(中略)商品生産の発展とその特質に対応する分化の形態」であったと指摘する。つまり「農業生産の発展(中略)商品作物栽培の進展に裏付けられた積極的な農民階層分化」ではなく、「漁業・回漕業ならびに部分的ではあるが工業生産の発展、助郷課役の圧迫」と「商業の発展によって在町的変質をとげた農村における、および往還路付近の都市的生活の浸透を契機」および「貢租課役の加重・専売政策」による分化であり「窮迫した没落農家が商業高利貸資本の浸蝕にさらされていく過程」であったと指摘する。(6)

2　長崎県大村地方における近代的中学校の叢生

私立尋常大村中学校の起源を、藩校集義館(後の五教館)に求めることができる。『大村高校百年史』による叙述は「前史」として藩校集義館の記述から始め、五三頁を費やして教育内容・方法・特徴について述べている。それによると、一六七〇年(寛文一〇)四代藩主・大村純長により、玖島城内桜馬場に藩校集義館が設立され、一七九〇年(寛政二)に五教館(講学所)と治振軒(演武場)を大村城外に建設し、一八六七年(慶応三)王政復古の激動の中で、藩政と教育改革が断行される。六九年(明治二)六月の版籍奉還の後に大村藩知事に任命された大村純熙は、翌年一一月学務・軍務を統合し学校兼軍事掛を設置、行政機構の近代化を促進する。その中で次のような就学告諭を藩内に発している。

諭告

国ノ学校アルハ大道ヲ講明シ人材ヲ教育スルノ基ニシテ、千古ノ美典其盛衰ハ実ニ国運ノ汚隆ニ候得者固ヨリ忽ニスヘカラス、況ヤ方今、聖上励精国治ノ時ニ方リテハ、愈張皇シテ、人材彬出国用有余候様無之而者不相済、然ルニ学問之道世ト相変ス。従テ学校施設ノ制モ亦古ト同ス可ラス。曩ニ洋学ノ設ナシ、且砲術ヲ校外ニ置ク皆其道タルハ一ニシテ之ヲ外ニスル者頗ル欠套ニ相属シ候条、改テ之ヲ一校ニ併ス。文武岐セス学問事業其功ヲ異ニセサル様専一ニ候。然慮学校接近ノ者朝夕出入大ニ観感ノ廉モ可有之候得共、僻地僻邑ニ至テハ自然訓誨ノ道モ届兼、之力為ニ禀性ノ美ナル者モ或ハ固随ノ域ニ淪没シ、遂ニ啓蒙ノ階梯ヲ失ヒ候義可有之、依テ各村小校ヲ創営シ、以テ四民ヲ出入セシメ一藩遺校ノ憂ナカラシム。就テハ管内ノ士民貴賤ノ差別ナク奮発興起、各其性ノ所得ニ従テ講明研究速ニ成業致シ、国家ノ用、欠乏無之様、至用タル（ママ）レキ事。

庚午十一月　藩庁(7)

一八七二年（同五）学制に先立って七〇年（同三）に発せられた「諭告」であるが、「人材ノ教育」と「国運ノ汚隆」が学校という教育機関によって結び付けられている。この後賞典禄の一部を用いて藩立の小学校が各地に創り出されていった。他方、同年一一月、藩校五教館が学制を受けて廃校となる(8)。

七九年（同一二）の第一回長崎県議会において予算が議決され長崎・鹿島・佐賀・唐津・福江・厳原の六校の設立が決定した。また同県議会では翌八〇年（同一三）度に大村・島原・平戸の三校、町村協議費で設置した中学を同年度に新に県立とした諫早・武雄・小城の三校でそれぞれ開業が認められ、さらにこの年度に壱岐中学校が新営された。全県下一三校の県立中学校の創設である。

八〇年（同一三）に開設された県立大村中学校は『大村高校百年史』によれば、「校長は（中略）五教館儒官の加藤勇氏、教員は五教館教授であった(9)」と藩校五教館との人的な連続がみられる。藩校五教館と県立大村中学校とは、人的および地域的伝統の上に立った連続性であった。

二　長崎県議会における中学校論議――一八八〇～八三年を中心に

一般に県議会議事録は、学校教育のあり方に関する言及もあって当該県の教育史史料としてきわめて有効であり、以前の研究においてもしばしば活用されてきた。しかしその活用については、かなり慎重にさまざまな条件を留保しなければならない。その条件とは、例えば、議員の出自（出身地域・居住地域・階層・年齢・所得状況）や学経歴（出身学校等）である。言うまでもなく、これらの諸条件は、議員が発言する学校観・教育観の基礎を規定するからである。

本節では、一八八〇年（明治一三）から八三年（同一六）までの、長崎県議会における中学校設立に関する議論を分析する。ただし、ここでは中学校設立議論の論点の概要を整理することが目的なので上記で示した諸条件の分析はあえて行わない。どのような論理が中学校設立と廃止を決定したか、という点の考察が中心だからである（なお、発言整理は年代別ではなく論旨に即して整理した）。

1　長崎県立大村中学校の誕生

議論の検討に先立って、一八七九年（同一二）に長崎県立大村中学校誕生の契機となった県議会における県当局の中学校費提案の概要をみておきたい。

中学校費　此校ハ一般子弟ノ小学校ヲ経テ更ニ進テ上等ノ教育ヲ受クル所ニシテ知識ヲ拡充スル最モ枢要ノ地位トナス、乃チ此校ヲ県立ト定メ其経費ヲ地方税ヨリ支弁スルノ大主意ナリ（中略）十一年度ノ予算ノ出ルトコロハ入校生徒ノ現員ニ依リテ之ヲ定メタルモノナレハ入校生徒ノ増加スルニ従ヒ経費亦増ササルヲ得サルノミナラズ、右金額ニテハ良師ヲ雇イ入レ諸器械等ヲ全備スルノ余裕ナシトス、是十一年度ノ予算高ヨリ更ニ二割ヲ増シタルノ原因ナリ、故ニコレヲ再言スレハ管内ノ子弟ニ学術上達スル者ノ増加スルカ為ニ此校ノ費金ヲ増スノ道理ナリト知ルヘシ（後略）(10)

一般子弟で小学校卒業者の進路確保のために県立中学校を設立するのが提案理由であった。すでに、長崎他県立六中学校費として総額一万七六八六円三五銭八厘に加え、「未設中学校開創費」として「大村、島原、平戸ノ三ヶ所」に「九千円」を配分するという提案であった。この三ヵ所は「学事ノ進否ヲ視察シ先ツ中学区ノ本部」だからで、金額は「一ヶ所三千円ノ予定」であった。(11) かくして翌八〇年（同一三）に長崎県立大村中学校の設立が決定した。

2　県議会における中学校設立議論――一八八〇〜八六年

長崎県当局による八〇年（同一三）度の県立中学校設置提案は次のとおりである。

本年度校費ヲ予算スルニ当リ中学校ヲ分ツテ四種トス、既設、新設、改制、新営トシ既設ハ長崎、鹿島、佐賀、唐津、福江、厳原ノ六校（中略）新設トハ大村、島原、平戸ノ三校ニシテ前年度ニ於テ新営シ本年開業スヘキモノ（中略）改制トハ諫早、武雄、小城ノ三校ニシテ町村協議費ヲ以テ設置シタル中学ヲ本年度新ニ県立トナシ（中略）新営トハ本年度ニ於テ新営スヘキ壱岐中校トス（後略）(12)

これに対する番外の説明をみよう。

番外三番（壬生三等属）曰ク（中略）今日官途ニ出テ治務ヲ執リ民間ニ在テ公益ヲ謀ル者（中略）其ノ素ハ十中八、九人迄旧藩学校ノ教育ニ依ルモノナリ（中略）明治十一年度ニ至リ地方税ノ方法定マリ始メテ之ヲ県立トナシ以テ費用ヲ地方税ヨリ支弁シ且ツ諸郡ニ新ニ中学校ヲ開創シテ高等普通教育ノ基礎ヲ定メ（中略）然ルニ今断然町村ニ負担セシムルトナサハ果シテ如何ナル結果ヲナスヘキカ、主任者ノ考察ニテハ諸君普ク諒知サレルカ如ク一昨年教育令ノ出ルヤ世人ハ自由教育ノ主義ヲ誤解セシヨリ小学校サエモ甚タシキ弊害ヲ起シ遂ニ昨年ノ改正ヲ招キシカ如シ（中略）当県ニ於テモ改革変更スヘキ件一ニシテ足ラス、殊ニ学齢児童就学督責規則ノ如キモノヲ施行スレハ学齢中ハ子守牛飼ノ如キモノモ真実已ムヲ得サル事故アルニ非レハ都テ入学セシムル事トナル（中略）今長崎、佐賀ヲ除クノ外廃校スルニ至ラハ各郡ノ生徒ハ長崎中学校ニ入ルカ又ハ佐賀中学校ニ入ラサレハ高等普通教育ヲ受クルコトヲ得サルニ至リ大ニ資金ニ苦シミ殊ニ漸ク小学校ヲ卒業シタル少年カ遥カニ遠地ノ学校ニ入ルコトハ十人ニ一人モ出来サルヘシ（中略）是非共中学校ハ地方税ヲ以テ維持保護セサル可ラス是レ此ノ原案ヲ発スル所以ナリ(13)

県当局による県立中学校一三校設立案に対し、一八八三年（同一六）度まで県議会で激論が展開される。その議論を大別すると、原案賛成意見、原案にプラスして県立中学校を拡充する意見、県立中学校を二校に限定する意見、県立中学校を二校に限定し他校を区町村立（協議費）とする意見、県立中学校全廃論、の五つに大別することが可能である。

第一に、原案支持意見である。

六十一番（松尾芳道・杵島郡）本員ハ原案ヲ賛成ス、我人間社会ニ於テ最モ緊要ナリトスルハ学問ニ如クハナシ、工業ト云ヒ才芸ト云ヒ一ツトシテ学問ニ基カサルモノナク日本帝国ノ基礎ヲ固クシ人民ノ幸福ヲ謀ル一ツトシテ学問ニ依ラサルハナシ（後略）[14]

九番（北村文太郎・北高来郡）（中略）一、二ノ資力アル者ハ長崎、佐賀ノ両校ニ入ルヲ得ヘシト雖モ他ノ貧生徒ニ至テハ雲天万里ノ志アルモ渡ルニ船ナキ悲歎アルヘシ、抑モ中学ヲ県立ニスルハ昨年之レヲ議決シテ今日忽チニシテ廃スルハ余リニ軽忽ニ似タリ西哲言ヘリ政治ハ自治ニ出テ自治ハ智識ニ出ツト而シテ今ハ民知ノ進度未タ十分頼ムヘキノ地位ニ至ラス反対論者之レヲ再思セヨ（後略）[15]

二十六番（渡邉元・西彼杵郡）曰ク（中略）教育ハ只外形ヲ作リシ迄ニテ人民ノ脳裏ニハ未タ教育ナシト云フニ等シ、且ツ我国未タ国憲モ立タス国会モ開ケス加フルニ民心浮繰ナルヲ以テス、然ルニ今教育ヲ挙ケテ之レヲ人民ニ放任セハ種々無量ノ結果ヲ観ルニ至ルヘシ（後略）[16]

学問が国家の基礎であり、設立地域の偏りを排除して可能な限り平等に通学を保障する、人民が未開発であるから国家も未開発である、だから県立中学校が必要だという主張である。

第二に、原案以上に各地に県立中学校を増設する意見である。

三番（立石寛司・北松浦郡）曰ク、県下中学ノ数甚タ少シ、故ニ中学校ヲ隔ル土地ノ如キハ小学卒業後従学ノ便ヲ失ヒ且ツ貧民子弟ノ如キ遠地ニ従学スルノ資力ナシ故ニ毎学区ニ一中学ヲ置キ教育ヲ盛大ニセンコトヲ欲ス、然レトモ時ニ之ヲ設立スヘカラス、依テ本年度ニ於テ原案ノ外十校ヲ設立センモノトシ（中略）原案ノ如ク校舎十三ヶ所ノミニテハ校舎所在ノ人民独リ其ノ幸ヲ得テ他ノ人民ハ与ラス徒ラニ其ノ費ヲ償フノ不幸アリ、本員ノ意ハ毎学区遍ク中学校ヲ設立シ貧民ノ子弟モ登校スルヲ得ヘカラシメントス（後略）[17]

県当局による原案を「甚タ少シ」とする修正案である。「毎学区ニ一中学」が理想で「人民ノ負担ニ任スハ至当」

だが地方税で支弁せざるをえないという主張である。

第三に、県立中学校二校限定論である。

六番（志波三九郎・南高来郡）（中略）長崎、佐賀、二中学ニテ充分ナリトス（中略）今若シ三番ノ説ノ如ク情理ヲ斟ンテ論スレハ一村一落中学ヲ置カサル可ラスシテ費額ノ支給ニ堪ヘサルニ至ルハ見易キナリ、又地方税ハ一県ノ経済ヲ立ツルモノニテ独リ学事ノミニ偏重シテ他ヲ軽視スヘカラス（後略）(18)

次のように、長崎中学校費と佐賀中学校費を原案より増額して、この二校のみに地方税支弁を限定するという修正案（五十一番〈千々岩誠・藤津郡〉）も出た。

（理由説明）（前略）地方税ヲ以テ中学ヲ設立スルハ独リ長崎・佐賀ノ二ケ所ニ限リ其ノ他ハ一切県立設立ノ制ヲ廃シタルモノナリ、抑モ各地中学ノ景況ヲ視察スルニ或ハ大ニ其ノ弊害ヲ醸スニ至ル（中略）弥ヨ金ヲ費シテ弥ヨ弊ヲ増長スルノ実証アリ、之レ本員カ制限ヲ加ヘント欲スルノ主意ナリ（後略）(19)

この修正案は一度可決して第二読会に進んでいる。提案者である千々岩は大演説を展開するが、要点のみ記しておく。

五十一番（千々岩）曰く（中略）中学校の弊害というは（中略）実に我が教育主任者は教育を鄭重し過ぎる故か或は欧洲流に一足飛びする積りの故か我が県の教育は名づけて『体裁教育』と言うも決して誣言に非ざるの観を現はせり。（中略）

其の弊害と云ふは（中略）我県中学を設くるの制は人員幾名以上と限り已に設くる後は生徒の多少により金員を配布するの仕方なれば（中略）則ち規則に拠て生徒の人員を増加し以て成る丈け多額の分配金を迎えざるを得ず（中略）中学生と云うべきは至極僅少のものなれども、其頭数を増さんがため尚小学の幼稺生を駆り入れ以て数倍の人員を加うるに至るは現に親しく視察するところなり（中略）蓋し此の弊害たるや端を体裁を尚ぶの風に発し（中略）各地同一に賦課する所の地方税を以て設立する中学校なれば其の未だ設立せざるの各地人民は必ず平均論を主張して一日も早く其の設立を要求せざるは勿るべし、其の極遂に一郡一中学校を設立せざれば止まざるに至らん（中略）抑も純乎たる中学生と謂へば年は既に旧年称して十六歳、学科は小学を卒業するものなれば精神も体格も十分の成人と云うべし、この前途ある青年生の為めに謀るあれば山村孤島に於て区々たる薫陶を承けんより必ず応分の地即ち一県都会の地たる長崎なり佐賀の如き大川に移るに非ずんば大魚となるは望み難かるべく、青年育成の道に於ても最も注意を要することなり（後略、なおひらがなは原文のママ）(20)

千々岩の議論は、地方税の積算が生徒の人数であるため「小学の幼稚生」まで水増しして繰り入れており、その結果小学生には学力に対応しない教育が中学校で展開され、その一方で中学校の質が低下していると主張する。他方、地方税支弁で設立すると「各地人民は必ず平均論」を主張し、結果として膨大な予算を必要とする、というのである。

第四に、県立中学校を二校に限定し他校を区町村立（協議費）とする意見である。

（理由説明）（前略）金額ヲ増加シ長崎、佐賀ノ両中学校トシ其他ノ県立中学ノ制ヲ廃セントス、今吾県立スル所既ニ十三校アリ其ノ区域ハ概ネ郡ノ区域ニ依ル、而シテ其ノ校況ヲ概見スルニ今日設クル所ノ金額ヲ以テ書籍器械ノ完全ト充分ノ教師ヲ得ルハ難カルヘシ、加之区域狭隘ナルヲ以テ生徒ノ学識狭小ニシテ其ノ中学タルヲ得難シ、河海大ナラサレハ大魚ナシトノ言ハ信スヘキナリ、他ノ十一校ハ無用ト言フニ非ス地方ニ於テ長崎、佐賀ノ中学ニ入ル能ハサルモノハ各地方ノ公立中学ニ於テ智識ヲ養フヘク補助費ヲ設ケテ其ノ費用ヲ助ケントス（後略）(21)

少しでも予算を佐賀中学校・長崎中学校に重点投資し、他の一一校に対しては地方税補助費を支出するという案である。

第五に、全廃論である。

十九番曰ク、（中略）各中学校ヲ斥ケント欲スル所以ハ第一人民智識ノ進歩第二現県立中学校ノ弊害第三権衡第四生徒ノ不幸是レナリ（中略）第一民智既ニ発達シテ自治ノ気力ニ富ミタリト云フハ我邦維新以来有志者ハ私学ヲ設ケ或ハ私塾ヲ設立シ（中略）第二ノ現県立中学校ノ弊害トハ、我県中学校ノ経費ハ生徒ノ多少ニヨリ金員ヲ配布スルノ方法ナレハ（中略）入校生徒ノ内純乎タル中学生ハ至極僅少ニ過キサレトモ、其頭数ヲ増サンカ為ニ尚小学ノ幼穉ヲ駆リ入レ以テ水増ノ人員ヲ加フルニ（中略）第三権衡トハ一県内同一ニ賦課スル地方税ヲ以テ設立スル中学校ナレハ（中略）一日モ早ク此ノ制ヲ改正シ其弊害ヲ矯メンカ為メ、本項ヲ削除シ各郡ニ放任セント欲スルノ第三点ナリ、第四生徒ノ不幸ト云フハ（中略）未タ小学ノ授業ヲ受クル央（ママ）ニ際シ、俄カニ中学ニ遷サレ高尚ナル学科ノ授業ヲ受クルハ、所謂一間飛ヒニシテ其ノ本来ノ功ヲ奏スル事能ハサルハ昭々乎タリ（後略）(22)

この主張は、人民智識が進歩している、県立中学校小学生等の生徒を水増し入学させている弊害、地方税の使用に「権衡」が欠落している、本来小学生であるはずなのに中学で授業を受けている「不幸」を指摘する。この全廃論に対し、ここで地方税支弁を辞めてしまえばこれまでの投資が無駄になる、民智は未だ開けていない、という反論が出ている。反論に対しては、「中学校」を人民に「放任」し「人民ノ自由」に任せることが重要だという主張で切り返した。

（十九番）曰ク（中略）本項ノ中学校（中略）之ヲ放任シ人民必要トスル郡ハ之ヲ設立シ不必要トスル郡ハ之レヲ設立セス、或ハ人民協議シ一県ニ一校ヲ置クカ或ハ数校ヲ設クルカ人民ノ自由ニ任セハ子弟ハ奮テ就学ヲ為シ虚飾ヲ廃シテ実学起ルハ将ニ理ノ命スル所ナリ（中略）人物ヲ造ラント欲セハ能ク自由ノ空気ヲ吸ハシメ能ク権利ヲ保タシムルニ在リ、自由ヲ与ヘ権利ヲ保タシムルニハ宜シク地方分権スルニ在リ、是レ則チ天理ナリ又人間社会ノ通則ナリ、之レニ依テ速カニ各地方ニ放任シ人民自治ヲ以テ維持シ、而シテ地方税ノ濫出ヲ矯メ校舎ノ虚飾ヲ廃シ真ノ学校ヲ設立シ、県下数十万ノ子弟ヲシテ能ク智識ヲ研キ文明ニ導クノ途ヲ開キ、県下百十余万ノ人民ニ大ニ天賦ノ権利ヲ拡張シテ自治自由ノ民トナシ、以テ我カ日本ヲシテ東ノ一大文明国ト為サント欲ス（後略）(23)

3　県議会における県立中学校一校の決定

上記のように、一八八〇年（明治一三）から八三年（同一六）にかけて、激しい論争が展開された。これが決着するのは八三年（同一六）九月に招集された第二次通常県会においてであった。なお、四ヵ月前の同年五月、佐賀県が長崎県から分離独立した。これによって長崎県議会の中学校設立議論は大きく転換することになる。

九月一七日に開会した県会における県当局の県立中学校設立提案は、福江・厳原・諫早・島原・大村・平戸・壱岐の各県立中学校に総額一万七九一九円九銭六厘、前年県立長崎中学校を改称した長崎外国語学校に七八二六円一二銭二厘、合計二万五七四五円二一銭八厘（そのうち、長崎外国語学校は三〇・四%を占める）であった。

教育費第二次会の番外による原案説明は次のとおりである。

番外三番（山本属）原案者ハ教育ハ干渉ヲ以テ主義ト為サント欲スルモノナリ、現時ノ景況ヲ見ルニ各村ニ小学校ノ設ケアレトモ就学ヲ為ササル子弟多シ（中略）今各中学校ヲ廃スルハ実ニ草木ノ萌芽ヲ摘ムト一般ナリ（後略）(24)

次に常置委員（志波三九郎〈南高来〉・山崎忍之助〈北高来〉・浦田弘毅〈下県郡〉・森豊之丞〈北松浦郡〉・吉川元〈同〉）

の提案である。

金六千九百十四円六十九銭　　長崎中学校費（中略）

抑モ今ノ中学校タルヤ当時ノ勢イニ依テ成立シタルモノニシテ今日ニ在テ之レヲ観レハ其ノ弊亦少カラス（中略）斯クノ如ク一県ニ数多ノ中学ヲ置クハ学制ノ宜シキヲ得ルモノニ非ス（中略）民力ノ窮乏ヲ焦慮スルノ際ナレハ先ツ之レカ緩急ヲ図リ教育ノ如キ其ノ関係直接ニ在ラスシテ将来ノ結果ヲ俟ツモノハ目下之レヲ措クモ亦止ムヲ得サルモノトス、況ンヤ外国語学校ノ如キ専ラ通弁通信ノ一法ニ止マルモノニ於テオヤ（中略）故ニ先ノ七中学校ニ換ヘテ更ニ長崎ニ完全ナル中学校ヲ設置シ（外国語学校ヲ以テ之レニ充ツ）県下有志ノ者ヲ養成セントス（後略）[25]

原案による長崎他八地域の県立中学校設立か、常置委員による長崎のみの一校か、をめぐる論争がここでも展開された。そこでの論点は、これまでの論争ですでに出ていた。採択の結果、常置委員の長崎一校論が採択され、ここに県立中学校は長崎中学校のみとなった。

長崎県議会での中学校設立論争は、多様な教育論・中学校論の論点を内包していた。まとめると、第一は、中学校は学問が国家の基礎であり、人民が未開発だから国家も未開発だ、だから地域に偏りなく平等に中学校を保障する必要がある、という論点である。第二は、地方税支弁方法に対する問題提起で、積算が生徒の人数比であるため「小学の幼稚生」までが水増しされ入学させられ、小学生からみると学力不相応な教育が展開され、中学校教育からみると質の低下を招いているという。第三は、地方税で設立すると「人民は平均論」を主張、膨大な予算を必要とする。公費による学校設立に対する問題提起である。第四は、地方税と区長村費・協議費との関係である。県立中学校を二校に限定し地方税を重点投資するが、不足分を区町村費・協議費で設立し、地方税で補助する考えである。第五は、その考え方の奥底にある民衆観の対立である。すなわち「人民の智は未だ開けていない、だから公費による干渉が必要」と判断するか「中学校設立を人民に放任し人民の自由に任せる」か、という対立であった。最終的には、完全なる中学校に地方税を重点投資するという論理が選択され、長崎だけを県立中学校（外国語学校）とし、県立大村中学校は廃校となった。

翌一八八四年（同一七）一月に中学校通則が発令される。そこでは厳格な中学校の基準が示されるため、必然的に不十分な中学校は淘汰されざるをえなかった。

三　私立尋常大村中学校の成立と性格

1　大村地方における中学校設立運動の展開

一八八四年（明治一七）三月末をもって県立大村中学校は廃校となった。この事態を受け、大村地域では地域をあげた中学校設立運動が始まる。その様子について『沿革一覧』は次のように記している。

有志者深ク之（県立大村中学校の廃校―引用者）ヲ憂ヒ周旋奔走広ク資ヲ旧藩内ニ募リ新ニ中学ヲ此地ニ興シテ以テ人材ヲ陶冶センコトヲ計ル、旧藩主大村純雄公大ニ之ヲ嘉シ厚ク之ヲ補助セラル、於是校舎ヲ設ケ図書器械ヲ購ヒ教員ヲ聘シ教則ヲ編シ、明治十七年六月主者総代村忠左衛門中尾静摩稲毛惣左衛門（中略）十五名連署シテ中学校設置ノ許可ヲ官ニ請フ、許サレズ、蓋シ当時教則ハ別ニ自ラ制定セシ所且未ダ校長ヲ置カザリシヲ以テナリ、因テ長崎県中学校ノ教則ニ依リ之ヲ改定シ校長ヲ撰定シ重ネテ請ヒ遂ニ同年八月十四日ヲ以テ許可ヲ得タリ（後略）[26]

一五名の地域名望家層が学校設立運動を展開し、設立認可を得るべく申請した。数度却下されたがその都度申請し、ついに設立認可された。廃校決定後急速に学校設立運動が展開したのだが、その過程を『大村高校百年史』所収史料を手がかりにしてみておこう。

一八八四年（同一七）一月に石田英吉県令に提出した「私立中学校設置申請書」(27)に連署した一五名の発起人の名前は表8のとおりである。

表8　「私立中学校設置申請書」（明治17年提出）連署発起人

氏　　名	年齢	主　要　役　職
村忠左衛門	63	元城代
中尾静摩	63	十二区長（県議）
稲毛惣左衛門	61	郡治少参事　庶務大属
土屋善右衛門	58	元東征軍総督　十一区戸長
根岸主馬	60	監察刑法大属　財用権参事　四十三大区戸長
渕山半平	66	元砲術教授　戸長
朝長慎三	35	十六大区戸長（県議　代議士）
喜多陳平	51	元五教館頭取　訓導
宮原又四郎	34	（県議）
緒方才八郎	36	訓導（県議）
今道俊八郎	36	訓導（大村村長）
稲垣亮馬	32	警察官　大村家家扶
満井鷹一郎	23	元東征軍　訓導（大村村長）
富井千代太	23	訓導（千綿村長　県議　代議士）
横山寅一郎	24	警部補（県議　長崎市長　代議士）

出典　『大村高校百年史』60～61頁。

ここに名を連ねているのは、旧藩時代から維新期にかけて大村藩・大村地域を代表する地域指導者たちであった。つまり、この私立中学校設立運動は、大村地域の総力をあげた取り組みであったのである。

この申請に対して、三月東彼杵郡長からの示達があった。以下のとおりである。

其村居住士族村忠左衛門外数名ヨリ私立中学校設置ニ付願出候処、今般県庁乙第三十号達之通中学通則被相定候ニ付テハ、経費教員其他ノ準備ヲ同則ニ適合セシムルハ容易ナラサル儀ニ可有之、然ルニ部内ニ於テハ右様強テ中学校ヲ設置スルヨリ寧ロ農学校等ヲ設置セシムル方、人民ヲ実業ニ導ク等其効益不少候条、其旨示達可致旨ヲ以テ書類却下相成候条夫々可取計此段相達候事(28)

厳しい条件を求める中学校通則（八四年〈同一七〉一月）に準拠する中学校の設立は難しいだろうから、農学校設立の方が人民を実業に導くことができるのではないかというのである。ともあれ、中学校通則に準拠できる条件を整え、とくに莫大な経費への対応のため、一般の寄付と、大村家の寄付がどうしても必要となった（寄付金の分析は本節3参照）。次に、校地校舎および施設の問題である。これは廃校であるから、元中学校を使用できれば経費支出が省けるわけである。当然のごとく以下のように願い出た（五月一日）。

旧大村中学校校舎並敷地書籍器械払下願

今般有志者義捐金ヲ以テ中学通則ニ遵ヒ私立大村中学校致設立度候所（ママ）、幸ニ県立旧大村中学校被廃候ニ付、同校舎敷地書籍器械等御不用ノ分相当代価ヲ以テ御払下被下度此段有志者総代私共ヨリ奉願候(29)

これに対して、六月一〇日石田英吉長崎県令は「書面願ノ趣難及詮議候事」として却下した。そのため、大村家に下賜される予定だった土地を校地校舎に当てざるをえず、そこを敷地とした。机椅子等の用具についても「旧大村中学校机椅子掛板借用願」を提出し、そこで「私共儀今般有志者協合シ文部省中学教則大綱ニ基キ私立大村中学校設置仕度、就而旧大村中学校備付机椅子掛板当分御借用被成下度有志総代連印此段奉願候也」と「願」を提出したが、これも却下されたため、必要な備品等は新規購入せざるをえない状況だった。

同年六月十一日に再度「私立中学校設置願」を提出し申請する。

私立中学校設置願

私共儀今般有志者協力シテ私立中学校設置仕度別紙規則書類相添此段奉願候也

明治十七年六月十一日　　主者総代(30)

なお「目的・位置・学科・修学年限及学級・学年及学期・授業時間・休業日・学科課程(31)・授業要旨・入学在学退

学・試業・雑則・寄宿舎規則・罰則」等を記載した私立大村中学校規則を添付したことはいうまでもない。

さらに『大村高校百年史』では、「教職員は、校長欠員、幹事二、教員六（中略）とし、中学校通則に準拠して東京中学師範学校に依頼中であると追伸した」と述べ、続けて「県当局は、一、校長の定めなきこと、二、教員に幹事不用のこと、三、規則は長崎中学校規則に準拠すべきこと」等を指摘した、と説明する。そこで県の指示に従い、校長には発起人の喜多陳平をあて、教員は一八八三年（同一六）東京師範卒業の植竹源太郎のほか、一八八四年（同一七）七月卒業予定の滋賀庄三郎を、元東京府知事・楠本正隆の斡旋で来任の約束をとりつけたことを付記し、七月再々出願をし、八月一四日付で、県令の条件付認可があった、と記している(32)。

私立中学校設置ノ儀ハ聞届候事

但開校ハ新ニ中学師範学科ノ卒業証書又ハ大学科ノ卒業証書ヲ有スル者二名傭入候上期日更ニ届出ツヘシ(33)

ここで一八八三年（同一六）長崎県中学校規則は有資格者二人以上（一八八四年〈同一七〉一月の文部省中学校通則では三人以上）と定めてあるので、特別詮議が必要である。そこで以下のように「私立大村中学校開校之義ニ付願」を再々々度提出する。

私立大村中学校開校之義ニ付願

当私立中学校開校之義ニ付合格教員新ニ二名傭入之上夫々可届出御指令ニ付精々心配仕候処、目下其人乏敷漸ク一名丈此節約束相調本人参着次第成規之手数可相運候条此際創草且初等中学部ノミ之義ニ付、合格教員両名ニテ開校御許容被成下度此段奉願候也

この「願」に対し、ついに一〇月二五日付で県令代理長崎県大書記官・柳本直太郎から「書面之趣聞届候事」として認可があった(34)。

2　私立尋常大村中学校の学校維持管理形態とその特徴

次に、私立尋常大村中学校における学校維持管理形態をみておきたい。『沿革一覧』中に「第四章　維持法及収支　第一款　維持法　附議員会」という項目がある。そこには「本校ハ旧大村藩内有志者及旧大村藩主華族大村純雄公ニテ維持セシガ、明治二十年十月ヨリハ同旧藩一般ノ士民及旧藩主ニテ維持スルコトト成レリ」[35]とある。この記述から判断すると、私立中学校を維持する（つまり寄付金の拠出）主体が「藩内有志者」から、「明治二十年十月」以降は「旧藩一般ノ士民及旧藩主」へと変化した、と読める。つまり「藩内有志者」から「藩内士民」へと支持基盤の広がりをみせたということではないか、学校設立のために依拠する支持層が、士族層から一般民衆への広がりを意図したのではないか、と思われる。そのことがここに明記されたということは、重要な意味をもつ転換だったのである。

そして、学校維持管理のための具体的な形態として、次のようにきわめて独特な仕組みが考案された。『沿革一覧』は続けている。

維持及重大ナル事件ハ当初ヨリ議員会ノ決議ニ依ルモノトス

議員会現今ノ組織ハ左ノ如シ

一　本会ハ本校年度ノ経費及規模変更維持方法トヲ議定ス

一　本会ハ商議員ト旧大村藩各村（三十三ヶ村）議員トヲ以テ組織ス

但二十年十月以前ハ校主惣代ト各村議員トヨリ成レリ

一　毎年三月ニ開クモノヲ通常会トシ臨時ニ開クモノヲ臨時会トス

一　本会ハ校主及商議員ヲ撰挙ス
但二十年十月以前ハ校主惣代校長及正副幹事ヲ撰挙ス
一　議案ハ校主ヨリ之ヲ出ス
但二十年十月以前ハ校長及幹事ヨリ提出セリ
一　校主ハ前々年度ノ出納決算ヲ本会ニ報告ス
但二十年十月以前ハ校長及幹事ヨリ報告セリ
一　本会議事ノ方法ハ凡テ普通議会ノ法ニ拠ル
一　議員ニハ毎一里八銭ノ旅費ト日当三十五銭トヲ支給ス
但明治十九年度迄ハ日当三十銭（後略）[36]

他方、『沿革一覧』の、その前の「第三章　職制及職員」には次のようにある。

（前略）現行ノ職制左ノ如シ
校長兼教員一名、教員専務三名　但一名ハ現今欠員、補助員専務三名
舎監一名　但来四月ヨリ補助員ニ兼務セシムルコトトナレドモ現時ハ仮ニ寄宿掛ヲ置キテ代理ス
書記一名
右ノ外校主一名商議員七名アリ[37]

史料だけではわかりづらいため、『沿革一覧』の四章と三章は次のように整理できる。

すなわち、一八八七年（明治二〇）以降の学校維持管理形態は、まず第一に「議員会」が組織された、ということ。

「議員会」とは、学校の維持および重大案件を議決する最高意志決定機関であると同時に、各村全議員に学校維持管

理の責任を負わせることで、学校への寄付金募金を成功させる意図があったように思われる。第二に「議員会」とは旧大村藩各村（三三ヵ村）議員と、彼ら自身が選出した「七名の商議員」とで組織される会議体である。第三に「議員会」が「商議員」と「校主」を選挙する。第四に「議員会」に対する議案提案権は「校主」である。第五に議事運営方法は普通議会の方法に依拠する。

ちなみに、上記を手がかりにして、今度は一八八七年（同二〇）以前の学校維持管理形態を略記すると、第一に旧大村藩領域内各村撰出の議員による「議員会」が最高意志決定機関であった、第二にその各村議員と彼ら自身が選出した「校主」「惣代」とで「議員会」が構成された、第三に「議員会」が「校主」と「惣代」「校長」「正副幹事」を選挙した、第四に「議員会」に対する議案は校長・幹事が提案した、第五に本会議議事の方法を普通議会の方法に依拠した、とまとめることができるであろう。

このように学校維持管理形態をまとめてみると、私立尋常大村中学校において、地域民衆の選挙による旧藩域内各村議員全員を構成員とする「議員会」が設立され、そこが募金の中心体でありかつ同校の最高意志決定機関となった。私立学校をこのように維持管理する形態の事例は全くといってよいほどに例がない。言い換えると私立尋常大村中学校とは、財源では大村家と大村藩域の民衆の拠金に依拠しながら、学校維持管理形態においては「地域撰出議員の合議による管理」という形態を採用した。当私立尋常大村中学校で独特に形成された学校維持管理形態なのである。

3　私立尋常大村中学校の財政分析

次に『沿革一覧』所収の史料を活用し、私立尋常大村中学校の財政状況を分析する。

表9は、一八八四年（同一七）開校時の中学校創業費である。当該地域の中学校設立運動の成果がこの「有志者寄

表９　私立尋常大村中学校の創業費
（明治17年11月時）　（単位：円）

収　入	内　　訳	
2,612.7315	有志者寄付金	
支　出	内　　訳	構成比
590.83	校員手当等	23.04%
288.6615	校舎修繕	11.26%
1,684.775	図書器械等	65.70%
2,564.2665	支出合計	100.00%
48.465	差　　引	
48.4645	差引（ママ）	

出典　『沿革一覧』第27表より作成。構成比は筆者作成（以下同）。
註　ママは『沿革一覧』の記載のママ（以下同）。

表10　私立尋常大村中学校の明治17年度予算（明治17年11月ヨリ翌年２月ニ至ル）　（単位：円）

収　入	内　　訳	構成比
48.4645	繰越金（ママ）	4.18%
823.2365	寄付金	71.01%
287.55	雑収入	24.80%
1,159.251	収入合計	100.00%
支　出	内　　訳	構成比
624.398	俸給	75.48%
102.858	雑給	12.43%
80.755	需用費	9.76%
14.262	修繕費	1.72%
4.98	雑費	0.60%
827.253	合　　計	100.00%
1,012.986	合計（ママ）	
146.265	差引（ママ）	
331.998	差　　引	

出典　同前。

表11　私立尋常大村中学校の明治18年度予算（明治18年３月ヨリ翌年２月ニ至ル）　（単位：円）

収　入	内　　訳	構成比
146.265	繰越金（ママ）	3.42%
562.114	寄付金	13.15%
3,100.	旧藩主寄付金	72.51%
320.	資本金利子	7.48%
146.965	雑収入	3.44%
4,275.344	合　　計	100.00%
支　出	内　　訳	構成比
1,926.129	俸給	50.04%
546.071	雑給	14.19%
327.462	需用費	8.51%
66.34	修繕費	1.72%
90.2	撃剣場費	2.34%
855.821	教場新築費	22.24%
36.895	落成費	0.96%
3,848.918	合　　計	100.00%
3,900.91	合計（ママ）	
374.434	差引（ママ）	
426.426	差　　引	

出典　同前。

表12　私立尋常大村中学校の明治19年度予算（明治19年３月ヨリ翌年３月ニ至ル13ヶ月間）　（単位：円）

収　入	内　　訳	構成比
374.573	繰越金（ママ）	10.02%
1,900.000	旧藩主寄付金	50.83%
338.76	資本金利子	9.06%
424.338	授業料	11.35%
29.000	束脩金	0.78%
395.16	雑収入	10.57%
276.31	寄付金	7.39%
3,738.141	合　　計	100.00%
3,741.141	合計（ママ）	
支　出	内　　訳	構成比
2,234.737	俸給	60.83%
520.426	雑給	14.17%
345.691	需用費	9.41%
96.269	修繕費	2.62%
75.000	付属地買入	2.04%
53.725	撃剣場費	1.46%
348.094	雑費	9.47%
3,673.942	合　　計	100.00%
64.199	差　　引	

出典　同前。

表13　私立尋常大村中学校の明治21年度予算　（単位：円）

収　入	内　　訳	構成比
67.199	繰越金	1.64%
2,500.000	旧藩主寄付金	60.97%
240.000	資本金利子	5.85%
895.000	授業料	21.83%
88.2	雑収入	2.15%
310.000	寄付金	7.56%
4,100.399	収入合計	100.00%
支　出	内　　訳	構成比
3,078.000	俸給	75.81%
301.35	雑給	7.42%
213.566	需用費	5.26%
102.7	修繕費	2.53%
200.000	建築費	4.93%
91.783	雑費	2.26%
73.000	予備費	1.80%
4,060.399	合　　計	100.00%
40.000	差　　引	

出典　同前。

付金」だったと考えられる。かろうじて開校できるほどの金額で、かなり厳しい学校運営だった様子がわかる。

表10は開校直後の財政状況で大村家の寄付金がいまだない状況下のもの、表11は開校後半年を経て大村家の寄付が入り収入全体が安定した状況がわかる。

表12は一八八六年（同一九）度の予算実態、表13は八八年（同二一）度に作成された予算案ではないか。表12から、資本金利子が九％で、大村家の寄付金が五〇％を超え地域の寄付金七％と合わせて六〇％近くに達していることがわかる。授業料収入は一一％強である。表13からは、資本金利子が約六％、大村家の寄付金が六〇％を超え地域の寄付金七・五六％と合わせて七〇％台に達している。授業料収入も二〇％を超えた。

表14は『沿革一覧』作成当時による直近の収入計画案である。注目すべきは「資本金利子」が二七％に達し、旧藩主の寄付金が合計五五％を超え、授業料が一六％になったことである。

表15は、直近の一〇年を展望した予算計画書である。資本金利子が合計で三六％を超え、大村家他の寄付金は四二％を超えた。この両者で七八％である。授業料収入は二〇％を超えている。かなり安定するという強気の予算計画書である。

表16～表18は、表9～表15から「寄付金」、「旧藩主寄付金」、「資本金利子」を抽出して横断的に作成し、考察したものである。一見して明らかなように、寄付金の激減と、旧藩主寄付金の漸減傾向がわかる。前項で考察したように、

旧大村藩域の全村議員から構成される独特の学校維持管理形態を組織したが、寄付金の募金状況はかなり苦しかったのではないかと推測する。それに対して、資本金利子が突出して激増している。学校維持管理運営の主体である議員会では、資本金利子が増加していくという強気の読みと、ある程度の願望があったことがここに見て取れるのではないだろうか。

以上本第3項の財政分析から、開校当初の不安定な財政状況は、旧藩主大村家の寄付により安定した運営に移行し

表14　私立尋常大村中学校の「明治20年ヨリ同23年迄毎年収入額」

（単位：円）

	金額	種類	構成比
	2,500.00	旧藩主寄付金	49.77%
	1,358.00	資本金ヨリ生ズル利子	27.04%
	300.00	旧藩主特別寄付金	5.97%
	825.00	生徒百五十人一ヶ年授業料	16.42%
	10.00	入学生徒束脩金	0.20%
	30.00	書籍借覧料	0.60%
合計（ママ）	5,023.00		
合計（真）	5,023.00		100.00%

出典　『沿革一覧』第25表より作成。構成比は筆者作成。

表15　私立尋常大村中学校の「明治24年ヨリ同34年迄毎年収入額」

（単位：円）

	金額	種類	構成比
	2,300.00	旧藩主及旧藩人総代者寄付金	42.17%
	1,356.00	資本金ヨリ生ズル利子	24.86%
	1,100.00	生徒二百人一ヶ年授業料	20.17%
	20.00	入学生徒束脩金	0.37%
	40.00	書籍借覧料	0.73%
	638.76	資本金5,323円ヨリ生ズル利子	11.71%
合計	5,454.76		100.00%

（備考）　明治三十五年以後ハ資本金ノ利子ヲ基本トシ更ニ収入ノ計画ヲナスベシ

出典　同前。

表16　収入に占める有志者寄付金の金額と割合

（単位：円）

時　　期	金　額	当時の比率
明治17年以前	2,612.7315	100.00%
明治17年11月～18年2月	823.2365	71.01%
同18年3月～19年2月	562.114	13.15%
同19年3月～20年3月	276.31	7.39%
明治21年度予算	310.	7.56%
平　　均	916.8784	39.82%

出典　表9～表13により筆者作成。

表17　収入に占める旧藩主等寄付金の比率の変化

（単位：円）

時　　期	金　額	当時の比率
明治18年3月～19年2月	3,100.00	72.51%
同19年3月～20年3月	1,900.00	50.83%
明治21年度予算	2,500.00	60.97%
明治20年ヨリ23年迄	2,800.00	55.74%
明治24年ヨリ同34年迄	2,300.00	42.17%
平　　均	2,520.00	56.44%

出典　表11～表15より筆者作成。

表18　収入に占める資本金利子の比率の変化

（単位：円）

時　　期	金　額	当時の比率
明治17年以前	0	0.00%
明治17年11月～18年2月	0	0.00%
同18年3月～19年2月	320.00	7.48%
同19年3月～20年3月	338.76	9.06%
明治21年度予算	240.00	5.85%
明治20年ヨリ23年迄	1,358.00	27.04%
明治24年ヨリ同34年迄	1,994.76	36.57%
平　　均	607.3600	12.29%

出典　表9～表15より筆者作成。

た。そして、地域有志による寄付金と、旧藩主の寄付金を相対的に低下させながら資本金は漸増させ、資本金を積み立て、その利子を活用していく、という方向にシフトさせようとしたと思われる。

4　私立尋常大村中学校の徴兵令認定学校への途

徴兵令における学生・生徒の兵役免役規定の整理から、徴兵令認定学校の成立までの流れを概観する。一八七三年（明治六）に制定公布された徴兵令における免役規程（第五条）は「文部工部開拓其他ノ公塾ニ学ヒタル専門生徒（中略）但教官ノ証書並ニ何等科目ノ免状書アル者（科目等未定）」であった。続く七九年（同一二）徴兵令改正で免役規程はより一層細分化され、第二十九条で「第六項　公立中学校及ヒ公立専門学校ニ於テ卒業ノ者」、「第七項　文部省所轄官立学校及ヒ他省使ニ属スル官立学校ニ於テ卒業ノ者」が規定され、さらに第三十条第七項で「公立中学校及ヒ公立専門学校ニ於テ修業三ヶ年ノ課程ヲ卒リタル以上ノ生徒」が、それぞれ規定された。八三年（同一六）徴兵令改正免役規程は「官立府県立学校（小学校ヲ除ク）卒業証書ヲ所持スル者ニシテ官立公立学校教員タル者」（第一八条第二項）、「官立府県立学校（小学校ヲ除ク）ニ於テ修業一ヶ年以上ノ課程ヲ卒リタル生徒ハ、六ヶ年以内徴集ヲ猶予ス」（第一九条）であった。

一八八六年（同一九）一二月改正（第四次）になると、これまで官立府県立に限定されていた免除・免役規程に新たに「文部大臣ニ於テ認メタル之ト同等ノ学校」が加わることになる。

第十一条　年齢満十七歳以上満二十七歳以下ニシテ官立府県立学校（小学校ヲ除ク）及ヒ文部大臣ニ於テ認メタル之ト同等ノ学校ノ卒業証書ヲ所持シ、服役中食料被服等ノ費用ヲ自弁スル者ハ願ニ因リ一個年間陸軍現役ニ服セシム（中略）

第十二条　現役中殊ニ技芸ニ熟シ行状方正ナル者及ヒ官立公立学校（小学校ヲ除ク）及ヒ文部大臣ニ於テ認メタル之ト同等ノ学校ノ歩兵操練科卒業証書ヲ所持スル者ハ、其期未タ終ラスト雖モ帰休ヲ命スルコトアル可シ（中略）

第十八条　左ニ掲クル者ハ其事故ノ存スル間徴集ヲ猶予ス（中略）

第二項　官立府県立学校（小学校ヲ除ク）及ヒ文部大臣ニ於テ認メタル之ト同等ノ学校卒業証書ヲ所持スル者ニシテ官立公立学校教員タル者

第十九条　官立府県立学校（小学校ヲ除ク）及ヒ文部大臣ニ於テ認メタル之ト同等ノ学校ニ於テ修業一ヶ年以上

ノ課程ヲ卒リタル生徒ハ、六ヶ年以内徴集ヲ猶予ス

第二十条　左ニ掲クル者ハ予備兵ニ後備兵ニ在ルトヲ問ハス、復習点呼ノ為メ召集スルコトナシ但戦時若クハ事変ニ際シテハ、太政官ノ決裁ヲ経テ召集スルコトアル可シ（中略）

第三項　官立公立学校及ヒ文部大臣ニ於テ認メタル之ト同等ノ学校教員（中略）

第五項　官立府県立医学校及ヒ文部大臣ニ於テ認メタル之ト同等ノ学校ノ卒業証書ヲ所持シテ医術開業ノ者

（後略）

この徴兵令改正を受け、文部省は一八八七年（同二〇）三月三一日に以下の訓令を発した。

文部省訓令第五号

区町村立私立学校ニシテ徴兵令第十一条、第十二条、第十八条第二項、第十九条、第二十条第三項第五項、官立府県立学校同等ノ学校ト認ムベキモノハ左記ノ事項ニ該当スルヲ要スル儀ニ付、該事項ヲ具備スルモノアリト思考スルトキハ其状況ヲ稟申スベシ

一、入学ノ生徒ハ尋常中学校ノ如キ成規アルモノヲ除ク外、高等小学校卒業ノモノ、若クハ之ニ均シキ学力ヲ有スルモノタルベキ事

一、学校長及教員任免ノ方法一定確実ナル事

一、授業料束脩等ノ如キ予メ確定シ難キ収入金ヲ除キ毎年ノ費金中二千四百円以上ハ全ク資本ノ利子ト認メ得ベキモノアル事

徴兵令認定学校の登場である。つまり、徴兵令認定学校とは「区町村立私立学校」で毎年の資本金の利子が「二千四百円以上」認められ、かつ「高等小学校卒業」と同程度の「均シキ学力ヲ有」し、「学校長及教員任免ノ方法」で

「一定確実」なる規程を有している学校、なのである。
すなわちこの文部省訓令第五号をもって徴兵令認定学校という新たな学校群が登場した。
私立尋常大村中学校は一八八八年（同二一）三月二五日に徴兵令の認定学校として認可された。

明治二十一年三月十六日文部大臣本校ヲ以テ徴兵令第十一条第十二条第十八条第十九条第二十条第三項官立府県立学校同等ノ学校ト認定セラル（三月二十五日本県告示）(38)

その後の私立尋常大村中学校は一八九六年（同二九）五月私立尋常中学玖島学館と改称し、二年後の一八九八年（同三一）四月に県立に移管され、名称も長崎県尋常中学玖島学館と改称する。一九〇一年（同三四）には長崎県立中学玖島学館、一九年（大正八）長崎県立大村中学校となる。

おわりに

一八八〇年（明治一三）に開設された県立大村中学校は、藩校五教館との連続性とそれゆえにこその地域的伝統に立脚した中学校であった。長崎全県で、一時的には一三の県立中学校を有した時期もあったが、三年に及ぶ県議会での議論を経て、最終的には完全な中学校に地方税の重点投資という論理が選択され、長崎を県立中学校（外国語学校）とし後は廃校となった。

県立大村中学校の廃校を受けて、大村地域全域での私立中学校設立運動が展開された。地域の総力をあげたこの運動で、一八八四年（同一七）一〇月私立大村尋常中学校の設立認可を得ることができた。この学校は、学校維持管理形態として、地域民衆の選挙による旧藩域内各村議員全員を構成員とする議員会をもった。この議員会は、地域の募金の中心体であり、かつ同校の最高意志決定機関であった。

他方、私立大村尋常中学校は、その財政構造では大村家と大村藩域の民衆の拠金に依拠していた。つまり同校は、学校維持管理形態において地域選出議員の合議による管理という形態を採用し、財政的には大村家と大村藩域の民衆の拠金を財源とした。同校は、財政的にも学校維持管理上でも地域性を強く有した私立中学校だった。

同校は、一八八八年（同二一）三月に徴兵令認定学校として認可されたが、私立大村尋常中学校が本章で分析したごとく地域性を強く有したことで、徴兵令認定学校の性格の一断面を明らかにしえた。他の徴兵令認定学校も同様な性格をもちえたのか否かの考察は今後の課題である。(39)

註

（1）大村市歴史資料館所蔵。なお、私立尋常大村中学校は本章第三節4で記したように、校名を多様に変更させているが、当該史料で呼称されている名称でもあるが故に、本章では一貫してこの名称を用いることとする。

（2）『沿革一覧』「緒言」。

（3）長崎県議会史編纂委員会編『長崎県議会史　第一巻』（一九六三年）。

（4）拙稿「徴兵令認定中学校の性格に関する試論」（『中等教育史研究』第二二号、二〇一五年）は私立尋常大村中学校と埼玉英和学校を対象として史料を紹介しつつ、学校の性格について問題提起を試みたものである。また神辺靖光「教育制度等の研究（その八）明治後期における私立中学校の設置―諸学校通則による府県管理学校と徴兵令による認定学校をめぐって―」（日本私学教育研究所『調査資料　六五』一九七九年）は第二次資料で全体像を俯瞰したものにすぎない。

（5）『長崎県の歴史』（山川出版社、一九九八年）二八八～二九〇頁。

（6）大村市史編纂委員会編『大村市史　上巻』（一九六二年）三三三頁。

（7）大村高校百年史刊行委員会編『大村高校百年史』（一九八五年）四五～四六頁。

（8）ここまでの叙述は同前、三一～五三頁。

（9）同前、五五頁。

(10) 前掲註(3)書、三七五頁。
(11) 同前、三七五～三七六頁。この提案に関する県議会での議論は確認できない。
(12) 同前、七〇七～七一一頁。
(13) 同前、一一一五～一一一六頁。
(14) 同前。
(15) 同前、一一三三～一一三四頁。
(16) 同前、一一三六頁。
(17) 同前、八四六～八五四頁。
(18) 同前、八四七頁。
(19) 同前、八七三頁。
(20) 同前、八八二～八八四頁。
(21) 同前、一一三一頁。
(22) 同前、一三〇一～一三〇二頁。なお、一八八三年(明治一六)度は付番席次不明。
(23) 同前、一三〇七～一三〇八頁。
(24) 同前、一四〇三頁。
(25) 同前、一三八二～一三八三頁。
(26) 『沿革一覧』一葉。
(27) 前掲註(7)書、六〇頁。ただし「私立中学校設置申請書」は不掲載により未見。
(28) 同前、六一頁。
(29) 同前。
(30) 同前、六二頁。
(31) 当時の教育課程表と思われる(図4・図5参照)。
(32) 前掲註(7)書、六二頁。

図4　一八八六年中学校令以前（？）カリキュラム表（『私立尋常大村中學校沿革一覧』）

學級	學科	修身	和漢文 讀書	和漢文 作文	英語	算術	算術	代數	幾何	地理	歷史	生理	動物	植物	物理	化學	經濟	記簿	習字	圖畫	体操	通計
第八級	時間	二	七		六	三	二			二	二								二	二	三	一三
第八級	課程	嘉言善行	日本文法 近易漢文	和文 書牘文	綴字付書取 讀方 譯讀 習字	筆算 分數名位四則度量衡貨幣分數	珠算 四則異乘同除 同乘異除			總論 皇國地誌	皇國史 上世中世								楷書	自在畫法	徒手運動 器械運動 歩兵運動	九
第八級	用書	孝經 小學内篇	詞ノ八衢 小品文鈔	活語指南 平家物語 文章奇觀	綴字書《ウエブスター》 第一讀本《サーゼント》 習字本《スペンセリアン》	筆算摘要	明治小學珠算記			官版輿地誌略 改正日本地誌要略	神皇正統記 皇朝史略								未定	習畫本		
第七級	時間	二	七		六	三	二			二	二								二	二	三	一三
第七級	課程	仝上	仝上	仝上	仝上	筆算 小數比例百分算乘除	珠算 開平 開立			皇國地誌	仝上 中世								仝上	仝上	仝上	九
第七級	用書	小學内篇	詞ノ玉緒 小品文鈔	平家物語 文章奇觀	綴字書《ウエブスター》 第一讀本《サーゼント》 第二讀本《サーゼント》 習字本《スペンセリアン》	仝上				仝上	皇朝史略 續皇朝史略								未定	仝上		
第六級	時間	二	六		六	二		二		二	二		二						二	二	三	一三
第六級	課程	仝上	和文 漢文	仝上	文法 讀書付書取 習字	筆算 開方 級數 求積 對數		總論 整數		萬國地誌	仝上 近世		總論分科法構 遺傳育殊性慣 性効用等						行書	仝上	仝上	一一
第六級	用書	忠經 小學外篇	源平盛衰記 正文章軌範	平家物語 責而者草 文章奇觀	第二讀本《サーゼント》 小文法書《クエッケンボス》 文法書《ブラウン》 習字本《スペンセリアン》	筆算摘要		代數學		輿地誌略	續々皇朝史略		動物教科書						未定	仝上		
第五級	時間	二	六		六			二	二	二	二		二						二	二	三	一三
第五級	課程	仝上	仝上	仝上	仝上			分數	平面幾何 總論 直線角多角形	地文	支那史 上世中世		前級ノ續						草書	仝上	仝上	一一
第五級	用書	小學外篇	仝上	平家物語 責而者草 今世名家文章	第三讀本《チャンバー》 小文法書《クエッケンボス》 文法書《ブラウン》 習字本《スペンセリアン》			仝上	訂譯幾何學精要	地理論略	十八史略		仝上						未定	仝上		
第四級	時間	二	六		六			二	二	二	二			二	二					二	三	一三
第四級	課程	仝上	漢文	和文 漢文	仝上			一次方程式 乘法 方根	平面幾何 比例圓	仝上	仝上 中世近世			總論分科法構 遺傳育殊性効 用等	大意					用器畫法	仝上	一一
第四級	用書	論語	春秋左氏傳	仝上	第三讀本《サーゼント》 第四讀本《チャンバー》 小文法書《クエッケンボス》 文法書《ブラウン》 習字本《スペンセリアン》			仝上	仝上	仝上	十八史略 續十八史略			普通植物學	改正物理全志					畫學書《ダビッドソン》		
第三級	時間	二	六		六			二	三		二			三	二					二	三	一三
第三級	課程	仝上	仝上	仝上	讀書付書取 作文			根數 二次方程式	平面幾何 圓ノ續 平面度接		萬國史 上世			前級ノ續	仝上					仝上	仝上	一〇
第三級	用書	仝上	仝上	仝上	第四讀本《チャンバー》 第五讀本《チャンバー》			仝上	仝上		泰西史鑑			仝上	仝上					仝上		
第二級	時間	二	六		六			二	二		二	二				二	二			二	三	一三
第二級	課程	仝上	漢文	漢文	讀書 作文			比例 順列錯列級數	立体幾何		仝上 中世	總論骨格筋肉皮膚及消化循血呼吸等ノ諸器幷其効用養生法				無機化學大意	總論 生財 配財			仝上	仝上	一一
第二級	用書	仝上	謝撰拾遺 春秋左氏傳	文体明辨纂要	第五讀本《チャンバー》 セクスピーヤレーダー				仝上		仝上	カツトル氏甚理養生論				小學化學書	賓氏經濟學			仝上		
第一級	時間	二	六		六				二		二	二				二	二	二		二	三	一三
第一級	課程	仝上	仝上	仝上	仝上				立体幾何 常用曲線		仝上 近世	感覺器及神經等				仝上	交易 貨幣付銀行 租税	單式		仝上	仝上	一一
第一級	用書	仝上	仝上	仝上	セクスピーヤレーダー				訂譯幾何學精要 常用曲線		近世西史綱記 續西史綱記	仝上				仝上	仝上	馬耳蘇氏記簿法單式		仝上		

体操ハ五時間ノ外ニ毎日卅分ツヽ授業セリ
當初ヨリ体操科ノ一部トシテ擊劍科ノ正科外ニ置キ有志生徒ヲシテ随意修業セシム但來四月ヨリ之ヲ廢スルコトス

出典　大村市歴史資料館蔵。

(33) 同前。

(34) 同前。

(35) 『沿革一覧』一二三葉。

(36) 同前、一二三〜一二六葉。

(37) 同前、一一五〜一一六葉。

(38) 同前、一二葉。

(39) 全国的に制度的に中学校が確立する一八九九年（明治三二）中学校令改正までに、こうした徴兵令による認定を受けた中学校で、『文部省年報』で確認できる学校は、次の一五校である。認定年順に記しておく。

一八八七年独逸学協会学校（東京府）、済々黌（熊本県）。八八年大村尋常中学校（長崎県）。八九年猶興館（長崎県）、成城学校（東京府）。九二年大谷尋常中学校（石川県）。九四年埼玉英和学校（埼玉県）、長岡尋常中学校（新潟県）。九五年浜松尋常中学校（静岡県）、東松浦実科中学校（佐賀県）。九六年慶応義塾普通科（東京府）、東奥義塾中学部（青森県）、豊橋町立時習館中学校（愛知県）、韮山尋常中学校（静岡県）。九七年豊田尋常中学校（広島県）。

図5　一八八六年中学校令以後（?）カリキュラム表（同前）

私立尋常大村中學校新學科課程及教科用圖書各級配當表

但圖書ハ假定ナリ

學科		倫理	國語及漢文	第一外國語英語	第二外國語獨語	地理	歴史	數學	博物	物理	化學	習字	圖畫	體操	計
第五級第一年	毎週授業時數	一	五	六		一	一	四	一			二	二	五	二八
	課程	人倫道徳ノ要旨	講讀 漢字交リ文 書取 漢字交リ文及書牘文 作文 漢字交リ文及書牘文	讀方及譯解 書取會話及綴文	用書未定	日本地理ノ概略	日本歴史	算術 幾何初歩	博物示數			楷行草	自在畫法	普通体操 備法矯正術 徒手啞鈴	一〇
	用書	小學內篇	小品文鈔 語彙別記 語彙活語指掌	綴字書 讀本第一 會話書		中地理書卷一二三四	皇朝史略	算術教科書 幾何教科書	金石學 動物及植物ノ部 用書未定			用書未定	圖畫臨帖	新撰体操法 新制体操法	
第四級第二年	毎週授業時數	一	五	六		二	一	四		一		一	二	五	二八
	課程	仝上	講讀 漢字交リ文及漢文 書取 前級ニ仝シ 作文 前級ニ仝シ	讀方及譯解 書取會話及作文		亞細亞歐羅巴ノ地理	萬國歴史	算術ノ復習 代數 幾何		物理及化學示數		仝上	自在畫法 用器畫法	普通体操 徒手啞鈴棍棒 球竿木環等	一〇
	用書	小學外篇	文章軌範 和文讀本	仝上讀本第二三 會話書		仝亞細亞歐羅巴ノ部	萬國史《スウィントン》	算術教科書 代數教科書 幾何教科書		小學化學書 學校用物理書			圖畫臨帖 畫學書	仝上	
第三級第三年	毎週授業時數	一	五	七		二	二	四	二				二	三	二八
	課程	仝上	講讀 前級ニ仝シ 作文 前級ニ仝シ	講讀 會話作文 及文法		亞米利加濠斯太剌利亞及亞非利加ノ地理 地文	支那歴史	代數 幾何	生理及衛生				仝上	普通体操 仝上	九
	用書	論語卷一二	謝選拾遺 和文讀本	仝讀本第四 文法		仝亞米利加亞非利加濠斯太剌利亞ノ部 [illegible]氏地文學	十八史略	代數教科書 幾何教科書	[illegible]氏生理學				仝上	仝上	
第二級第四年	毎週授業時數	一	三	五	四	一	一	四			二		二	五	二八
	課程	仝上	講讀 前級ニ仝シ 作文 漢字交リ文	講讀 會話 作文 翻譯	讀方及譯解 書取會話及綴文	日本ノ地理及政治地理	日本歴史	仝上			無機化學		仝上	兵式体操 歩兵操典生兵第一部第一章 第一第二徒手柔軟体操	一〇
	用書	論語卷三四	左傳	仝讀本第五		用書未定	續皇朝史略及續々	仝上			ロスコー氏無機化學		仝上	體操軌範 普通体操隊列運動 步兵操典	
第一級第五年	毎週授業時數	一	二	五	三		一	三	三	三			二	五	二八
	課程	仝上	講讀 漢文 作文 前級ニ仝シ	仝上	讀方及譯解 書取會話及作文		萬國歴史	代數 三角法	動物 植物	[illegible]			仝上	兵式体操 歩兵操典生兵第二部第一章及中隊第一部第一章 [illegible]	一〇
	用書	修身原論	仝上	名家文集			萬國史	代數教科書 トドハンター氏三角術	動物通解 植物通解	物理書			仝上	仝上 射的教程	

第二外國語ハ未タ授業實施ノ期ニ至ラズ

出典　同前。

第三部　文部大臣管理高等中学校研究

第一章　鹿児島県における近代的中等教育機関の成立と展開

課題設定

本章では、鹿児島県における近代的中等教育機関の成立過程を考察し、その底流にある地域性を抉出することを目的とする。

鹿児島県における中等教育史研究は、越井和子による研究(1)を嚆矢とするが、特定の時期ないし特定の対象に限定しての研究(2)はみられるものの、幕末維新期から一八八六年（明治一九）の鹿児島高等中学造士館までの時期を全体として対象とする通史的研究は、越井の研究発表以降なされていない。

鹿児島県における中等教育機関設立の動向は、一八六〇年代から一九〇〇年までに、他県に例をみないほど複雑にその名称と性格を変化させた。具体的にいえば、藩校造士館の近代化への組織的改編（一八七一年〈同四〉）→それを母体とする近代中学校の成立と変質（変則中学校・英語学校の登場〈七六年［同九］〉）→鹿児島県立中学校（七九年〈同一二〉）・公立鹿児島学校の成立（八二年〈同一五〉）→その両校の県立中学造士館への一元化（八四年〈同一七〉）→高等中学造士館への改編（八七年〈同二〇〉）→鹿児島県立尋常中学造士館の成立（九七年〈同三〇〉）、という変化である(3)。

本章が対象とする時期は、藩校・造士館の近代化対応から、一八八六年の（同一九）中学校令を受け鹿児島高等中学造士館として再編されるまでとする（続きは次章）。

ここで、本章のいう地域性について述べておきたい。

一般論として、教育機関の地域性とは、「地域の、地域による、地域のための教育・学校」設立を意味する。

近世社会における藩校の場合、藩主の私費または藩の公費を財源とするが、その目的は当該地域の人材の育成である。また、寺子屋・手習塾の場合も、経営主体による組織であるが、そこには身分制からの「開放（＝open）」としての性格と、目的としての人材育成をみることができる。この時期多様に存在した郷学も基本は同じ性格である。しかし地域性における「地域のため」という目的規定性については注意が必要である。なぜならば、例えば、藩校の場合、多くは儒教（とくに朱子学の教授）が中心で、そこでの教育理念・学問の目的は修身斉家治国平天下の道理を探求し、人材の育成に置かれる。具体的には藩士の育成だが、そこでは「藩のため」という地域性から発した人材の育成が目的となる。

こうした傾向は、幕末維新期になるととくに顕著になる。それは、江戸（東京）が立身（上昇）の象徴都市となり、そこでの「学び」が重視される時期と重なる[4]。寺子屋・手習塾においても、塾の存在地域のための人材育成ではなく、人材育成一般が重視される。地域性考察は、こうした力点の置き方に留意する必要がある。

幕末維新期における教育機関の地域性を考察するにあたって、入江宏による郷学研究は、重要な論点を提起した。入江は郷学論に即しながら、次のような「近世的公共性」概念を提起した。すなわち「（1）郷学の設立・維持が特定の個人または家のメンバーによってではなく複数の有志の共同によって成立している。（2）郷学での受講資格が創立メンバー等の特定の人々に限定されず、血縁・地縁・身分を超えて広く開放されている。（3）郷学設立の理念が、設立者の好学を満足させるにとどまらず、学習活動を通じて一郷の風俗の改善と文化の向上が念じられている」

と指摘する。(5) 郷学の設立が「複数の有志の共同」であり「身分」等を「超えて広く開放されている」点、さらに「学習活動を通じて一郷の風俗の改善と文化の向上」を目的としている点を確認しておく。

明治以降、こうした共同体による学校設立動向は、新政府の政策的主導のもとにあって、例外なく全村落共同体を巻き込んで加速化していく。すなわち学校設立は、村落共同体の総力をあげての壮絶な「公共的営み」となる。地域に「学校を隈なく建てなければならず」、そこへ地域のすべての「子どもを通わせなければならないという新しい生活習慣」の登場により、「地域は、道路や橋の普負、消防活動や治安活動などの旧慣に加えて新たな共同行為を」必然的に受け入れざるをえないことになった。ここに近代社会固有の新たな地域共同行為が発生する。(6) その近代学校設立という地域的公共事業は「客分」から「国民」意識への転換を伴うものであり、必然的に「近世的公共性」から「近代的公共性」への転換を伴うものであった。本章でいう地域性とは、上記のような内容である。それは入江のいう「近世的公共性」から「近代的公共性」概念への転換の中で位置付く。(7)

次に、鹿児島県における近世的教育機関から近代教育機関への転換を、地域性を軸にして整理する。井原政純は、鹿児島県における近代公教育の創出を念頭に整理したとき、『郷中教育』をふくめ、『藩学造士館』ならびに『郷学』という三つの教育の相互関係を捉えていくことに着目する必要」を強調する。(8) 郷中教育とは、周知のように、鹿児島県独特の青少年に対する教育形態である。郷中とは、方限（一定の区域）を意味し、そこに居住する青少年子弟たちの錬磨育成を通じた人間形成をいう。青少年子弟による自治機関であった。藩内城下および「外城」(9) で広く確立していた。藩校造士館は、第二五代藩主島津重豪が一七七三年（安永二）に創設した教育機関である。外城の子弟や陪臣、あるいは農工商の子弟も聴講を許可されていた。教科の中心は朱子学で「異学や新説を厳禁」した。一時停滞するが、第二八代藩主島津斉彬は、藩学振興を図り整備拡充し、代表的な藩校の一つになった。造士館の創建と同時期に、外城で島津家士族や家老らによって、主としてその私領地に設立されたのが郷学である。近年の井原の研究によれば「『日本教育史資料三』巻九・郷学においては（中略）十一校」とされていたものが今回の調査で「一一二校の郷校を抽出」できた、という。[10]設立された郷学の趣旨や修学方法、教育内容は、ほぼ造士館に模した内容となっている。これら郷学は、維新期以降、近代的小学校に変質していく。

藩校造士館と郷学との関係は、前者が城下の藩子弟中心で後者は島津分家や陪臣の教育機関である。本校―分校関係とみてよい。藩校造士館と郷中教育との関係は、藩校での学習を終えた若者が郷中で稚児の指導にあたる、鍛練に参加するなどした。郷中教育と郷学との関係もほぼ同じである。[11]幕末維新期には、藩校造士館―外城の郷学が、本校―分校に位置付けられ、教員や子弟の派遣が始まる。

ここまで概観してわかるように、鹿児島県における近世社会の教育機関・形態は、当該地域のため、藩主や領主を設立主体として人材育成を目的として設立された。地域的には城下―外城、教育機能的には藩校造士館―郷学・郷中教育、というそれぞれ二重の性格を有していた。こうした二重性を含みながら近代的中学校―小学校が設立される。

以下本章では、まず学制前の藩校造士館を中心とする教育改革の動向（第一節）、一八七二年（明治五）学制を受けての対応と教育改革（第二節）、藩校造士館から鹿児島県立中学校の設立（第三節）、その直後の公立鹿児島中学校の設立（第四節）、両者を統合して県立中学造士館が発足、それが八六年（同一九）に高等中学造士館に改組されるまで（第五節）、を考察する。

一　幕末維新期における教育機関の近代的再編過程

1　教育改革の主体

当該時期には次の四つの改革主体・勢力を確認することができる。

第一の勢力は、県令大山綱良（一八二五年〈文政八〉～七七年〈明治一〇〉）と下級武士を中心とする県官グループである。維新変革期において、旧薩摩藩以来の士族官吏が廃藩置県後も藩の要職に就き続けたことは、他府県にも例のないことである。彼らは士族層の特権を擁護する側にあるため、必然的に同郷でありながら中央政府に深く関係した大久保ら薩藩出身中央政府官僚士族らと対立関係にあった。彼らは教育制度構想においては、先に述べた旧藩以来の教育の二重構造をそのまま継続させた。

第二の勢力は、後に下野する西郷隆盛と彼を支持する士族たちのグループである。後述するように、この勢力は西郷が政変で下野すると私学校を組織し、県下青年たちの組織化に関する一定の役割を果たす。この第一、第二勢力は西郷―大山の人脈をもって緊密に連携し、西南戦争までは県政を支配しながら反政府勢力を形成し、新政府に敵対するも同戦争で敗北する。その意味で、西南戦争は、鹿児島県における旧藩勢力一掃の契機でもあった。[12][13]

第三の勢力は、中央にありながら故郷の近代化に関心を寄せ続ける旧藩主島津忠義と新官僚大久保らのグループである。西南戦争後、ようやく県政は中央政府の政策に沿う形で展開する。[14]

第四の勢力は、主として島津久光を中心とする島津家の一門である。彼らは、外城において支配地に郷学を組織する中心となり、それら郷校は旧藩校を本校とする分校の性格を有して地域の教育に一定の役割を果たすことになる。[15]

これらの諸勢力は時期的にはズレ、補完関係を構築し、県公教育近代化を推進する。[16]

2　教育改革の展開過程

島津斉彬（一八〇九年〈文化六〉～五八年〈安政五〉）と異母弟の島津久光（一八一七年〈文化一四〉～八七年〈明治二〇〉）による近代化改革の断行とその成功は、薩摩藩を一大雄藩に導いた。教育関係では、藩校造士館をはじめ、開成所、医学院、達志館、京都の薩摩屋敷に置かれた薩藩塾などの機関を整備したのも彼らの功績である。斉彬は、造士館の教育に儒教と武士道教育に加え、西洋実学を教育の中心に据えた。斉彬の死後、後継の島津久光は、改革・近代化路線を継承し、一八六〇年（万延元）に中国語研究のための達志館、一八六四年（元治元）には西洋式軍学や技術を専門に教育する開成所を設置し、大勢の軍事技術者や英学者の養成に貢献した。後に海軍所や陸軍所が設置され、軍事教育はこれらが分掌することになり、開成所は英語・数学のみを教える学校となる。その他、英式兵学を教授する薩藩塾を京都の薩摩屋敷に、漢方医師の養成所として医学院を設立した。[17]他方、外城における郷学設立について、井原は「一八世紀末の天明期」における郷学を分析して、その「設立は、島津の士族や地頭らが中心」であったが、「幕末期」になると「その設立者」は「島津の士族や地方領主」もいるものの「地頭によるものや藩士、郷中有志（士族）らによる場合」が多いと指摘する。[18]明らかに郷学設立の動きが加速してきたことがわかる。

幕末維新期における教育改革は、これら近世的伝統に立脚した教育機関の、近代的なそれへの脱皮の過程であった。まず、一八六八年（明治元）藩校造士館に開成所を併合し、和・漢・洋の三局鼎立の組織体制に整備した。七一年（同四）沼津兵学校の蓮池新十郎を招聘し、蓮池の「洋学の風が偏見固陋の弊あり実用に適せぬ」[19]という提言を入れ洋学局を廃止し、その跡に本学校に改組した。その目的は「皇漢洋の三学を兼修し、普通の学問を開き、以て天下国家有用の人材を期」することにあった。[20]同時に、「元島津隼人屋敷内に小学第一校、生産方に小学第二校、さらに四月には第三校・第四校[21]」という藩立の小学校を城内に設置し、本学校管轄とした。つまり、本学校―小学校の制度が確立したのである。さらに「この本学校は一面においては、小学校・郷校の上級学校の生活を帯び、和・漢・洋三学兼修の中等程度の学校であり、また一面、一八七五（明治八）年新設された学務課に引き継がれるまで、教育行政の部門を担当したもので、県下の小学校・郷校を管轄する教育行政の中心機関であった[22]」。本学校―小学校が制度的に確立すると、結局、和学局・漢学局も衰退し、七一年（同四）には廃止となった。[23]

この学制改革の特徴は、藩内教育の中央集権化を実現しようとした点にあり、その範囲が、外城つまり薩摩藩全体に及び、本学校は、小学校だけではなく外城における郷学を管轄する機関でもあった。

次の告諭は、本学校の役割をみる上で象徴的な内容である。

一人々生命を保護し人間交際之道を勤るハ、教化を以蒙昧之愚を開候外他なく、当春以来学校一新、適々子弟之教導方被仰付候段者何れも目視之道ニ候、就而ハ追々女子学校をも及興設賦候得共、急速ニ者其途ニ茂至兼候間、一統其心得を以、爾来男女共教育行届、愚昧を開き行々惟行正敷、各一身之職業勉励ニ赴候様可有儀肝要之事候条、誰人ニ而も男女之学校者勿論取建度願之者ハ、本学校江相付願出候ハ、可令免許、此旨御県庁内中江可致布告候、

明治四年未十月　　鹿児島県庁[24]

本告諭で「誰人ニ而」も学校の「取建」を願う者は「本学校江相付願出候」と、本学校は中等教育機関であると同時に教育行政機関でもあった。鹿児島県における近代公教育は、地域性がこのように深く刻印されて形成された。

二　学制期における学校設立過程

1　教育費としての賞典禄

鹿児島県における一八七二年（明治五）学制受容の、大きな特徴は、旧藩主島津忠義（一八四〇年〈天保一一〉～九七年〈明治三〇〉）の賞典禄を近代公教育の整備に活用した点にある。

一八六九年（同二）六月、島津忠義は賞典禄一〇万石を下賜された。賞典禄とは、いうまでもなく戊辰戦争の軍功者と諸隊、諸藩、に授けられた禄をいう。最高は、鹿児島藩主島津久光・忠義父子への一〇万石と山口藩主毛利元徳・敬親父子への一〇万石であった。忠義は実父久光に五万石を分け、残り五万石をもって向こう五ヵ年間県下学校の資本金にする「願」を、居住地・東京の大久保一翁府知事宛て提出する。

御賞典米ヲ以テ学校資本ニ差出度願

戊辰ノ歳兵役四出干戈騒擾ノ際ニ当ツテ、皇家天下ノ為臣忠義父子聊カ尽力スルノ微功ヲ推シ玉ヒ、親政維新ノ後御賞典高十万石ヲ下シ賜リ（中略）然ルニ臣忠義旧邑鹿児島県ノ地タルヤ東京ヲ去ル数百里僻遠国、ソノ貫属士族四五万戸、又他ノ三民ニ至テ幾十万ヲ以テ数フ、臣忠義父子旧藩政ニ従事スルノ時、四民ノ子弟教育勧道為メ黌校ヲ設ルコト、庁下及郷邑ニ至リ凡大小数十区ヲ以テ、頑固ノ俗ヲ変シ以テ有用ノ実才ヲ養ヒ、他日朝廷ノ為ニ供セント冀望シ拮据数年ナリ、今ヤ天下ノ学制改換、悉ク文部省ノ成規ニ従テ生徒ノ自費ヲ以テ学ニ就キ業ヲ成サントスレハ貲力不可継ク、之ヲ中道ニ廃スレハ数十万ノ人民蒙昧開クニ由ナシ、因テ先ニ下賜ル所ノ五万石ノ賞典ヲ以テ、当癸酉年ヨリ来ル丁丑ノ年ニ至凡五ヶ年間、之ヲ鹿児島県下学校ノ資本ニ付属致度志願ニ候、

宜御執奏、速ニ御許可之儀奉願候也、

酉六月　　従三位　島津忠義

東京府知事　大久保一翁殿[25]

同様の「願」を文部省にも提出、そして鹿児島県権令には「願」が許可された後で報告している。[26] このファンドを用いて、「公立小学九七校私立中学一校ニシテ外ニ一の女校」[27]という実態を支えたものと思われる。

ところで、賞典米による寄付期限を控えた一八七六年（同九）、忠義は大山権令に次のような依頼を発している。

御賞典禄五万石癸酉ノ年ヨリ五ヶ年間当県下学校資本ニ付属致シ度願意御許可相成、施行御辺江依頼致シ置候処、日々盛業ニ趣キ我等之素志相貫且付与ノ詮相立、実ニ幸甚ニ不堪、然ルニ最早期限来廿年ニ迫ルト雖、人民疲弊ノ際於御辺モ深ク配慮ノ程推察致シ候、背力ニ由ナク中道ニシテ廃スル如キハ素ヨリ建設ノ旨意ニ無之、傍観スルニ忍ヒス、因テ此涯重テ五万石ヲ付与イタシ、自今而後我手許ニ於テ処置配授シ、生徒学業愈相励、教導一層行届候様有之度、更ニ依頼致シ候也

明治九年六月　　従三位　島津忠義

鹿児島県権令　大山綱良殿[28]

一見して奇妙な依頼であることに気づく。島津家賞典禄が活用され学校は「日々盛業」である、しかし期限が近づいているが「人民疲弊」状態で、ここで寄付を打ち切れば「中道ニシテ廃スル如キ」になり「傍観」できない、よって寄付を継続するが「自今而後我手許ニ於テ処置配授」するという。この真意は、寄付の県庁保管を中止することにあることは間違いない。

ここには、大山権令らによる島津家財産と県財政の混同（後述）と、冒頭で指摘した県内の権力闘争が垣間見えて

くる。次の、市来四郎（一八二九年〈文政一二〉～一九〇三年〈明治三六〉。薩摩藩士。明治以後は島津久光の側近）「丁丑擾乱記」は次のように指摘している。

其（賞典禄五万石）出納県令大山へ委任セラレタル金額五ヶ年、平均一ヶ年ノ学（ママ）凡七万円ニ及ヘリト、此内現ニ学校ノ費用ニ充タルハ漸ク三万円ニ足ス、残リ三万余円ハ其用耗スル処ヲ知ル者寡ク、県官四五輩カ秘掌スル処ナリト云、果シテ然ルヤ否ヤ、此残余ヲ以テ私学校建設ノ用ニ充テタリトモ云[29]

学校の費用に宛てている金額の計算が合わないことを指摘し、流用を疑っている。

或人窃ニ出納課事情ヲ、或県官ニ学校資本ノ不整理ナルヲ詰問シ、残余金ハ一時生産会社或ハ撫育社（生産社、今ハ承恵社ト改ム、第五銀行ト同物ナリ）ニ運転ヲナサシメ、或ハ、砂糖商社ニ貸シ与ヘタルモノアリ、即チ之ヲ別途金ト名ツケタル者ナリ（中略）或八年ノ頃春頃ヨリ勧業方ト唱へ、勧業課員カ担当シテ、種々ノ工商業ヲ初メ（ママ）タリ、其家屋ノ建築費用モ少カラス、或ハ川々浚渫ノ為洋人ヲ雇ヒ、或ハ串良郷ヨリ大姶良郷運河疎通ヲ目論見、洋人ヲ雇ヒタリ、其住家建築ノ費用モ別途金ヨリ支出シタリト云[30]

島津家に下賜された賞典禄が、「撫育社」あるいは「砂糖商社」に貸与・資金流用されていたと市来は記している。この流用問題について松尾千歳は、「明治初期、鹿児島県と島津家の資産区分が非常に曖昧で、県と私学校・豪商とが癒着したような状態であったことを考えると、学校資本の流用は起こり得ること」と指摘し、さらに「旧藩の諸座諸方の救済業務等を継承した保護会社が事実、廃藩置県後に設置され」、この会社が「本学校・小学校の経費も支出していた特殊会社で、この出資者は島津家であった」と指摘する[31]。

鹿児島県における学制受容の特徴は、要するに、島津家賞典禄が活用された点にあり、それが冒頭で指摘した県政をめぐる権力争いの中で、大きな対立となっていたこともまた事実であった[32]。

2　教育機関の成立過程

既述のように、教育行政機関でもあった本学校は、一八七五年（明治八）五月、学制を受け変則中学に改編する。このとき、県庁に学務課が設置されることで教育行政部門が移管する。翌七六年（同九）、変則中学は、准中学校と英語学校に分離・改組する。山田尚二は「変則中学校は文部省規定によって、独語・仏語を中心とする准中学と、英語専攻の英語学校に分かれ、下級生は付属山下小学校に転校した」という。准中学と英語学校の二校は、翌年の西南戦争により廃校となる。山田は「小学校卒の入学資格者が少なく募集困難に陥り、西郷隆盛らの建てた私学校の隆盛とはうらはらに、明治八年頃、生徒数は僅か二十名程度であった」と実態を示している(33)。

他方、この時期の小学校成立過程は、郷校から小学校へ転換していく過程であった。ここでは、その具体的な動向を南薩地方・揖宿郡喜入郷の動向から描いておく。

喜入郷では一八六九年（同二）九月、領主・肝付兼両の私宅に学講所を開講、肝付九郎左衛門らが指南役となり、郷士の子弟の教育にあたる。文武の良材を育成するのが目的で、素読・習字が主な内容であった。翌年の四月には兵具所跡に振武館を建て、専ら講武の場所とし、さらにその西側に立志館を建てた。このころになって手習いを望む子弟がようやく多くなり、学校の観を呈するようになった、という。一八七一年（同四）の教育改革によって、本学校と城下に小学校体制が制度的に出来上がると、立志館は前田早苗を伝習生としてまた中馬幸内他二名を、いずれも小学校に派遣した。前田は翌年一ヵ年の研修を終えて帰郷し数学を教授したという。その立志館は、七二年（同五）、外城第二三郷校と命名され、鹿児島本学校の管轄に属するようになった。七六年（同九）正則小学校制度が施行されると、村に小学校設立の義務を負わせ、修業年限を三年以上八年とした。第二三郷校は、同年七月九日、県の達示により喜入小学校と改称された[34]。かくして、郷村の学校は学制下の正則の小学校として位置付いた。その学校の維持管理や経費は、各設立区において調達された。生見小学校の学校日誌に学校設立の資金調達について、次のように記されている。

明治九年五月、区民協議して田貫川筋河岸の余地を開墾して用地とし、その他処々の共有地を開墾して田畠となし、之を売却して資金とし、又之を貸付けその利子を以て費用に充つ。利息年一割六歩、校舎の価五九円三六銭八厘[35]。

ここにみるごとく、学制下の小学校は、郷村の共同所有としての性格を維持していた。

三　近代的中学校の成立と展開（一）——鹿児島中学の設立

近代学校設立に向けて本格稼働を開始するのは、次の史料が語るように、西南戦争終結直後からであった。

明治十年十月二十五日　甲第五十七号布達

県下暴挙ノ際各所ノ学校一時休業実ニ不得已ノ事情ニ候処、学事ノ儀ハ一日モ忽ニスベカラサルノ次第ニ付、明治五年七月第二百十四号公布ノ趣ヲ厚ク体認シ士民困弊之折柄ニハ候得共、抑教育ハ父母タル者子女ヲシテ開智興産ノ基ヲ開カシムルノ本務ニ候条、各自奮励戮力学資支給ノ方法及各校開業日限等取調十一月三十日限可届出此旨布達候事

但各校ノ内本文ノ通リ見込不相立者有之候ハヽ、其旨委細書面ヲ以テ申出指図ヲ可受事[36]

このように学校設立は喫緊の課題であった。

次に、西南戦争直後に県会で中学校が設立されるが、そのときの全体像を『文部省第六年報』統計の、学校名―公私別―教員数―生徒数―設立年（明治）―場所―主唱者、を一覧としてまとめておく。

一八七八年（明治一一）

鹿児島中学	公立	六	一六一	九	鹿児島易居町	毛利兼隆
廣明学舎	私立	四	九八	一一	鹿児島阪元村	古賀政二郎
共立学舎	私立	五	一七四	一一	鹿児島阪元村	柏原公敬
種子島中学	公立	四	九〇	一一	熊毛郡西之表村	前田譲蔵(37)

この鹿児島中学こそ造士館の後裔で准中学を母胎とする鹿児島県初の近代中学校である。

一八八〇年（同一三）に開設した鹿児島県議会第一回県会で、総額八九四九円四五銭五厘の県立学校費が提案された（内訳、鹿児島師範学校費・五六七三円九銭二厘、鹿児島女子師範学校費・八五九円二三銭二厘、鹿児島中学校費・二四一七円一三銭一厘）。上記以外に中学校費関係では、公債証書利子・一三五七円二二銭九厘、生徒授業料・七七円七〇銭が示されている。この公債証書利子について、番外二番（丹羽昭陽・一等属）は「学校資金トシテ華族島津氏其他諸官員並県下人民等ヨリ寄付シタリ、該金ヲ保存スル為公債証書ヲ買入レタル利子」と説明する。つまり中学校費は、県立学校費・公債証書利子・授業料を総計すると三八五二円六銭である(38)。おそらくこの金額は、学校運営では最低限であったと思われる。

この予算を比率でみると、県立学校費総額に占める中学校費比は、二七・〇％、中学校費総額三八五二円六銭に占める公債証書利子の割合（つまり寄付金比率）は、三五・二％である。この事実をみると、鹿児島中学校は純然たる県立学校ではなく寄付金比率の高い「県立」中学校であった（この理由で以下「県立」にカッコを付す）。さらに県議会議事録は次のように述べ、発足当初の様子を伝えている。

　中学校ハ明治十一年新タニ之ヲ建設シ、学科ヲ正変ノ二科ニ分ツ、正則ハ小学卒業ノ者ヲ教へ、変則ハ年長ニシテ小学科ヲ習ヒ後レタル者ニ小学科ノ一半ヲ教へ傍中学科ノ一半ヲ授ク、然シテ当初先旧第十九中学区ヨリ入学生徒ヲ募リシト雖、明治十二年六月ニ至リ全ク其制限ヲ廃シ、広ク全管内ノ子弟ヲシテ入学ノ便ヲ得セシメ爾来其整備ヲ要セリ、故ニ漸次本校ノ完全ニ赴クトキハ、後来管内学事ノ隆盛ヲ致スハ又当サニ遠キニアラザルベシ(39)

さらに「県立」鹿児島中学発足三年後の詳細な様子を、『文部省第八年報』中の「鹿児島県年報」は次のように記している。

　鹿児島中学沿革（中略）其教則タルヤ分チテ正則変則ノ二科ト為シ正則科ハ小学卒業生徒ニ高尚ナル普通学科ヲ教ル者ニシテ在学四ヶ年トス、変則科ハ小学ニ従事セル時限ニ後レシ者ニ中学科小学科ノ一半ヲ教ル者ニシテ在学二ヶ年トス（中略）、同（注・一八七八年〈明治一一〉）十月生徒ヲ募集ス試験合格入学スル者百七十名当時兵乱後生徒学資ニ乏シク授業用書ノ自弁ニ難ムモノアルヲ以テ書籍貸与規則ヲ定ム（中略）同（注・一八七九年〈明治一二〉）九月本校生徒留学規則ヲ定ム、同十月本校第二級生郷田鉄次郎樺山四郎園田英吉ヲ東京へ留学セシム（中略）（注・一八八〇年〈同一三〉）四月第二級生堀喜次郎小濱宗助ヲ東京へ留学セシム（中略）同（注・六）月生徒ヲ募集ス、試験合格入学スル者三十二名之ヲ第四次ノ募集トス、中学科英語学科生徒員数ハ前年ニ比スレハ其数大ニ減少ス（中略）

学科	第一級	第二級	第三級	第四級	計
中学科	四	二一	二〇	二〇	六七（ママ）

英語学科	七	一一	一八	
計	四	二一	二七	三一	八五（ママ）(40)

「県立」鹿児島中学が「正則変則」の二科からなり繰り返し生徒を募集し、一八七九年（同一二）一〇月には東京へ留学生を派遣したこと、翌月には英語学科を設置し生徒を募集しはじめたが不振であったこと等がわかる。県会の中学校に対する認識は、『文部省第九年報』（一八八一年〈同一四〉）中「鹿児島県年報」の「県会教育費議決ノ状況」に示されている。

鹿児島中学校費　一次会二次会　該学校費ヲ廃スルノ議アリ或ハ曰地方税ヲ以テ中学校ヲ設置スレハ町村ニ於テ自其事業ヲ興サス、或ハ曰中学校ニ学フ者ハ中人以上ノ資産アルモノナリ而シテ其費用ヲ地方税ヨリ支弁スルハ猶貧人ニ取リテ富者ニ与フルカ如シ、中学校ハ要用ナリト雖地方税ヲ以テ設置ス可ラス宜ク協議費ヲ以テ之ヲ興スヘキナリト審議ノ末其議ニ決ス(41)

「県立」鹿児島中学校は、再三生徒募集を繰り返すなど、教育機能を維持継続することさえ困難であったが、県会は同校の存続に対し積極的に補助する措置を採らなかった。中学校は地方税支弁ではなく協議費で対応とする考えは他府県にもみられる中学校観である。

一八七九年（同一二）設立の「県立」鹿児島中学校とは、藩校造士館の後裔にして、しかもその資金の三五・二％を旧藩主および「其他諸官員並県下人民」の寄付金が占めていた地域共同立の学校だったのである。同時期、東京では、次節でみるごとく、在京鹿児島県出身者を中心に、新たな中等教育機関設立の動きが展開されていた。公立鹿児島学校設立の動きである。

四　近代的中学校の成立と展開（二）――公立鹿児島学校の設立

ここで公立鹿児島学校の設立を考察する。公立鹿児島学校の設立・性格は、複雑に入り組んだ鹿児島県における中等教育史研究の中でも一つの焦点であった。先駆的研究は芳即正論文だが、同論文では同県中等教育史全体の中での位置付けには至っていない。

本節は、芳即正論文の成果に依拠しつつ県中等教育史の中での位置付けを明確にしたい。

公立鹿児島学校の設立過程に関して、芳は、その過程を次のようにまとめている。

西南戦争で薩軍大隊長として負傷し、戦後懲役刑を受けた野村忍介（一八四六年〈弘化三〉～八一年〈明治一四〉）は、一八八〇年（同一三）五月に出獄後、松方正義・川村純義ら在京県人と会い殖産興業の必要性を説かれる。六月に鹿児島に帰るとすぐに有志を集め、教育の急務を話し合い、旧兵隊蓄積余剰金（詳細は後述の一八八二年〈同一五〉一一月の回答書参照）を充てることで学校設立に動きはじめる。野村は、旧兵隊蓄積余剰金を使用するための交渉に上京する。上京後、参議川村純義をはじめ、西郷従道・高島鞆之助・野津道貫と精力的に面会し協力を要請する。川村らは、結局、旧兵隊蓄積余剰金の一部を学校資金として県庁が管理するという条件で了承した。

折しもちょうど同時期に第二次教育令が発令された。寄付金でありながら県庁が管理する金を資本とする学校は、性格がきわめて微妙で、同令第一九条のいう「学校ニ公立私立ノ別アリ」に該当せず、結局、無理に「公立」の性格に区分されることになった。野村は、鹿児島に戻ると学校が「公立」という性格のゆえに糾弾されたという。(42)

かくして、公立鹿児島学校が八一年（同一四）一〇月に成立する。まずは、学校設立趣意書をみておこう。

鹿児島学校設立之趣意

二万四千方里ノ狭土ニ居リ、三千四百万人中蚩戸佃民過半ニ居ルノ貧国ニシテ、亜細亜ノ東方ニ孤立シ、鷲獅ノ英魯独仏ト交リ、能ク其国権ヲ墜失スル無キヲ欲セハ、尋常一般、奮励努力豈ニ能ク之ニ当ルヘケンヤ（中略）村落積テ府県ヲ成シ、府県積テ国ヲ成ス、苟モ邦国ノ不信ヲ憂フレハ府県村落ノ作興ヲ謀ラサル可ラス（中略）今日ハ果シテ如何ナル時代ナルソ、右文左武以テ邦国ノ独立ヲ保持シ、以テ国権ノ墜失ヲ防禦スルノ時ナレハ、国民競フテ其文教ノ不振ヲ憂ヒ其武備ノ欠乏ヲ慮テ、或ハ国会ヲ開テ政治ヲ釐革セント論シ、或ハ海陸軍ヲ拡張シ国権ヲ振作シント説キ、或ハ鉄道改築開墾ノ起業ヲ唱ヘ、各其知識ヲ研磨シ各其学術ヲ講究シ、日モ亦足ラサルノ形勢ナレハ、将来帝国ヲ作興スルノ民ハ他府県ニ其人多クシテ、我郷里ニ寥々タルノ恐ナキニ非ス（中略）是ヲ以テ余輩ハ我カ郷里ノ人ニシテ朝野ニ在ルノ人ト謀リ、善良ノ学校ヲ鹿児島ニ設ケ、以テ県下ノ年少子弟ヲ育成シ、文教隆盛ノ基礎ヲ今日ニ築カント欲ス（中略）之ヲ外ニシテハ夫ノ鷲獅ヲ硝雲弾雨ノ下ニ駆テ我国権ヲ振ヒ之ヲ内ニシテハ邦国ヲ輔翼シテ我独立ヲ千万年ニ維持スルモ、亦此英才培養ノ一事ニ存セリ(43)

本趣意書は、教育による国家振興の重要性を語り文教振興の檄を飛ばしている。

一方、学校の具体的な教則については「鹿児島学校諸規則　校則　本校ハ既ニ小学ヲ卒業シタル者ト学齢外ノ為ニ設クル所ニシテ、学科ハ英学ヲ主トシテ兼テ亦漢学数学等ヲ教授スベシ」と示している(44)。

ところで、先にみたように、生徒募集で腐心している「県立」中学校が存在する中で、在京実力者たちによる県内でのもう一つの学校設立は、やはり理解できない。実は、文部省も同じ点を質している。翌一八八二年（同一五）一一月、文部省は、この学校の性質・目的並びに科目を県に照会してきたが、それに対して、校長・椎原国幹は同年一一月の回答書で次のように述べている(45)。

今般本校ノ性質目的並ニ科目書ノ儀ニ付、文部大書記官辻新次殿ヨリ令公閣下ヘ御照会相成候（中略）第一元来本校ノ儀ハ実ニ特殊ノ性質ヲ固有スル者ニシテ、町村ノ協議費ヨリ成立スルニアラス、又全県ノ地方税ヨリ成立スルニアラス、抑モ其資金ノ如キハ旧藩ノ時藩兵四大隊御親兵トシテ東京表ヘ致出張候砌、右兵隊中ニテ非常準備ノ為、兼テ致積金置候処、明治四年廃藩置県後兵制御一新ノ際右藩兵モ解隊相成候、其後該積金取扱ノ儀ハ高島鞆之助、野津道貫等ノ諸氏ニ於テ専ラ担当被致来候処、明治十二年四月頃旧兵隊中該積金分配ノ儀申立候者有之候ニ付、旧兵隊在県ノ者一同右積金処分ノ儀ニ付協議相遂ケ候処、該金ヲ以当県下ニ一箇ノ学校ヲ設立シ、専ラ子弟教育文学弘張ヲ相謀ル方最可然トノ儀ニ一決致シ候、依テ右決議ノ趣詳細高島、野津等ノ諸氏ヘ照会致シ候上、該積金ハ右両氏ヨリ当鹿児島学校ヘ寄付ノ名義ヲ以、本校資金トシテ追々交付可相成事ニ相定候、然処其際公立私立ノ名義ニ付一時紛議モ相起リ候得共、必竟（ママ）本校設立ノ精神ハ専ラ子弟教育ニ有之候儀ニ付、公立私立ノ名ノ如キハ固ヨリ深ク論議ス可キ儀ニ無之、遂ニ公立学校ト相定候（中略）第二抑モ本校ノ目的トスル処ハ、単ニ中学校ノ目的ニ止マラス、又師範学校ノ目的ト同シカラス、広ク国家必用（ママ）ノ人物ヲ教育養成スルノ主意ニシテ、当県下ノ子弟ハ勿論県管下子弟タリトモ、追々海陸軍学校ヲ始メ農学工学及大学校ヘ入学志願ノ者、及本校卒業ノ後ハ直ニ実地ノ事務職業ニ従事シ得ヘキ者、又ハ已ニ一己ノ方向ヲ決定シ其準備トシテ先ツ本校ノ科目ヲ修業スル者、殊ニ又県下ノ子弟ニシテ東京遊学ノ資力ニ乏シキ者ヲ、教育授業セント欲スル儀ニ御座候得者、固ヨリ中学校若クハ師範学校トハ最初ヨリ全ク殊異ノ者ニ候（中略）第三既ニ本校目的ハ中学師範両校ニ相異候ニ付、其レ科目書ノ如キハ無論単ニ右両校ニ準拠致ス可カラス（中略）将来実地経験スル処ニ拠テ更ニ科目ヲ増減変更スル事モ可有之、亦タ現ニ分課トシテ更ニ英学正則課ヲモ設立致シ、益々子弟ノ便益相謀リ可申様既ニ決議致シ居候（中略）今般御照会ノ趣ニ対シ本校ノ協議致ス処右ノ如シ、第一性質ハ町村立ト相心得候事、第

二目的第三科目ハ両ナガラ中学校若クハ師範学校ニ準拠致シ難キ事情有之候事(46)

公立鹿児島学校の特徴をきわめて明確に述べている史料である。要するに、第一は、資金の性格である。「町村ノ協議費」でも「全県ノ地方税」でもない「旧藩」以来の「藩兵四大隊御親兵トシテ東京表へ致出張候砌、右兵隊中ニテ非常準備ノ為、兼テ致積金置候」の積立金であり、「明治四年廃藩置県後兵制御一新ノ際右藩兵モ解隊相成」のため、「其後該積金取扱ノ儀」を「高島鞆之助、野津道貫等ノ諸氏」が「専ラ担当」してきたものであること。第二は、学校の目的である。中学校や師範学校の目的ではない、「広ク国家必用《ママ》ノ人物ヲ教育養成スルノ主意」で「海陸軍学校ヲ始メ農学工学及大学校ヘ入学志願ノ者、及本校卒業ノ後ハ直ニ実地ノ事務職業ニ従事シ得ヘキ者」であるという。第三は、将来実地経験の必要に応じて「科目ヲ増減変更スル」可能性も示唆する。先に、野村の帰省後に学校が「公立」となったことで糾弾されたと述べたが、学校の目的・科目の自由度から、「私立」の学校を希望していたと推測できる。

ところで、公立鹿児島学校が開校した一八八一年(同一四)は、周知のように政変が勃発した時期である。井上毅は、同年一〇月八日付岩倉具視宛書簡で「現今之景況立社《ママ》志其他、昨年之請願連中ハ、府下ニ於テモ国会期成会ヲ催シ(中略)広ク全国ニ漫遊シ、已ニ鹿児島内部ニモ及ヒ」(47)と記しているが、ここからいくつも重要な論点を読み取ることができる。つまり、八一年(同一四)政変の中で、第一は自由民権運動が鹿児島まで広がったという危機意識と、第二は運動が鹿児島まで広がることで、西南戦争の二の舞となるのではないかという危機意識を政権中枢部が有している点である。

事実、薩軍として明治政府と闘った旧士族らは、出獄後再度結集しかつての西郷党のように、またしても私立学校を舞台に政治勢力を形成しつつあった。『文部省第十年報』は、私立三洲義塾が教員六名、生徒数二四四名で発足したことを伝えているが(48)、薩軍幹部の河野主一郎出獄とともに始まる三洲義塾は、教育機関であるとともに一つの政治勢力結集の舞台であった(49)。

一方、それに対抗する意味で在京の県人たちは郷友会（会長・仁禮景範）を結成、公立鹿児島学校を政治的に利用していくことになる。設立したばかりの公立鹿児島学校は、こうした動向に巻き込まれ、郷友会の教育機関という新たに性格付けられていくことになった。その事実を示した史料として、一八八三年（同一六）九月の郷友会委員宮内盛高の、会長・仁禮景範および幹事宛報告書がある。

小生今夏帰省中郷友会及ヒ他三州社（ママ）改進党ノ情実ヲ観察スルニ、我カ郷友会ハ現今庁下ニ於テハ会員ノ数殆ト九百余名ニ上リ漸次ニ盛大ニ赴ク姿ナレトモ、創立日尚浅キヲ以テ外城ニ於テハ加入者甚タ少ク、下方十八ヶ郷ノ如キモ会員至テ少カリシ（中略）県下会員子弟ノ教育ヲ急ニスベシ（中略）現ニ設置シアル鹿児島学校ハ、創設ト云ヒ資金ト云ヒ本会二三会員ノ手ニ成立セシモノナレバ、該校ヲ以テ本会ノ教育校ニ充ツベシ、然レトモ該校ノ資金モ僅カ五万円余ニシテ、本会教育ノ目的ヲ達センニハ尚未タ不十分ナレバ（中略）中学校ハ仮令此補助ナシト雖トモ、県令ニ於テ他ニ維持ノ方法ナキニ非ラザレバ、該校ノ補助ヲ転シテ、鹿児島学校ニ年々一万円宛三年乃至四年ノ間ノ補助ヲ島津家ニ請ハバ、承諾ヲ得ルハ必定ナルベシ、此補助ヲ得ルトキハ目下教育費ノ供給ハ充分ナルベキニ付、該校従来ノ教則ヲ改正シ、専ラ海陸軍ノ予備科目ヲ設ケ、会員子弟（中略）ヲ撰ミ、相当ノ試験ヲ経テ入校ヲ許シ、該校ヲ卒業セシ者ハ順次陸海軍生徒ノ召募ニ応セシムベシ、而シテ就産ノ業ノ如キモ漸次拠金ノ増殖スルニ至テハ、決シテ忽セニスベカラズ（後略）(50)

「三州社改進党」に比し郷友会の勢力は不十分で、鹿児島学校強化を通じて教育を充実させ、さらに従来の教則を改め、専ら海陸軍の予備科目を設置する意図が明白である。公立鹿児島学校は郷友会の教育機関化されようとしていた。

五　近代的中学校の成立と展開（三）――「県立」中学造士館の成立

一八八四年（明治一七）、鹿児島県立中学校と公立鹿児島学校を統合して新たに鹿児島県立中学造士館を設置する旨「願」が島津忠義から渡邉県令へ提出された。

造士館再建之願

安永中先祖重豪旧藩子弟ノ為ニ学校ヲ創立シ造士館ト称シ、父斉彬ニ至リテ更ニ之ヲ宏張シ（中略）廃藩置県ノ時ニ至リ始テ廃絶セリ、其後県下設立ノ学校アルヲ以テ其補助トシテ、年々金若干円ヲ寄付シ全額殆ント五十万円ニ及フト雖モ其効験少ク学業熟達ノ者アルヲ見ス、且予約ノ期限既ニ終ルニヨリ一時之ヲ廃棄セリ（中略）今ヤ県下人士多クハ資産ヲ失ヒ其志アリテ其業ニ就クコトヲ得サル者多シ、吾家数百年ノ情義アルヲ以テ之ヲ不問ニ置キ坐視傍観スルニ忍ヒス、是ニ於テ父祖ノ遺意ヲ継述シテ造士館ヲ再興シ県立学校ノ免許ヲ受ケ、教則ハ文部省ノ布達ニ基キ年々金円ヲ寄付シテ費用ニ充テ其主管ヲ県令ニ委託シ、県下子弟ヲシテ入学セシメ、忠孝彝倫ノ道ヲ本トシ敦厚純樸ノ風ヲ養成シ才徳智能各其所長ニ従テ暢達致サシメ度所存ニ付其筋江申請ノ儀相願候也

明治十七年十一月十二日　従二位　公爵　島津忠義

鹿児島県令　渡邉千秋殿

嘗テ教育費トシテ寄付致候、目下県庁ニ有之残額ニテ師範学校及郡役所ヲ経テ、旧三大区為保護下付相成候分資

金四万円余今般設立相成候県立中学造士館開館ノ上ハ右人ノ内へ更ニ寄付致度此旨相願候也（中略）

明治十七年十二月四日　公爵　島津忠義

鹿児島県令　渡邉千秋殿

書面之趣聞届候事

明治十七年十二月四日　鹿児島県令　渡邉千秋（51）

島津家の寄付金をもって「県立」中学造士館を開館することになった。

約定書

一　今般島津家ノ寄附金ヲ以テ県下士民ノ為ニ設立スル学校ハ、文部省頒布ノ教則ニ基キ、校名ヲ造士館ト称シ、鹿児島県立学校ノ公認ヲ受ル事

一　造士館長及ヒ幹事教員書記等ノ役員ハ、時々寄附者ト協議ノ上撰任指定スル事

一　造士館ハ島津家ノ寄附金ヲ以テ設立スル者ナレハ、地方税若クハ協議費等ヲ以テ維持スル学校ト経済上大ニ其区別ヲ異ニスル者ナリ、因テ本館ノ資金ハ他ノ県立師範学校等ト分離シ全ク独立出納計算ノ権ヲ有スル事

一　将来造士館維持ノ目的相立候上ハ寄附金ヲ断止スヘキハ寄附者ノ随意タルヘキ事

一　従前ヨリ島津家ノ寄附ニ係ル残金ニシテ即今公債証書ニ繰換へ、県庁ニ於テ主管スル四万円余ノ金額ハ、来ル十八年度ヨリ造士館ノ資本金ニ合併寄附ノ事

一　公立鹿児島学校ヨリ造士館へ合併ノ儀ヲ願フ時ハ之ヲ許諾シ、其資金ハ同シク造士館ニ寄附スル事

鹿児島県令　渡邉千秋

明治十七年　島津忠義家令　東郷重持
高嶋《ママ》鞆之助
野津道貫（後略）[52]

まず注目すべきは、渡邉県令・島津家・高島鞆之助・野津道貫、との間の合意である。高島と野津は、先にみたように旧兵隊蓄積余剰金の担当者で、公立鹿児島学校の中心的存在だから「県立」中学造士館は最初から公立鹿児島学校の統合を企図していた。第二は、島津家寄付金を資金とした「県立」学校である。寄付金を資本金とする「県立」中学なので後の諸学校通則の先蹤形態である（後に諸学校通則を受けた高等中学造士館へと改組）。第三に公立鹿児島学校を合併させることの明記、である。つまり、この約定書は、「県立」中学校と公立鹿児島学校資本と島津家寄付金を合わせ、鹿児島「県立」中学造士館を開設する明確な宣言であった。一八八五年（同一八）四月一八日、開館式が挙行された。

ここで「県立中学造士館内規」と「明治十九年年報」により学校の実態を概観しておこう。「県立中学造士館内規」によれば、「第一条　本館ハ専ラ県下ノ子弟ヲシテ陸海軍学校東京大学其他高等ノ専門学校ニ入ラント欲スル者ノ為メニ高等ノ教育ヲ受ケシメ、創立者島津家ノ厚誼ヲ永ク県下ニ空シカラシメス、又、之ヲ永遠ニ維持シ本館ヲシテ有為ノ子弟ヲ養成シ、所謂造士館ノ名称ニ背カサラシメンコトヲ要ス、故ニ苟モ責任ヲ本館ニ負フ者ハ反覆立館ノ大義ヲ服膺シ拮据勉励以テ人材陶冶ノ実効ヲ奏スヘキモノトス」とある。[53] 県下子弟を「陸海軍学校東京大学其他高等ノ専門学校」に入学させるという目的規程は、公立鹿児島学校の教育目的が踏襲され、しかるに公立鹿児島学校の目的規程は統合によっても継続されていたことがわかる。学校の運営に関しては「第六条　本館ニ諮問委員若干名ヲ置キ館長ノ顧問ニ備フルモノトス、但該委員ハ館長之ヲ特撰シ無給トス」と諮問委員を採用している（これも後の諸学校通則の適用下における商議員の先蹤形態)。

「明治十九年年報」により学校の実態を示す項目をまとめると、教員総数は一六名、生徒総数三三三名、半途退学者数八八名とある。学校財政については、開設年度である前年度からの繰越金は五七九三円八〇銭七厘、積金利子は七七四九円三二銭三厘、授業料は無料、有志寄付金は一万七六〇円、雑納二七円三九銭、合計二万四三三〇円五二銭、である。同年報中「明治十九年報取調概項」には、「一　維持方法　本館ハ島津忠義、野津道貫、高島鞆之助、島津珍彦四名寄附金ノ利子ヲ以テ維持セリ」とある(54)。

ここで問題とすべきはこの寄付金の性格である。おそらく島津忠義の寄付金は賞典禄が元本であろう。野津と高島の場合には旧兵隊蓄積余剰金の担当者だったという事情がある。野津と高島の場合、個人拠出による寄付金ではなく、旧兵隊蓄積余剰金を使用したということで名義を出しているのではないだろうか。野津や高島が個人献金したならば、彼ら以上に巨額の献金をする政府高官が他にも存在するはずだからである。よって、野津・高島名の寄付金は、彼ら個人ではなく旧兵隊蓄積余剰金が使用されたとみるべきである。

おわりに

幕末維新期における旧藩校造士館の本学校への改革と、郷学の勃興、それの小学校への改組、さらに本学校―小学校を縦型に接続する仕方で、近代学校制度が準備された。この過程における設立の主体―財源―人材育成における地域性はこれまでにみたとおりである。

学制受容において、旧藩校造士館を中学校に改組し、他方で島津家賞典禄を活用、郷学・郷中教育を小学校へ改組する過程も、維新期以降の地域性をそのまま保持しえた。
「県立」鹿児島中学校の設立にも島津家賞典禄と官員や人民の寄付金が活用され、同時期に設立された公立鹿児島学校も旧兵隊蓄積余剰金という公的財源が活用された可能性が高い。野津・高島名義は、彼ら個人の寄付金ではなく管理責任者としての名義であったと思われる。これらを土台にして、一八八四年（明治一七）「県立」中学造士館が設立されたが、それはそれまで鹿児島県において設立されてきた中学校の集大成としての性格を有していた。言い換えると「県立」中学造士館とは、幕末維新期以来一貫して形成されてきた地域性（＝財源としては地域共同性）を維持した学校だったのである。その後、高等中学校造士館に改組する中でもその地域性は学校の性格として底流に生き続けることになる。その論証は次章で行うこととする。

註

（1）越井和子「鹿児島県の中等教育」（本山幸彦『明治前期学校成立史』〈未來社、一九六五年〉所収）参照。なお、越井論文は一八八六年（明治一九）までを対象としている。この論文は当時の研究水準を考えると非常に先駆的な業績である。本章は、越井論文以降の研究の進展に伴う重要な史料発見の成果を取り入れた。

（2）鹿児島県対象の中等教育史研究には、次の各論文がある。山田尚二「鹿児島県の中等教育の変遷―中学造士館を中心に―」（『鹿児島史学』第二六号、一九七九年）、同「鹿児島県の中等教育の変遷二―県議会史を中心に―」（『鹿児島史学』第二八号、一九八一年）、同「鹿児島県の中学校　明治時代」（『鹿児島県立錦江湾高等学校紀要』第七号、一九八三年）、芳即正「鹿児島学校と三州義塾」（『鹿児島純心女子短期大学研究紀要』第一三号、一九八三年）、山下玄洋『中学造士館の研究―資料の紹介と考察―』（斯文堂、一九九七年）、小川原正道「鹿児島三州社の一考察」（『武蔵野短期大学研究紀要』第一八輯、二〇〇四年）。

（3）高等中学造士館・鹿児島県立尋常中学造士館はいずれも通則一条の適用を受け、前者の場合には文部省管理、後者の場合には鹿児島県管理、としての性格を有する。本書第三部第二章・第三章参照。

（4）これらの問題については、武石典史『近代東京の私立中学校―上京と立身出世の社会史―』（ミネルヴァ書房、二〇一二年）参照。

(5) 入江宏「郷学論」（宇都宮短期大学『研究紀要』二〇〇九年）二八頁。

(6) 花井信他『学校と学区の地域教育史』（川島書店、二〇〇五年）iii頁。

(7) 拙著参照。

(8) 井原政純『郷学・小学校設立基盤と地域社会』（盈進社、二〇一〇年）一五頁。

(9) 外城制度とは、薩摩藩の地方制度で武士を各地方（郷）に分散居住させ、藩城（鶴丸城）防衛と農村支配という性格をもたせた制度である。

(10) 井原前掲書、二九頁。

(11) 同前、四五頁。

(12) 幕末維新期の社会状勢が郷中教育を中断させたが、それを憂いた「西郷（中略）等は（中略）郷中教育の復活に尽力し各地の夜学校を（私学校の）分校として組織」したという。越井前掲論文、一六六頁。

(13) 越井は「大山は私学校の支持者で（中略）西郷―大山ラインこそ（中略）この二重教育体制の全県的統括者だった」と指摘する。同前、一五九頁。

(14) 西南戦争後の県令には、岩村通俊（土佐藩出身。一八四〇年〈天保一一〉～一九一五年〈大正四〉）や渡邉千秋（諏訪高島藩出身。一八四三年〈天保一三〉～一九二一年〈大正一〇〉）が着任する。

(15) 久光を筆頭にする門閥一族は、私学校に対抗する意味で島津学校を設立していた。越井前掲論文、一六一頁。

(16) 近年発見された郷学をはじめ西南戦争終結直後に発足直後の鹿児島県会で設立された鹿児島師範学校、農学校、医学校、また東西本願寺の医学校や小学校設立への関与など、学校設立主体に関しては未解明な問題が多い。今後の課題である。

(17) 越井前掲論文、一五四頁。

(18) 井原前掲書、三二～三三頁。

(19) 越井前掲論文、一六二頁。

(20) 同前。

(21) 鹿児島県教育委員会『鹿児島県教育史』（大和学芸社、一九七六年）一二三六頁。

(22) 同前。
(23) 同前、一三七頁。
(24) 「明治四年一〇月布達」（鹿児島県史料刊行委員会編『鹿児島県史料集（第四六集）鹿児島県布達（下）』鹿児島県立図書館、二〇〇七年）一一〇頁。
(25) 「御賞典米ヲ以テ学校資本ニ差出度願」（松尾千歳「明治初期の島津家資産をめぐる諸問題―島津家執事方記録の紹介―」〈『尚古集成館紀要』第七号、一九九四年〉四九頁）。
(26) 鹿児島県史料刊行委員会編『鹿児島県史料集（第四五集）鹿児島県布達（上）』（鹿児島県立図書館、二〇〇六年）三五～三六頁。
(27) 『文部省第一年報』一〇〇丁。なお、それに先立って「学制ノ趣意稍徹底シ諸商社並ニ生徒ノ自費協力」と、「商社」が提供する資金に言及している。本文で述べたように、賞典禄を流用し、学校に還流させた可能性がある。
(28) 松尾前掲論文、五〇頁。
(29) 『丁丑擾乱記』六五「私学校創建之事」（鹿児島県維新史料編纂所編『鹿児島県史料　西南戦争　一』鹿児島県立図書館、一九七八年）。
(30) 『丁丑擾乱記』一二四「縦恣多欲ヲ極メタル県官」（同前所収）。
(31) 松尾前掲論文、八二～八三頁。
(32) 長州藩（山口県）の例など賞典禄の使用についての各府県間比較考察の必要がある。
(33) 山田前掲「鹿児島県の中等教育の変遷―中学造士館を中心に―」一～二頁。
(34) 『喜入町郷土誌』（一九八一年）三三九～三四〇頁。
(35) 同前、三四四頁。
(36) 『鹿児島県史料集（第二集）丁丑日誌（下）』（鹿児島県立図書館、一九六一年）一一一頁。
(37) 『文部省第六年報』より。
(38) 鹿児島県議会編『鹿児島県議会史　第一巻』（一九七一年）七二頁。
(39) 同前、七三頁。

(40)『文部省第八年報』四一三〜四一四頁。
(41)『文部省第九年報』六六四頁。
(42)芳前掲論文、六七頁。後述のように「私立」の学校の有するカリキュラム編制の自由度を期待したため、「公立」となったことで糾弾されたと思われる。
(43)鹿児島県史料刊行委員会編『鹿児島県史料集（第四〇集）薩藩学事（一）』（鹿児島県立図書館、二〇〇一年）二一頁。
(44)同前、二三頁。
(45)椎原国幹（一八二〇年〈文政三〉〜九九年〈明治三二〉）は、鹿児島県出身の旧薩摩藩士。西郷隆盛の母方の叔父にあたる。
(46)国立国会図書館憲政資料室所蔵「樺山資紀文書」一一四—四（芳前掲論文、七三〜七四頁）。芳は行政文書番号を付していない。
(47)井上毅伝記編纂委員会『井上毅伝　史料編　第四』（一九七一年）三四三頁。
(48)『文部省第十年報』九八三頁。
(49)三州社・三洲義塾に関する研究には、芳前掲論文の他、小川原前掲論文参照。
(50)国立国会図書館憲政資料室所蔵「樺山資紀文書」一〇一—四（芳前掲論文、一〇七頁）。芳は行政文書番号を付していない。
(51)「造士館再建之願」（尚古集成館所蔵『造士館一巻』所収）、前村智子「資料紹介　造士館一巻」（『尚古集成館紀要』第六号、一九九三年）六七頁。
(52)「約定書」（前村前掲「資料紹介　造士館一巻」）七〇頁。
(53)「造士館内規」（同前）八四頁。
(54)「明治十九年報」（同前）九三〜九五頁。

第二章　文部省管理鹿児島高等中学造士館の地域性

課題設定

本章は、一八八六年（明治一九）中学校令および諸学校通則を受け、それ以前の「県立」[1]中学造士館を高等中学校に改組した鹿児島高等中学造士館の組織および性格を捉え、その地域性を抉出することを目的とする。

本章の対象事例は、通則一条の適用を受けた文部省管理高等中学造士館（以下、高等中学造士館と略す）である。その点でいえば、本章の位置は、高等中学校研究であると同時に、通則一条校研究に位置付くことになる。したがって、本章は課題解明を通じて、近年研究が大きく進展している高等中学校研究と、通則一条校研究をさらに発展させたいと考える。

高等中学校とは、周知のように、一八八六年（同一九）四月の中学校令で登場し、「法科（中略）等ノ分科ヲ設」（第三条）け、当初は「全国（中略）ヲ五区ニ分画」し各区に一校（第四条）設置予定で、その経費を国庫と設置区域内府県の地方税（第五条）支弁としていた。ところが、高等中学校のこうした計画は、中学校令発令段階では具体的には何も定まっておらず、中学校令発令後に、いわば走りながら決定していった[2]。一例をあげると、設置区域は中学校令発令段階では明確になっておらず、同年一一月三〇日の文部省告示第三号第一条で五つの設置区域が示され、第二条で「第一区ハ東京第三区ハ京都第四区ハ金沢」と定められた。つまりこの段階では、第二区と第五区の設置区域は示されたものの設置都市は決定していない。また、経費については翌八七年（同二〇）八月一日勅令第四〇号によって「地方税ノ負担額ハ該学校経費ノ二分一ヲ超過スルコトヲ得ス」とされ、同年八月一三日の文部省令第八号「中学校令第五条ニ依リ明治二十一年度高等中学校経費ハ国庫金ト地方税トノ支弁トシ、該学校設置区域内府（ママ）地方税ノ負担総額ヲ定ムルコト」として第一から第五の各高等中学校の必要経費を地方税総額と国庫とで半額ずつを出し合う規程が決定した。ただし、翌八八年（同二一）八月一三日、「二二年度以降の国庫・地方税の折半は辞め全額国庫負担」(3)となった。このように、明確な方針・構想が確定した上で高等中学校が始まったわけでは必ずしもなかったのである。

次に通則一条校について基本的性格を整理し、学校分析の視点を抽出しておこう。通則一条校とは、現在まで二一尋常中学校三分校と鹿児島高等中学造士館と山口高等中学校の二高等中学校が判明している。尋常中学校については、すでに拙著で分析した。(4)本章では、拙著の分析の上に立って高等中学校を対象とする。

通則一条校とは、府県管理中学校の基本金が、地方税以外の財源、つまりさまざまな形態での有志寄付金など民間の財源であり、当然寄付金を拠出したのは誰か、その主体が問題となり、次に、通則一条の適用を受けることで「県立ト同一」（高等中学校の場合には「官立ト同一」となる――性格分析に関しては、以下の叙述では「官立ト同一」と読み替える）となる利点が問題となる。さらに、学校資本金が寄付金（つまり私的財源）でありながら、「官立ト同一」となる場合の学校管理形態が問題となる。

つまり通則一条校である文部省管理高等中学校は、有志寄付金を学校基本金とし「官立ト同一」の管理機能をもつ学校であり、財源は「私的」だが学校の性格は「官立」であった。学校の側からみると、通則一条の適用を受けることで、私立（より厳密にいえば、地域共同立）ではあるが「官立ト同一」の認可を受けることができ、したがって徴兵猶予の特典が付与され「校地は免税」（通則第五条）となる。

本章の目的は、通則の適用を受けた高等中学造士館の学校基本金の内実とその拠出主体、それらの学校が「官立ト同一」となることの意味、学校管理運営形態を明らかにすることにある。ちなみに、一八九一年（同二四）七月二四日、勅令第一三七号文部省直轄学校官制が改正され、その第二六条で「諸学校通則第一条ニ依リ文部大臣ノ管理ニ属スル高等中学校ハ山口高等中学校鹿児島高等中学造士館トス」と、さらに第二七条で「山口高等中学校鹿児島高等中学造士館ハ総テ此官制ノ規定ニ依ル」とされた。高等中学造士館と山口高等中学校は、官立の第一〜第五高等中学校までと完全に同一となったことが法令上でも宣言された。

ここで、高等中学校研究史を大まかに整理しておこう。従来、高等中学校とは「帝国大学への進学に必要な予備教育と、法科・医科・工・文科・理科・農業・商業等の分科ないし学部による専門教育を施すところとして発足」[5]と捉えられてきた。しかし、近年ではこうした見解に疑問が呈され、一八八〇年代前半までの地域（ないし特定の地域自治体群）における教育改革の帰結、という捉え方が提起されている。従来の研究は、主として帝国大学と接続する機関として捉えており、その意味では、高等中学校は高等教育機関として把握される。それに対し、後者の把握は、高等中学校が、なぜ高等「中」学校であったのか改めて根底的に問題提起した[6]。

本章は、通則一条の適用を受けた高等中学校という独特な性格をもつ高等中学造士館を対象に、該学校の地域性を、学校資本金および拠出者・学校管理運営形態を抉出することで、この高等中学校研究に問題提起する。

ところで、本章でいう地域性とは、近世社会末期までに形成された当該地域の、多様な地域的共同性に立脚して学校を設立したときに形成される学校の性格を規定する概念である。学校設立は、地域の公共事業としての性格を有し、その財源はなんらかの「地域的共有財産」が活用され、そこで学ぶ主体は地域全体に開かれ、当該地域の文化的・社会的発展を目的として学校が設立される。それを学校の地域性と規定する。

本章で使用する史料については、最近、尚古集成館所蔵の島津家文書中の造士館関係史料の全貌がほぼ明らかになり(7)、これらの史料と、従来先行研究が使用してきた史料、国立国会図書館憲政資料室所蔵の個人文書――とくに樺山資紀文書等、の新史料発見・再読によってようやく全体像がみえてきた。

本章では、これらの史料群を駆使し、まず藩校造士館の近代化から「県立」中学造士館開設を経て、同校が八六年(同一九)中学校令を受け高等中学造士館へと改編(八七年〈同二〇〉)されるまでの前史(一)、高等中学造士館の寄付金の内実(二)、学校管理運営形態と学校の諸実態(三)、を明らかにする。その全体を通じて、高等中学造士館の地域性を解明する。

一　文部省管理高等中学造士館への途

1　鹿児島「県立」中学造士館成立過程における地域性

鹿児島県における中等教育史研究は、その複雑な実態と史料の問題があって、一八九六年(明治二九)成立の通則一条校である鹿児島県管理尋常中学造士館(以下、尋常中学造士館と略す)までの通史的研究はなされてこなかった。

ここでいう複雑な実態とは、藩校造士館の近代的再編→近代中学校の成立と変質(変則中学校の登場)→鹿児島「県立」中学校・公立鹿児島学校のほぼ同時的成立→その両校の「県立」中学造士館への一元化→高等中学造士館への改編→尋常中学造士館の成立、をいう。本章では、「県立」中学造士館成立までは簡単に概観し、その後の高等中学造士館を主として対象とする。

幕末維新期以降高等中学造士館成立までの詳細な検討は別稿に譲ることとして[8]、ここではごく簡単に流れを整理しておきたい。県政担当者たちは、藩校造士館の近代化など積極的に改革を進め、造士館を近代的中等教育機関に改編し近代学校制度を準備した。七二年（同五）学制受容の際、本学校を変則中学校に改組した。他方、公教育の整備財源として、島津家賞典禄五万石を活用した。七八年（同一一）鹿児島「県立」中学の設立に際して「学校資金トシテ華族島津氏其他諸官員並県下人民等ヨリ寄付シタリ、該金ヲ保存スル為公債証書ヲ買入レタル利子」が活用され[9]、同校は三五％程度を寄付金に依存する「県立」学校であった[10]。八一年（同一四）公立鹿児島学校が設立された。同校は「高島鞆之助、野津道貫等」が「専ラ担当」する「旧藩ノ時藩兵四大隊御親兵トシテ東京表へ致出張候砌（中略）非常準備ノ為」の「旧兵隊中該積金」を利用し、その資金で「当県下ニ一箇ノ学校ヲ設立」した、という。目的は「広ク国家必用ノ人物ヲ教育養成スルノ主意（中略）追々海陸軍学校ヲ始メ農学工学及大学校へ入学志願ノ者、及本校卒業ノ後ハ直ニ実地ノ事務職業ニ従事シ得ヘキ者」にあった。公立鹿児島学校の資本金が「旧兵隊中該積金」であったことを確認しておく[11]。

この二校を土台にして、八四年（同一七）「県立」中学造士館が設立された。「県立」中学造士館とは、鹿児島「県立」中学校（学校資金は地方税と島津家の賞典禄その他諸官員並県下人民等寄付金）、公立鹿児島学校（学校資金は「旧兵隊中該積金」）を母胎とする学校であった。開校にあたって、渡邉千秋県知事・島津忠義・高島鞆之助・野津道貫が交わした「約定書」には、「造士館ハ島津家ノ寄附金ヲ以テ設立スル者ナレハ、地方税若クハ協議費等ヲ以テ維持スル学校ト経済上大ニ其区別ヲ異ニスル者ナリ、因テ本館ノ資金ハ他ノ県立師範学校等ト分離シ全ク独立出納計算ノ権ヲ有スル事」とある[12]。「県立」中学造士館は、地方税支弁による県立学校ではなく、幕末維新期以来の地域による寄付金を基本的に財源としていた学校であった。

以上、藩校造士館から「県立」中学造士館まで、学校資本金に占める地域の各層からの寄付金の割合が圧倒的に高かったことがわかる。寄付金の拠出とは、当該地域の支配者層をはじめ寄付主体である民衆の主体的意志の発現と捉えることができ、その意味で学校の名称が多様に変更しようとも、その性格は地域性にあることが確認できる。

2 「県立」中学造士館の高等中学造士館への途

一八八六年（同一九）四月一〇日、中学校令と諸学校通則が公布された。二年前に「県立」中学造士館を開校した鹿児島県は、同館をそのまま尋常中学校にするか、それとも同中学校令で初めて登場した高等中学校へ改組するか、または高等中学校を誘致するか、等の選択肢があった。

「県立」中学造士館館長・島津珍彦は、中学校令発令約二週間後の同年四月二五日、次のような「意見書」を森文部大臣に提出し、鹿児島に高等中学校の誘致を求めた。

意見書

珍彦謹ンテ森文部大臣閣下ニ陳ス（中略）高等中学ハ其数ヲ限リ之ヲ設置セラルヽコト全国ヲ通シテ五箇所トス、是蓋シ一学区ニ一箇ノ高等中学ヲ設置セラルヽノ制規ナラン、然而シテ我九州地方ニ在テハ抑モ何ノ地ヲ相シテ之ヲ設置セラルベキヤ、是レ固ヨリ閣下ニ於テ賢慮ノ在ル所ナルベシト雖ドモ其設置ノ地位如何ニ至テハ実ニ将来我九州子弟教育ノ隆替興廃ニ相関シ、且ツ其地位ノ適不適ハ牽井テ向来我学制ノ成果上ニ於テ至大ノ影響ヲ及ボスヘキノ必然ノ勢ナリトス（中略）依テ聊カ鄙意ノ在ル所ヲ閣下ニ開陳シ以テ偏へニ之レカ採擇アランコトヲ懇願セントス

今夫レ全国ニ高等中学ヲ設置セラルヽコト総テ五箇所トシ、而シテ其一ヲ我九州地方ニ設置セラルヽトセハ其

地位ヲ何レニ擇ン乎、珍彦ヲ以テ之ヲ見ルニ、我九州各県中其尤モ高等中学ノ設置ニ適切ナル地位ハ独リ我鹿児島ニ在リト信ス請フ試ミニ其理由ヲ略述セン

（中略）我鹿児島ノ地タルヤ遠ク繁華熱閙ノ都会ヲ隔離シ海ニ面シ山ニ背キ固ヨリ山水ノ風景ニ富ム、而シテ気候中和ニシテ草木蒼々タリ真ニ講学ノ地ト謂フベシ、且ツ夫レ天然ノ地形ハ自カラ海路交通ノ利便ヲ占得シ船舶来往織ルカ如シ故ニ古来民情敦厚風俗質朴ナリト雖ドモ人智亦夙ニ開発シ、常ニ能ク本邦ノ時運ヲ制ス（中略）是レ珍彦カ九州ニ設置セラルベキ高等中学ノ位置ヲ我鹿児島ニ撰定アランコトヲ望ムノ理由一ナリ（中略）

我鹿児島ノ地タルヤ（中略）古来一種特有ノ気風ヲ存シ士廉恥ヲ重ンジ人気節ヲ貴ビ而ンテ豪邁不撓皆ナ能ク大事ニ堪ユ、是レ独リ県民ノ私言ニ非ラス抑モ亦タ全国民ノ相共ニ許ルス所ナリ（中略）是レ珍彦ガ九州ニ設置セラル可キ高等中学ノ位置ヲ我鹿児島ニ撰定アランコトヲ望ムノ理由二ナリ

九州各県ニ於テオヨソ学校ノ規模最モ宏大ニシテ且ツ前途拡張ノ企図アル者ハ蓋シ我県立中学造士館ニ若クモノナカラン、夫レ我造士館ハ先キニ県立中学ト公立鹿児島学校トヲ廃合シ以テ更ニ其規模ヲ拡張シ其学規ヲ改良シ其科程《(ママ)》ヲ増加セシヲ以テ目下既ニ殆ント高等中学ノ地位ニ在リ、故ニ今之ニ加フルニ一歩ヲ以テセハ直チニ移シテ之ヲ高等中学ノ資格ト為シ得ヘキナリ（中略）是レ珍彦ガ九州ニ設置セラル丶高等中学ノ位置ヲ我鹿児島ニ撰定アランコトヲ望ムノ理由三ナリ

又タ中学令ニ拠レハ高等中学ノ経費ハ之ヲ国庫ヨリ支出セラル丶モノタリ、然ルニ我造士館ノ如キハ既ニ巨額ノ資金ヲ有シ向来維持ノ確固ナルコト全国或ハ其匹敵ナカルベシ、故ニ今マ我造士館ヲ以テ之ヲ九州ノ高等中学ト為スニ於テハ将来国庫ヨリ支出セラルベキ経費ニ於テモ多少其減額ヲ見ルヲ得ベシ、果シテ然ラハ則チ一挙ニシテ両得ノ策ト云ハザル可カラス是レ珍彦ガ九州ニ設置セラル可キ高等中学ノ位置ヲ我鹿児島ニ撰定アランコト

ヲ望ムノ理由四ナリ

以上開陳スル所ハ特ニ其要領ヲ挙クルノミ願クハ閣下詳カニ前顕ノ情実ヲ賢察シ幸ニ珍彦ガ鄙意ノ在ル所ヲ採擇嘉納アランコトヲ懇請ノ至ニ堪ヘス謹白

明治十九年四月二十五日　島津珍彦

森有禮殿閣下(13)

鹿児島がいかに高等中学校の立地に適しているかを、地勢上、文化風土上、教育的に「県立」中学造士館が存在する点から力説、その上で、同館が九州に設立予定の高等中学校となれば国庫支弁経費が減額するという。確認すべき要点は、島津珍彦の構想は、五校設置されるとした高等中学校の一校を、「県立」中学造士館に充てようとする構想である。つまり第五高等中学校の誘致＝「県立」中学造士館の高等中学校化、であった。

八六年（同一九）一一月三〇日の文部省告示第三号で、第一・第三・第四の高等中学校の設置都市が、東京・大阪・金沢に定まったことはすでに述べたが、それに遅れて、一二月九日に第二高等中学校も設置都市が仙台に決定した。残る第五高等中学校の設置都市を決定するためだろうか、森文部大臣が八六年（同一九）の一二月二五日から九州・京都へ視察旅行に出発する。長崎・佐賀から熊本・鹿児島へのルートで一月二〇日に鹿児島に入り、島原・熊本・大分と回る。

第五高等中学校設置都市が熊本に決定したのは、島津「意見書」提出一年後の八七年（同二〇）四月一五日であった。この時点で、島津「意見書」の意図は挫折したことになるが、一月の森の入鹿に際し、第五高等中学校を熊本（ないしは九州内他都市）に設置することと「県立」中学造士館を通則一条適用の高等中学校に改編することを相談した可能性が考えられる。

事実、同年八月二〇日、島津珍彦は「学校視察旁取調之為メ上京」し[14]、そこでは「県立」中学造士館の、諸学校通則適用を受けた文部省管理という方向性が確定し、最終手続きに入ったと思われる[15]。僅か四ヵ月後の一二月五日、島津忠義は渡邉千秋県知事宛以下の「寄附金変更ノ儀ニ付願」を提出し、県の指示を受けている。

今般勅令第十六号ノ主旨ニ拠リ造士館ノ組織ヲ改良シ高等中学校ノ制ニ改メ、文部大臣ノ管理ニ属セシメ度旨及請願候処、右高等中学校開設迄ノ間造士館ハ従前ノ通依然開館相成候様致度此段相願候也

明治二十年十二月五日　正二位公爵　島津忠義

鹿児島県知事　渡邉千秋殿（後略）[16]

県立尋常中学校造士館

其館客年勅令第十六号諸学校通則第一条ノ手続ニ従ヒ高等中学校ノ制ニ改メ、文部大臣ノ管理ニ属セシメ度旨学資寄附者ノ願出ニヨリ其筋エ稟申之処、聞届相成候ニ付自今廃止ノ儀ト心得ヘシ

明治二十年十二月二十一日　鹿児島県知事　渡邉千秋[17]

かくして一二月二一日「県立」中学造士館は一旦廃止され、過渡的措置をふまえて通則一条適用を受けた高等中学校へと組織改編した。

二　高等中学造士館の学校資本金にみる地域性

「県立」中学校造士館が一旦廃止され、過渡的措置を経て新しく高等中学造士館に改編されるとき、「県立」中学校

造士館の資金移譲問題が出てくるのは必然である。島津忠義・高島鞆之助・野津道貫の三名は連名で、「学資保管願」を一八八八年（明治二一）三月二九日付で鹿児島県知事宛て提出する。

学資保管願

一金十万千八百二十二円二十一銭九厘

内訳

金九万五千円　日本鉄道会社株券十九枚

金六千八百二十二円二十一銭九厘　現金

右ハ明治十七年造士館創設之際、同館維持之為メ学資トシテ之ヲ寄付シ、昨二十年同館高等中学校ノ制ニ改メラルヽニ及ヒ、右資金ヨリ生スルトコロノ利子金ヲ以テ其経費ニ充テ候、就テハ該資金ノ義ハ、御庁ニ於テ管理保護シ、可然増殖之方法御設下被下度、将又右資金ヨリ生スル利子金ハ、其都度同館へ御送付相成候様御取計被下度、此段併セテ奉リ願候也

明治二十一年三月二十九日　正二位公爵　島津忠義

従三位子爵　高嶋（ママ）鞆之助

従三位子爵　野津道貫

鹿児島県知事　渡邊千秋殿(18)

この史料の特徴は、第一に、鹿児島「県立」中学造士館の最高責任者が、明治初期以来賞典禄等で一貫として寄付金を拠出し同校を含む公教育を支えてきた旧藩主島津忠義と、前出の「旧兵隊中該積金」の保管責任者であった高島鞆之助・野津道貫の三者であるという点である。高等中学造士館は、「県立」中学造士館の改編により誕生したのだ

が、「県立」中学造士館は、鹿児島「県立」中学校と公立鹿児島学校の統合によった誕生した学校だった。ここでの三者連名は、母胎となった学校の寄付金拠出者を代表する。つまり「県立」中学造士館の学校基本金は、母胎となった二校の基本金から成り立っていた。第二に、「県立」中学造士館の資本金は、総額「十万千八百二十二円二十一銭九厘」で、その内訳は「金九万五千円」が「日本鉄道会社株券十九枚」と「金六千八百二十一円二十一銭九厘」の「現金」であった。解説によると「明治十七年造士館創設」以来の学資でそれを高等中学校でも継続、「右資金ヨリ生スルトコロノ利子金ヲ以テ其経費ニ充テ候、就テハ該資金ノ義ハ御庁ニ於テ管理保護」し、「可然増殖之方法御設下被下度」という「願」であった。学校資本金は、きわめて順調にその果実を増殖させ、おそらく他府県に例をみないほどに成功したことを示している。

同じ三人は、次のように経費精算のための「願」を出している。

元県立造士館経費残金一万六百六十四円六十一銭一厘ノ内、金五千円ハ高等中学造士館株券利益配当金、又ハ現金利子受入迄ノ費途及理学室建築其他非常之繰替予備トシテ該館へ御引渡、残剰金五千六百六十四円六十一銭一厘ハ、客歳十二月五日出願別記第三項外元資同様御庁ニ於テ保管シ、右資金ヨリ生スル利子金ハ、同館ノ経費へ御繰込相成候様御取計被下度、此段奉願候也、

明治二十一年四月一日　　正二位公爵　島津忠義

従三位子爵　高嶋《（ママ）》鞆之助

従三位子爵　野津道貫

鹿児島県知事　渡邊千秋殿

財第百四十三号

書面願之趣聞届候事

明治二十一年四月四日　鹿児島県知事　渡邉千秋[19]

つまり高等中学造士館の学校基本金は、これまでの「県立」中学造士館の基本金を継承し、県庁がそれら基本金を管理し、その利子で館を運営するとした。かくして「県立」中学造士館から高等中学造士館への移行は、すべて滞りなく進められたかのようにみえた。

ところが、当該時期は、帝国憲法の発布に伴う帝国予算制度の確立と、それに関係して官立学校等の予算に関する基本的枠組みが成立する時期でもあった。こうした国家的枠組みの形成が、後述するように、高等中学造士館の性格を大きく規定することになる。鹿児島県知事・渡邉千秋は、九〇年（明治二三）に突然、島津忠義に「管理上ノ都合」のため高等中学造士館の資本金について次のように問い合わせているが、おそらく帝国予算制度の確立に付随して文部大臣管理高等中学校の財政管理形態が問題となったと思われる。

甲号　往第四百十二号

高等中学造士館維持金寄付ニ付、明治二十年十二月五日御願出之元金四万七千六百二十一円ハ、挙テ御寄付ノ旨趣ニ有之候哉、管理上ノ都合有之、為念一応及御問合候条至急御申出相成度及御照会候也

明治二十三年五月二十三日　　鹿児島県知事　渡邊千秋

公爵　島津忠義殿[20]

これに対する島津忠義の回答は次のとおりである。重要史料のため長文だが全文を引用する。

乙号

往第四百十二号ヲ以テ高等中学造士館維持金云々御照会ノ趣領承（ママ）、右ハ先ニ県立中学造士館ヲ高等中学ノ制ニ改メ、文部大臣ノ管理ニ属セシメ度旨ヲ以テ其筋御申請ノ儀願出候際、之ニ添付シタル項目第三項ニ記シタル通リ、利子金ヲ以テ造士館ノ諸費ヲ寄付スルノ旨趣ニ候条、右御了承義相成度、此段及御回答候也

明治二十三年五月二十七日　正二位公爵　島津忠義

鹿児島県知事　渡邊千秋殿

別記

第一項　鹿児島県立中学造士館ヲ高等中学ノ制ニ改メ、文部大臣ノ管理トシ鹿児島高等中学造士館ト称スル事

第二項　鹿児島県立中学造士館在来ノ建物・書籍・器械・其他学校付属ノ物品ハ、総テ鹿児島高等中学造士館ノ所有トナス事

第三項　鹿児島高等中学校維持費ハ、公爵島津忠義ヨリ年々寄付スル所ノ金九千四百円ト、左記ノ現金及ヒ株券ヨリ生スル所ノ利子金並ニ配当金凡一万円トヲ以テ其経費ニ充ツル事

一　金四万七千六百二十円九十銭五厘　島津忠義寄付

一　金五万四千二百円三十一銭四厘　高嶋鞆（ママ）之助寄付　野津道貫寄付

一　金八千八百四十五円四十銭七厘　有志者寄付鹿児島県知事へ依託ノ分

合計金十一万六百六十七円六十二銭六厘

内　金十万円日本鉄道株券五千円券二十枚

金一万六百六十七円六十二銭六厘現金

第四項　寄付者ハ向二十年間ハ寄付金ヲ継続スル事
第五項　本館ノ学科及其程度ハ文部省令第十六号ニ則ル事
第六項　寄付者島津忠義ハ本館重要ノ事件ヲ評議セシムル為メ、十名以内ノ商議委員ヲ撰定シ、文部大臣ノ
　認可ヲ経ヘキ事
　但、商議委員ハ東京・鹿児島ニ限リ之ヲ置キ、俸給ヲ受ケサル者トス
第七項　商議委員ハ館長ヲ撰定シ、之ヲ文部大臣ニ推薦スル事
第八項　商議委員ノ任期ハ三箇年ヲ以テ一期トシ、期満ツル後続任スルヲ得ル事
第九項　本館歳入出ノ予算ハ館長之ヲ調理シ、商議委員ノ議ヲ経テ文部大臣ノ認可ヲ要スル事
第十項　歳入出ノ決算及地所・家屋・物品ノ増減ハ商議委員ノ審査ヲ経テ館長ヨリ文部大臣ヘ報告スル事
第十一項　本館ノ学事年報ハ、商議委員ノ審査ヲ経テ毎年　月限館長ヨリ文部大臣ヘ報告スル事
第十二項　本館職員ノ任罷・進退・職務等ハ高等中学校ノ例ニ準セラル丶事
第十三項　本館ニ金円等ヲ寄付シタル者ハ、其寄付金等ノ額ニ応シテ生徒若干名ヲ撰ヒ、其授業料ノ全額、
　若クハ幾分ヲ免除シ得ル事、但、其方法及催促ハ別ニ之ヲ定ムル者トス
第十四項　第四項ノ期限内ト雖トモ高等中学校ノ目的・規模等ニ変更ヲ生シ、寄付者ノ情願ニ背馳スル場合
　アルトキハ寄付者ハ第三項ノ寄付金ヲ止ムルヲ得ル事
第十五項　文部大臣ハ学政上ノ都合ニ依リ、本館ノ管理ヲ止メラル丶コトアルヘク事
第十六項　前両項ノ場合ニ於テ第二項鹿児島県立中学造士館ノ所有タリシ建物等、及第三項寄付金ノ支弁ニ
　係リタル物品等、総テ寄付者ニ交付セラル丶事、

明治十七年十二月県立中学ト公立鹿児島学校トヲ廃シ、更ニ旧藩主ノ遺志ヲ継述（ママ）シ再ヒ造士館ヲ興設セラル、是ニ於テ若干ノ金円ヲ寄付シテ其費途ニ充テ、以テ後来該館ノ益隆盛ナランコトヲ切望セリ、翌十八年三月開館ノ典ヲ挙ケラレ、爾来日ニ月ニ着々其歩ヲ進メ、僅ニ三歳ヲ閲シテ生徒員数四百五十余名ニ達シ、最高級ハ来ル二十一年七月ヲ期シテ全科ノ業ヲ卒ヘントス、是偏ニ知事ノ訓督懇切ナルト職員ノ奨導其宜シキヲ得タルニ依レリ、然ルニ昨年諸学校令ノ頒布アリシヨリ本邦学事ノ状態大ニ其面目ヲ改メ、造士館ニ於テモ亦其組織ヲ改良シ、学科程度ヲ進メサルヲ得サルノ時機ニ際会セリ、是故ニ明治十九年勅令第十六号諸学校通則ニ基キ、別記項目ニ則リ高等中学校ノ制ニ改メ、文部大臣ノ管理ニ属シ、県下有為ノ子弟ヲシテ一層高等ノ学理ヲ講究セシメ、各其所長ニ従ヒ実業ニ就カシメ度所存ニ付、其筋ヘ申請之儀可然様取計被下度、此段相願候也(21)

この「乙号」こそ、高等中学造士館の性格を示す最重要の基本史料である。

本史料自体は、日付こそ一八九〇年（同二三）五月二七日付ではあるが、「別記」以下部分で学校の性格に関する部分は、高等中学へと組織改編した八七年（同二〇）時に制定された、と考えてよいであろう（ただし、第三項の財政部分は当該時点）。現に次章で述べるように、「別記第六項」を受け、翌八八年（同二一）二月には運営の中心となる商議委員一〇名が任命されていることからもそのことがわかる。

高等中学造士館の資本金に関係する部分を「乙号」から整理しておく。「建物・書籍・器械・其他学校付属」品が造士館の所有であることが明記され(22)（第二項）、同校の維持費が島津家の「年々寄付スル所ノ金九千四百円」と、「島津忠義寄付」の「金四万七千六百二十円九十銭五厘」、「高嶋鞆（ママ）之助寄付　野津道貫寄付」の「金五万四千二百円三十一銭四厘」、「有志者寄付鹿児島県知事ヘ依託ノ分」の「金八千八百四十五円四十銭七厘」、合計「金十一万六百六十七円六十二銭六厘」であった。

要するに、同校は巨額な資本金の果実と、第一三項にある一般の寄付金で運営・維持してきた。名実とともに、高等中学校でありながら資本金は旧藩主ら有力者によるものであった。それとともに注目すべきは、第三項で「高嶋鞆（ママ）之助寄付　野津道貫寄付」とある点についてである。すでに述べたように、公立鹿児島学校の学校基本金である「旧兵隊中該積金」（前出）の管理者が両名であった。筆者は、この事実に鑑み、両名寄付は文字どおりの両名個人による寄付金拠出ではなく、「旧兵隊中該積金」の使用に伴う両名の名義だったのではないかと推測する。そのように推測するのは、高島・野津以外の薩藩出身の有力官僚・軍人の名が寄付者に見えないことにある。公立鹿児島学校設立以来、この学校の設立を計画し強く支持してきた川村純義や松方正義の名がなく、高島・野津二人の名だけが、しかも旧藩主の金額を上回って出てくるのは不自然である。それらの理由で「旧兵隊中該積金」使用を、両名の名を出すことで具体的に示したものと推測する。

いずれにしても、高等中学造士館の学校基本金は、そのすべてが旧藩主の賞典禄以来の果実および島津家の寄付金、「旧兵隊中該積金」という維新期以来の地域の積金、地域有志の寄付金から構成されていた。本高等中学造士館の基本金も、母胎となった学校同様、地域性を色濃くもつ各種の寄付金だったのである。

さて、九〇年（同二三）八月、県知事から島津忠義へ次のような指示が出される。

往第百六十八号

鹿児島高等中学造士館学資之儀ハ、元資ヲ挙テ御寄付相成タル儀ニアラサル旨、曽テ御回答之趣有之致了承候、然レハ該元資ハ二十二年法律第四号及二十三年勅令第五十三号ニ拠リ、文部省及当庁ニ於テモ保管難致モノニ付、寄付者ニ於テ管理之方法ヲ立テ、文部省へ申報可有之旨、同省大臣ヨリ指揮有之候条、速ニ該方法ヲ設ケ申報相成度、此段申進候也

明治二十三年八月十九日　鹿児島県知事　渡邊千秋

追テ該申報書及管理方法書ハ、当庁ヲ経由シ御申達ノ儀ト御了知可有之候

公爵　島津忠義殿(23)

ここでいう「二十二年法律第四号」とは、一八八九年（同二二）二月一一日法律第四号会計法で、「二十三年勅令第五十三号」とは、一八九〇年（同二三）三月二八日「法律第二十六号官立学校及図書館会計法」に基づく、同年同日「勅令第五十三号官立学校及図書館会計規則」である。

つまり、「県立」中学造士館から高等中学造士館へと変更したまさにその時期は、一八八八年（同二一）四月二日に文部省直轄学校収入金規則が制定され、また翌年の大日本帝国憲法の発布による帝国予算制度が確立（憲法発布と同日「法律第四号会計法」の制定）し、官立学校等の予算規定が国家的に成立する時期（九〇年〈同二三〉三月二八日「法律第二十六号官立学校及図書館会計法」の制定と同年同日「勅令第五十三号官立学校及図書館会計規則」の発布）でもあった。

「往第百六十八号」は、この「会計法」と「官立学校及図書館会計規則」のため、造士館の元資は文部省および県庁で「保管難致」いので、寄付者が「管理之方法」を定め、文部省へ申報するよう文部大臣から「指揮」があったという。

ということは、すなわち通則一条が規定する「寄付金」で、文部省や府県が資本金を管理するのは不可能だから寄付者が自ら管理規則を立案せよ、ということになる。これでは通則一条による文部大臣管理高等中学の管理ができないということを、当の文部省自身が認めたことになる。この点は他の通則一条適用の高等中学校である山口高等中学校との比較研究が必要である（本書第三部第五章参照）。

さらに八九年（同二二）「法律第四号会計法」は、第四条で「各官庁ニ於テハ法律勅令ヲ以テ規定シタルモノ、外特別ノ資金ヲ有スルコトヲ得ス」と規定し、九〇年（同二三）「官立学校及図書館会計法」は、その第一条で「文部省直轄学校及図書館並農商務省所管東京農林学校ハ資金ヲ所有シ政府ノ支出金資金ヨリ生スル収入授業料寄付金及其他ノ収入ヲ以テ其歳出ニ充ツルコトヲ許シ特別ノ会計ヲ立テシム」と規定している。さらに「勅令第五三号官立学校及図書館会計規則」は、資金は第一条で「第一維持資金　第二特別資金」の二種とし、第二条で「資金ハ所管大臣之ヲ管理スヘシ」と、第三条で「資金ハ之ヲ支消スルコトヲ得ス、但特別資金ニ限リ用途指定者ノ同意ヲ以テ元金ヲ使用スルコトヲ得」と規定している。これらを総合すると、学校維持資金の利子その他は、学校の一般経費、特別資金の収入は特別の用途にとし、残余は資金の増殖に宛てることになる。しかもこの資金は現金のみならず不動産や公債証書の購入・交換が可能だという。そうすると、資金を運用する際に、寄付者の意向をいちいち確認することが求められ、文部省―鹿児島県当局―高等中学造士館、の間の手続きは否応なく煩雑にならざるをえない。それを避ける意味で「往第百六十八号」のような判断をしたと考えられる(24)。

ともあれ、「往第百六十八号」を受け、次のような「鹿児島高等中学造士館学資金管理方法」が文部省に提出された。

鹿児島高等中学造士館学資金管理方法

鹿児島高等中学造士館学資之儀ハ、自今寄付者ニ於テ管理之方法ヲ立ツヘキ旨、過般御通達相成候ニ付拙者共ニ於テハ鹿児島県華族島津珍彦・同県士族山本盛秀・同染川岳一ヲ以テ該資金ノ管理者ト為シ、別紙条件ノ方法ニ拠リ管理運転一切ノ事委任致候ニ付、此段及申報候也

明治二十三年十二月　寄付者

公爵　島津忠義
伯爵　西郷従道
子爵　高嶋（ママ）鞆之助

文部大臣　芳川顕正殿

鹿児島高等中学造士館学資金管理方法

一、鹿児島高等中学造士館維持資金ニ属スル現在ノ株券及現金ハ、保管ノ為メ之ヲ第五国立銀行鹿児島支店ニ委託スヘキ事

一、維持資金ニ属スル現金ヲ以テ不動産公債証書株券等ニ換ヘ、又ハ不動産公債証書株券等ヲ以テ他ノ不動産公債証書株券等ニ換ヘントスルトキハ、商議委員ノ議決ヲ経、寄付者ノ承諾ヲ得テ施行スヘキ事

一、維持資金ヨリ生スル利益配当及利子等ノ収入ハ鹿児島高等中学造士館へ寄附金トシ、予算決定額ニ応シテ之ヲ同館へ納付シ、残余アルトキハ元資増殖ノ所置ヲ為シ、又ハ必要ノ費用ヲ支弁スル事

一、維持資金ノ増減及収入金ノ収支ハ管理者ニ於テ其時々帳簿ニ登記シ、毎年三月三十一日現在資金ノ種別及同年度間ニ於テ施行シタル一切ノ出納計算書ヲ調製シ、商議委員へ報告スル事

但、此際翌年度ノ収入予定額ヲモ付記スヘキ事(25)

これによって高等中学造士館は、九〇年（同二三）一二月（日付なし）に島津珍彦・同県士族山本盛秀・染川岳一を「該資金ノ管理者」として文部大臣に届けた(26)。管理者および後述の商議委員の議決と承認、文部大臣への報告と、自己管理方式による学校資金の管理形態が完成した。同時に、そのとき文部省自身は、これらの報告を形式的に受理し、形式的に承認したにすぎなかったと思われる。

このように、通則一条適用下の文部大臣管理高等中学校とは、管理実態は「私立」学校に近い自己管理方式を採用しながら、文部省が最終的に管理するという方式であった。監督官庁として文部大臣が最終的に管理する方式であれば、かなりの自由度が島津家には認められたはずである。通則一条の適用により「官立ト同一」のさまざまな特権を享受しながら、しかしその内実は「私立ト同一」といえるほどの学校管理形態だったのである。

三　高等中学造士館の学校管理運営形態と生徒出身地にみる地域性

1　学校管理運営形態

本節では、高等中学造士館の管理運営形態および生徒出身地を通じて、学校の地域性を検討する。

上述の一八九〇年（明治二三）五月二七日付島津忠義から県知事宛「乙号」第六項から第十一項までには、学校管理運営に関する重要な原則が示されている。それは学校管理運営組織の中軸として商議委員会が組織されたことである。

同様の商議委員会は、これまで通則一条校に多くみられ[27]、また後述のように、高等中学校の学校管理運営機関としても設置されている。ここでは高等中学造士館の商議委員会の特徴点を明らかにしたい。

「乙号」を見ると、第一に旧藩主島津忠義は、本館の重要事件を「評議」すべく一〇名以内の商議委員を選定し、文部大臣の認可を受け、東京と鹿児島に配置（第六項）するとある。第二にその商議委員は、造士館長を選定の上文部大臣に推薦し（第七項）、第三に商議委員は、本館の予算および資産、学事全般に関する審査権（第九項・第十項・第十一項）、をもつ。つまり商議委員会は、人事権と予算権・学事全体の審査権を有した[28]。このように大きな権限をもつ商議委員の実質的任命権者は、旧藩主島津忠義であった（最終的な任命権者は文部大臣となるが、きわめて形式的であったと思われる）。

八八年（同二一）二月、島津忠義は「商議員御認可願」を提出する。そこには「東京部商議委員」として黒田清隆・松方正義・川村純義・高島鞆之助・樺山資紀・仁禮景範、「鹿児島部商議委員」として渡邉千秋・黒田才蔵・東郷重持・有村国彦、の計一〇名が記されている(29)。一見してわかることは、すべて名を連ねる人士が旧薩摩藩士族で有力政治家、陸海軍最高幹部と島津家家臣など有力士族である。しかも、地元鹿児島の県政担当者よりも在京有力者が一〇名中六名を占め、数的に優位だった。寄付者をはじめ、旧薩藩士族の学校管理運営への参加は、寄付者の意向・地域の意向を直接学校管理運営に反映する仕組みだった。だが、在京者が多いということが、館運営上の支障となった。九三年（同二六）二月に、島津忠義から文部大臣宛て修正の「願」が提出される。それによれば、商議委員は「管理願別記第六項ニ依リ十名以内ヲ撰定スベキ事ニ相成居候処、現在ノ委員ハ大概東京在住者ニシテ、造士館ニ係ル重要緊急ノ事件ヲ評議セシムルコト能ハス（中略）就テハ管理願別記第六項中商議委員十名以内トアルヲ十二名以内ト改正致度候」とある(30)。鹿児島部の商議委員を増員するため、商議委員全体の人数を二名増員している。

商議委員会の機能を検討するため、参考までに「第一高等中学校商議委員規程」（一八八八年〈同二一〉三月二三日）をみておこう。「第一条　本校重要ノ事件ヲ商議スル為メ商議委員ヲ置ク、第二条　商議委員ハ三名以上七名以下トシ学校長ノ推薦ニ依リ文部大臣之ヲ命ス、第三条　商議委員ノ会議ニ付スヘキモノハ学科課程重要ノ諸規則経費ノ予算其他本校ノ利害ノ消長ニ関スル事項トス、第四条　商議委員会ノ議案ハ学校長之ヲ提出スルモノトス、第五条　商議委員会ハ学校長ヲ以テ会長トシ委員半数以上出席スレハ議事ヲ結了スルコトヲ得、第六条　商議委員ハ五箇年ヲ以テ任期トス任期満ツルノ後時宜ニ依リ更ニ勤続ヲ命スルコトアルヘシ(31)」。

商議委員会が学校運営の中枢機関であったことは確認できるが、学校長が推薦し文部大臣が任命する商議委員とは一体誰なのか、当該高等中学校設置区域（および同自治体）や学校との関係でどのような人物なのか不明確である。しかも、九〇年（同二三）一〇月一四日の「勅令第二三三号文部省直轄諸学校官制改正」を受けた「高等中学校官制」では、「第十一条　文部大臣ハ校務上ノ須要ニ依リ各学校ニ商議委員会ヲ設クルコトアルヘシ其委員ハ文部大臣之ヲ命ス」とあり、[32] 設置自体が曖昧な状態となった。

言い換えると、第一から第五高等中学校の場合、森文政期には学校運営の中枢機関として商議委員会が設置された。ただし、実際どのように機能し、どのような性格を有したかは不明である。それに対し高等中学造士館の商議委員会は、旧藩主島津家をはじめ寄付金拠出主体の意向を、学校管理運営の中枢たる商議委員に選出しえた。高等中学造士館は、その意味で学校に地域性が反映できる仕組みが造られていた。

さて、以下のように学校内部の運営組織もかなり特徴的である。「鹿児島高等中学造士館諸規則」中に「分掌規程」があり、そこには「諮問会ニ関スル事」が規程としてある。

諮問会規程

第一条　諮問会ヲ分テ職員会議、教員会議及学科主任会議ノ三トス

第二条　職員会議ハ臨時館長ノ意見若クハ教頭又ハ舎監ノ求ニ依リ之ヲ開キ、教員会議及学科主任会議ハ館長若クハ教頭ノ意見又ハ学科主任ノ求ニ依リ之ヲ開クモノトス

第三条　職員会議ノ会長ハ館長之ニ当リ、教員会議及学科主任会議ノ会長ハ教頭之ニ当ル

第四条　職員会議ノ会員ハ、教頭・舎監・各学科主任及各掛主任ヲ以テ組織ス、教員会議ノ会員ハ各教員、学科主任ノ会員ハ各学科主任ヲ以テ組織ス

第五条　教頭教員会議又ハ学科主任会議ヲ開カントスルトキハ、其会議ノ期日及会議ニ付スヘキ事項ヲ予メ館長ニ申出、会議終リタルトキハ直ニ決議ノ件ヲ館長ニ具申スヘシ

第六条　問題ノ都合ニ依リテハ、館長若クハ教頭ノ意見ヲ以テ前条会員外ノ職員ヲ会議ニ列セシムルコトアルヘシ

第七条　会議ハ館長若クハ教頭ノ諮問ニ止マルモノトス、故ニ其決議ノ件ハ悉ク之ヲ実施スルノ限リニアラス(33)

つまり高等中学造士館は、諮問会として職員会議・教員会議・学科主任会議を開催し、館長は職員会議を、教頭が教員会議・学科主任会議を主宰した。職員会議の構成は「教頭・舎監・各学科主任及各掛主任」であった。職位に応じた形で会議が開催されていたことがわかる。

2　生徒の出身地

最後に高等中学造士館に入学してきた生徒の出身地を、各年度の『鹿児島高等中学造士館一覧』からまとめて整理してみよう。

生徒全体の在籍者数が、二一九人から一八〇人へと微減であるのに対して、全体では鹿児島の生徒が漸減傾向にあること（一八九〇年八九・四％から一八九五年七五・〇％へ）、本科予科でみると、予科生九一・〇％から七六・八％、本科生一〇〇％から六五・五％へと、大きく減少させていることがわかる。

高等中学造士館は、初期こそ入学生徒の比率において、ごく少数の例外はあるものの、鹿児島県内を中心に隣接諸県・九州地区の生徒の占める比率は高かった。しかし年とともに鹿児島県や隣接諸県・九州地区の比率は漸減し、他地域の生徒が、少しずつではあるが、広がりをみせている。生徒出身地からみえるこうした地域性は、初期の段階こ

そ高いものの、しだいに低くなっていった。

通則一条適用による「官立ト同一」のメリットを受けながらも、他の「官立」高等中学校同様、帝国大学への階梯としての性格を有するために、「鹿児島県民のための学校」という性格は、徐々に弱くなっていったものと考えられる。そうした実態は、高等中学校から県尋常中学校への転換の背景となったと思われる。

おわりに

一八九四年（明治二七）に高等学校令が発令された。他の高等中学校は、高等学校に速やかに移行したのに対し、高等中学造士館はそうではなかった。廃校に至る過程は別稿に譲ることとして(34)、高等中学造士館は、これまで蓄積してきた豊かな学校基本金の活用方向性を検討し、その結果、新たに通則一条校の鹿児島県管理尋常中学造士館の設立と、発足した(35)島津奨学金の充実強化という途が選択された。学制期以来、蓄積された学校資本金は、県立中学―高等中学校の資本金として鹿児島県における近代的中学校を支え続け、今度は一方では尋常中学校の資本として、他方では奨学資金として地域の青年たちを支え続けていくのである(36)。

藩校造士館の近代化改革以降「県立」中学造士館まで、学校資本金の圧倒的割合が島津忠義の寄付金や当時の寄付金からなる「旧兵隊中該積金」など、地域の各種寄付金であった。寄付金の拠出には多様多層な寄付主体の意志が発現する。しかるに、学校の基本的性格として地域性を確認できる。他方、高等中学造士館は、その管理運営では、島津忠義推薦（文部大臣任命）の商議委員会が大きな権限をもち、かつ多様な諮問会を組織し、運営していた。その意味で多様多層の寄付金拠出主体の意志を、学校管理運営に反映できる、言い換えると地域性が反映できる学校であった。さらに第二節で考察したように、自己管理方式による学校資金の管理形態であったがため、高等中学造士館とは、実態は「私立」学校と同一の自己管理方式で、最終的な権限は確かに文部大臣が管理権限を有していたが、実質は島津家の自由度が高かったことが想定される。つまり通則一条適用の高等中学造士館は、その内実においては他の管理高等中学校と「同一」ではあるが、運営においては「私立ト同一」ともいう性格を実現しえた。にも関わらず高等中学校のもつ制度的特徴のため、入学者生徒出身地に関して、他府県者が占める割合が徐々に高まり、寄付者が高等中学校経営から撤退する一因となったと思われる。

註

（1）幕末維新期以降の鹿児島県における中等教育史の整理は、拙稿「鹿児島県における近代的中等教育機関の成立と展開―地域性に着目して―」（『大東文化大学紀要』第五四号、二〇一六年、本書第三部第一章所収）に詳述したが、同県における県立中等教育機関は、その多くを寄付金に依拠している実態が明らかになった。地方税全額支弁と差異を付ける意味で「県立」とカッコ付きで表記する。

（2）森文政の歴史的評価に関しては、それ以前の教育制度改革構想の帰結・実現した制度・森の制度構想を、ひとまず腑分けして整理する必要があると思われる。

（3）『第一高等学校六〇年史』（一九三九年）一六四～一七八頁。

（4）拙著参照。

（5）国立教育研究所編『日本近代教育百年史　第四巻　学校教育（二）』（一九七四年）四二四頁。なお高等中学校の章は「中等教育」ではなく「高等教育」第四編第三章の第二節中「大学予備教育の確立」にある。

（6）近年の高等中学校研究の到達状況については、研究代表者・荒井明夫『平成二二～二五年度科学研究費補助金（基盤研究B）研究成果報告書―一八八〇年代におけるエリート養成機能形成過程の研究―高等中学校成立史を中心に―』所収諸論文等、および同共同研究の研究分担者・田中智子『近代日本高等教育体制の黎明―地域と国とキリスト教界―』（思文閣出版、二〇一二年）参照。

（7）近年、尚古集成館所蔵島津家文書は、当時の同館学芸員の前村智子によって、精力的に翻刻され、島津家史料の全体像が明らか

になった。前村「資料紹介　元高等中学校造士館引継并ニ県立尋常中学造士館書類一巻（一）」（『尚古集成館紀要』第一〇号、二〇一一年）、同「資料紹介　元高等中学校造士館引継并ニ県立尋常中学造士館書類一巻（二）」（『尚古集成館紀要』第一一号、二〇一二年）、同「資料紹介　造士館関係資料」（『尚古集成館紀要』第一二号、二〇一三年）、同「資料紹介　島津奨学金関係資料」（『尚古集成館紀要』第一三号、二〇一四年）。

(8) 註(1)拙稿参照。

(9) 鹿児島県議会編『鹿児島県議会史　第一巻』（一九七一年）七三頁。

(10) 註(1)拙稿参照。なお、ここでの寄付金の占める比率は筆者の計算である。

(11) 椎原国幹「回答書」（国立国会図書館憲政資料室所蔵「樺山資紀文書」一一四—四）、芳即正「鹿児島学校と三州義塾」（『鹿児島純心女子短期大学研究紀要』第一三号、一九八三年）七三〜七四頁。ただし芳は行政文書番号を付していない。

(12) 「約定書」（前村智子「資料紹介　造士館一巻」〈『尚古集成館紀要』第六号、一九九三年〉七〇頁）。

(13) 島津珍彦「意見書」（国立国会図書館憲政資料室所蔵「樺山資紀文書」五四〇—一〇）。

(14) 「御届」（前村前掲「資料紹介　造士館一巻」八七頁）。

(15) 通則一条適用の手続きについては、拙著八八頁以下を参照のこと。本校の場合では、寄付者（島津忠義等）から「寄付金変更願」の鹿児島県知事宛て提出→鹿児島県から文部省へ伺→文部省による認可条件の提示→鹿児島県へ回答→寄付者へ回答→さらにそれを受けてすべての書類等の整備→鹿児島県・文部省へ「伺乃至願」の提出→認可の回答。以上の手続きを打ち合わせるために島津珍彦が上京したと予想できる。

(16) 「寄附金変更ノ儀ニ付願」（前村前掲「資料紹介　造士館一巻」九〇頁）。

(17) 「県立中学造士館」（同前）、九一頁。

(18) 「学資保管願」（前村智子「資料紹介　造士館一巻（続）」〈尚古集成館『尚古集成館紀要』第七号、一九九四年〉一三二頁）。

(19) 同前。

(20) 「甲号　往第四百十二号」、同前、一四三頁。

(21) 「乙号」、同前、一四三〜一四四頁。

(22) 通則一条校の愛媛県尋常中学校の場合には、学校の教材等財産の所有権をめぐって「管理」のあり方について県会・学校関係者の間で論争となっている。拙著一九〇〜一九二頁参照。

(23)「往第一六八号」（前村前掲「資料紹介　造士館一巻（続）」一四五頁）。

(24)一八八九年（明治二二）「法律第四号会計法」、および九〇年（同二三）「勅令第五十三号官立学校及図書館会計規則」は、いずれも学校「特別資金」を規程している。その運用を具体的に示した規程は、当事者には手続上煩雑となったのではないか。官立学校に対する国家財政制度に関しては、次の論文がある。島恭彦「帝国大学特別会計の史的考察」（島恭彦『島恭彦著作集　第三巻　日本財政論』有斐閣、一九八二年）、羽田貴史「明治憲法体制成立期の帝国大学財政政策」（広島大学大学教育センター編『大学論集』第二五集、一九九六年）、同「明治前期官立学校財政政策の展開」（『日本の教育史学』第三九集、一九九六年）、島田直哉「山口高等商業学校の財源と使途」（『東海学園大学研究紀要』第一六号〈人文科学研究編〉、二〇一一年）。

(25)「鹿児島高等中学造士館学資金管理方法」（前村前掲「資料紹介　造士館一巻（続）」一四六頁）。

(26)「寄付者島津忠義・西郷従道・高嶋《ママ》鞆之助から文部大臣芳川顕正」宛、同前、一四五頁。

(27)拙著三四八〜三六二頁で通則一条校の商議委員会を分析している。

(28)一八八七年（明治二〇）四月二五日から書記・川上彦四郎と幹事・染川岳一の両名が他の高等中学を視察するため出張しており、その「復命書」は日付なしだが、「造士館長島津珍彦宛」になっている。前村前掲「資料紹介　造士館一巻（続）」一二四〜一二五頁。館長は島津珍彦が続投した。

(29)前村前掲「資料紹介　造士館一巻（続）」一二三頁。

(30)同前、一五〇頁。

(31)註（3）書、一七四頁。

(32)同前、二〇三頁。

(33)「分掌規程」（前村前掲「元高等中学校造士館引継并ニ県立尋常中学造士館書類一巻（一）」五一頁）。

(34)拙稿「鹿児島県管理尋常中学造士館の性格に関する一考察」（『中等教育史研究』第二三号、二〇一六年、本書第三部第三章所収）。

(35)木場貞長によれば、すでに一八九三年（明治二六）に島津奨学金（奨学団体）が発足していたという。木場貞長「島津奨学資金に就て（七）」（『三州』第七号、鹿児島県立図書館、一九二八年）五二〜五三頁。

(36)島津奨学資金に関する研究は、中川言美「島津奨学資金による育英事業の成立と展開―財団法人許可後を中心に―」（中国四国

教育学会編『教育学研究紀要』第四〇巻第一部、一九九四年)、同「島津奨学資金による育英事業の成立と展開」(『地方教育史研究』第一六号、一九九五年)。

第三章　鹿児島県管理尋常中学造士館の地域性

課題設定

本章は、鹿児島県における通則一条適用になる文部省管理高等中学造士館が、文部省管理を離れ、通則一条適用の鹿児島県管理尋常中学造士館として新たに発足する過程を考察対象とし、同尋常中学校の学校資本金・学校管理形態を考察することで、通則一条適用の鹿児島県管理尋常中学造士館（以下、通則一条中学造士館と略す）の地域性を解明することを目的としている。

本章は、その意味で鹿児島県における近代中等教育史研究であるとともに、前史に通則一条適用の文部省管理の高等中学校であった中学校が、通則一条中学造士館に改組した事例を対象とする、通則一条校研究の一環でもある。(1)

鹿児島県における近代中等教育史研究は、越井和子による研究を嚆矢とするが、特定の時期ないし特定の対象に限定しての研究は存在するものの本格的な通史はいまだに描かれていない。(2)(3) 筆者による一八八七年（明治二〇）の通則一条適用の文部大臣管理高等中学造士館成立までの時期を対象とする研究と、通則一条適用文部大臣管理中学造士館の研究があるが、その後の展開（高等中学校造士館から九七年〈同三〇〉鹿児島県管理尋常中学校へ、さらには九九年〈同三二〉鹿児島県中学造士館と改称、一九〇一年〈同三四〉官立第七高等学校造士館開校という展開）をみるとき、鹿児島県(4)(5)

における近代中等教育史研究は、いまだ多くの研究課題を残しているといわざるをえない。

本章では、文部省管理高等中学校を前史とするというきわめて特殊な通則一条鹿児島県管理中学造士館の事例を対象に、特徴を論じることとしたい。

本章で用いる地域性とは、尋常中学校の性格に関わる概念であり、当該尋常中学校の設立および運営に関して地域がどのように関わっているかを考察する視点である。つまり、そこで問題となるのは学校資本金の内実、学校の目的、学校の管理運営、等に地域がどのように関わっているかという点である。言い換えると、通則一条中学造士館の場合、学校資本金として旧藩以来の公的財政・寄付金という地域的共同性の結晶が使用され[6]、教育目的として地域の青年のための教育が規定され、学校管理運営として地域を代表する多様な有力者が関与していた、ということを示すものである。

本章の構成はその内容に対応している。また、本章で使用する史料は、尚古集成館所蔵の島津家文書中の造士館関係史料を用いる[7]。

一　通則一条中学造士館の成立過程

1　文部省管理高等中学造士館の廃止とその資金運用策

一八九四年（明治二七）六月二五日高等学校令が発令された。他の高等中学校は、高等学校に速やかに移行したのに対し、文部大臣管理の鹿児島高等中学造士館はそうではなかった。この経緯について、木場貞長は次のように語っている。すなわち「明治二十五六年ころより帝国議会に於て地租軽減論が高唱され（中略）文部省は、止むを得ずして高等普通教育を目的とする高等中学校を廃し、之に代ふる専門教育を授くる高等学校を設け（中略）島津家に対して高等学校の経費が自ら増大すべきを告げ、島津家は此費用を負担する覚悟あるや否を確かめるに、公爵家に於ては其事を困難なりとせられたから、高等中学造士館は其儘廃校するの外なき破目に陥った」という(8)。木場が語る内容が事実だとすれば、文部省は島津家に対し造士館の高等学校改組と運営を打診し、島津家は「困難なり」と返したことになる。

当然ながらここで、鹿児島「県立」(9)中学造士館以来の巨額の学校資本金をいかに活用するかという問題が浮上してくる。その資本金の実態と運営策を史料で検証しておこう。

高等中学造士館が文部省管理を解いた時点で作成されたと思われる「造士館維持資金現在高」によれば、「明治二十年十二月、県立中学造士館ヲ高等中学ノ制ニ改メラレタル当時資金現在額　十一万六百六｜七円六十二銭六厘」(10)だったが、その後の資本の蓄積により増殖に成功、「合計一七八、五〇〇円」に達した、とある。すなわち、高等中学校期間中で「殆ト七万円ヲ増殖セリ」(11)という状況である（学校資本金形成に関するより詳細な考察は第三節で行う）。高等中学校の廃止は、この学校資本金をどのように活用するか、という問題でもあった。

この資本金を運用するための二案があったことが以下の「甲号・乙号」でわかる(12)。「甲号」は、「島津奨学資金使用法ニ関スル意見」とあり、「一、奨学資金ノ制ヲ設クル事、二、奨学資金ノ幾分（五千円ニ超過セサルコト）ヲ以テ県立中学校ヲ補助スル事」とある。他方、「乙号」は「一、経費ノ一部（寧ロ大部分）ヲ以テ、尋常中学校ノ課程ヲ卒業シ、尚、進ンテ高等ノ学科（文部及陸海軍ノ諸官立学校等）ヲ修メントスル俊秀有望ノ青年輩ニ学資（旅費）ヲ貸付シ（中略）海外ニ遊学セシムルノ方法ヲ設クル事、二、経費ノ一部（三分一以上）ヲ割テ県立中学造士館ヲ設ケ、前項ニ於ケル人材養成ノ原流ヲ広潤ニスル事」を提案している。それぞれ理由も明記した長文であるが、結局、「乙号」が採用された[13]。前述の木場貞長によれば、「余は当時文部省の普通学務局長を勤（ママ）めていたが（中略）牧野（伸顕—引用者）次官と共に其善後策に参加」、「其間には種々の運動もあれば、意見も出」、「新に貸費制度を設けて中学卒業したる有望青年に学資を貸与して其業を成差し無へしとの説が有力になった[14]」と述べている。

かくして、学制期以来蓄積された学校資本金は増殖に成功し、今度は、一方では通則一条中学造士館の資本金として、他方では島津奨学資金として、地域の青年たちを支え続けていくことになった[15]。

高等学校令発令二年後の一八九六年（同二九）六月二七日付で、専門学務局長木下廣次名による島津忠義・高島鞆之助・野津道貫宛「通牒」が出され、鹿児島高等中学造士館の文部大臣管理が正式に解かれることになった。

鹿児島高等中学造士館之儀、去明治二十年中、諸学校通則第一条ニ依リ文部大臣ニ於テ管理相成度旨、鹿児島県知事ヲ経テ御出願之趣有之、爾来、当省ニ於テ管理相成来候処、右ハ学政改革上ノ都合有之、其際添付ノ別記項目第十五項ニ依リ、今般当省ノ管理ヲ解カルヘキ省議ニ有之候、就テハ、在来生徒御処分上等ノ準備モ可有之ニ付、右之趣、予メ御通報可申進トノ儀ニ候条、右様御領（ママ）承相成度、此段及通牒候也

明治二十九年六月二十七日　文部省専門学務局長法学博士木下廣次

公爵　島津忠義殿

伯爵　高嶋（ママ）鞆之助殿

子爵　野津道貫殿[16]

本史料中にある「別記項目第十五項」とは、「学政改革上ノ都合」から「諸学校通則第一条」の文部大臣管理を解くという内容である[17]。かくして高等中学造士館は、一八九六年（同二九）九月三日、勅令第二九八号により廃校となった。

2　鹿児島県管理尋常中学造士館への途

通則一条による文部大臣管理が解かれた高等中学造士館は、その名目上は廃校となるが、組織的には鹿児島県管理による通則一条中学造士館への改組であった。

ここで、先の意見中の「乙号」から、通則一条中学造士館となる理由をみておこう。

理由として「経費ノ一部ヲ以テ尋常中学校ヲ設立シ、知事ノ管理ヲ請ウテ県立ノ中学校トシ（文部省ノ高等中学造士館ニ於ケル県庁ノ県立中学ニ於ケル其関係同一ナリトス）、造士館ノ名義ノ下ニ於テ県下ノ少年ヲ教養スル」必要がある、という。続けて「各府県ハ続々トシテ中学校ヲ増設セントスルノ傾アリテ、既ニ四、五校、乃至五、六校ヲ有スルモノ少シトセス（中略）我県下ノ将来ヲ思フトキハ、鹿児島市ニ二箇ノ中学ヲ有スルコトハ決シテ過多」ではない、と指摘する。そこでの学科は「尋常中学」で、「県立ニスルハ殊ニ必要」だ、なぜならば「尋常中学ハ中正ニシテ一方ニ偏セス、諸科ニ入ルノ正門ニ外ナラ」ないからだという。「高等学校ニ入学スルコトヲ得サル多数ノ卒業生ハ、偏倚シタル教育ヲ受ケタルカ為、業ヲ転スルニ由ナクシテ、其志操亦中正ヲ欠キ世ノ廃物ト為ルモノ少トセス、況ヤ特種予備学校出身ノ者ト尋常中学出身ノ者トハ、其業ノ大成スル点ニ於テ、前者ニ優ル」という。尋常中学校に対する強い希望を読み取ることが可能である。

県立とする理由については、「尋常中学トスル以上ハ必ス県立トスルヲ得策トス」、なぜならば「県立中学ハ、其生徒ニ在テハ、徴兵猶予判任文官無試験任用等ノ特権ヲ有シ、其教員ニ在テハ奏任判任官ノ待遇ヲ受ケ退隠料（恩給）、又ハ扶助料等ノ支給ヲ受クルカ故ニ、教員ノ精選、生徒ノ募集上等ニ於テ、私立学校ノ企ヲ及フ所ニアラサルヘシ、況ヤ其他、間接ノ利益モ少カラサルニ於テヲヤ、是レ県立学校トスルヲ切望スル所以[18]」である、と指摘している。

地方税支弁による純然たる県立学校にすることは県財政上不可能であった[19]。それに対して、すでに概観したように、高等中学造士館設立までの十分な学校基本金の上にさらに基本金形成に成功し（先にみたように「殆ト七万円ヲ増殖」したという）、文部大臣管理による通則一条適用の高等中学造士館の運営実態を経験してきた事実により、通則一条中学造士館への改組を決断したと思われる。

かくして高等中学造士館は通則一条校へと改組したのである。

元高等中学造士館ヲ更ニ県立尋常中学造士館ト被成度御趣意ヲ以テ御申入相成候件ハ、小官ニ於テ聊カ異存無之、該館整理ノ点ニ於テハ、精々高嘱ヲ空カセサル様、尽力可致内存ニ御座候、依テ本年度残期分及来三十年度予算書、別冊甲乙号之通調整致候間、右ニテ御差支不被為在候ハヽ、直ニ県会ニ提出シ、可決候上ハ、其筋ノ認可ヲ受ケ確定可致義ニ御座候間、御了承被下度候、此段得尊意度如斯御座候、　敬具

明治二十九年十二月九日　　鹿児島県知事子爵加納久宜

公爵島津忠義殿

追テ甲乙号予算ハ、夫々費目ヲ分チ有之候へ共、実費支出上多少ノ差異ヲ生シタルトキハ、彼此流用致候義ハ成規上差支無之ニ付、予算総額ノ大体ニ於テ、変更ヲ生セシメサル精神ニ御座候、尤モ県会モ日数切迫ノ場合ニ付、可成至急御調査相願候、此旨副テ申上候也[20]

このように鹿児島県側も、高等中学造士館の通則一条中学造士館への改組に対し大筋合意していた。

これに先立って、次の松方正義による書簡は、文部大臣管理から鹿児島県管理に至る過程で、松方らが仲介した様子がわかり興味深いものがある。本史料は、封書で宛て名が「鹿児島県庁気付　男爵　島津珍彦殿」で、差出人は「東京麹町区永田町　松方正義」となっている。

愈御安康奉御賀候、造士館ノ管理解除ニ関スル条ニ付テハ、諸事御配慮ト承推察仕候、生徒転学之節モ、先ハ滞リナク相済事ト存候、而シテ尋常中学造士館設立之件ハ、已ニ県知事ヘケ条書ヲ以テ御談示相成候趣、今般加納知事出京ニテ委細承知致候、同知事之意見ハ、県庁ニ於テ管理スル以上ハ、余リ条件多クシテ外ヨリ精細ヲ受ケ候様ニテハ、他ノ県立中学校トノ釣合モ有之、又、外都ノ関係煩雑ニ相成候テハ、寧ロ県知事ニ於テ管理スル事ハ辞退仕度旨申出候、県ハ教育上ノ前途ヲ考フルニ、中学教育ハ今日、他県ニ比シ、幾分退歩之場合ニ付、迅速設備ヲ整ヘ、全然文部之規定之道ニ総而、当局者ノ処置ニ委託致候方、結局、教育ノ成績モ相挙リ可申、尤モ、設立者ニ於テ商議員ヲ撰定シ、学校ニ関スル重要ノ事件ヲ評決セシメ、寄付者ノ素志ヲ貫カントノ趣向ハ元ヨリ、一ノ方便ナルヘキモ、従来ノ各地経験等ニ徴スルニ、学校ノ主裁者一ナラサルトキハ、管理上ノ統一ヲ完フスルコト、甚タ困難ノ事ナルカ如ク、能其目的ヲ達スル者誠ニ稀ナリ、右様ノ次第ニ付、知事ノ管理ヲ出願スルニ付テハ、可成簡単ノ条件ヲ付シ、一切当局者之委任致方可然シ、誠々ニ寄付之要項ヲ摘記致候処、別決ノ如クナレバ、円滑之運用ヲ為シ得ベク存候、又商議員ハ、何レ必要ニ可有之候得共、右ハ全ク島津家ノ機関トナシ、県知事ニ交渉セサルコトニ相成度ト希望致候、学資金貸与之恩典ハ、独リ造士館生徒ニ限ラス、県下公立中学校生徒ニハ同様ニ推シ及等シ度、商議員之希望ニ御座候、御参考迄申添候

十一月六日　　松方正義　樺山資紀　川村純義

高嶋（ママ）鞆之助　仁禮景範　有村国彦

島津珍彦様（21）

本書簡において、松方らは元鹿児島高等中学造士館長・島津珍彦に対して、県管理とする場合にはなるべく条件を簡単にすること、商議委員を島津家の機関とすること、学資金貸与の際の留意点について、具体的に提案している。

しかも、その提案は、県知事の意向だったようである。

かくして、一八九六年（同二九）一二月、通則一条中学造士館へと組織改編し、翌九七年（同三〇）一月開校した(22)。高等中学造士館から通則一条中学造士館への改組に対しては、次のように整理することができる。すなわち、まずは高等学校令の発令により高等中学造士館の廃止が余儀なくされたという契機である。文部省は島津家に対し高等学校経営を打診したが、島津家の財政事情はそれを許さなかった。他の高等中学校のように、高等学校への改組ができなかったのはそのためであった。その際、高等中学造士館の商議委員や中央政界にある鹿児島県出身実力者たちが画策し、高等中学造士館の学校基本金をいかに活用するかが検討され、選択された途は、通則一条中学造士館への改組と島津奨学金の設立であった。

二　通則一条中学造士館の目的と管理運営主体をめぐる問題

次に通則一条中学造士館の基本的性格を考察したい。「別記」が残されている。高等中学造士館の「別記」を土台にして作成したものと思われる。全文は次のとおりである。

別　記

第一項　造士館ハ鹿児島県知事ノ管理ニ属シ、鹿児島県尋常中学校造士館ト称スル事

第二項　元鹿児島高等中学造士館在来ノ建物・書籍・器械・其他学校付属ノ物品ハ総テ鹿児島尋常中学造士館ノ所有トナス事

第三項　本館ハ公爵島津忠義ヨリ年々寄付スルトコロノ金一万余円ヲ以テ其経費ニ充ツル事

第四項　本館ノ学科及其程度ハ、明治十九年文部省令第十四号及同二十七年同令第七号ニ則トル事
第五項　本館ハ創立以来ノ緒ヲ継キ、高等専門ノ学校ニ入ラント欲スル者並陸海軍出身志願ノ者、又ハ出テ実業ニ就カント欲スル者ニ完全ナル教育ヲ施スヲ以テ目的トスル事
第六項　寄付者公爵島津忠義ハ本館重要ノ事件ヲ評議セシムル為メ、三十名以内商議委員ヲ撰定シ、県知事ノ認可ヲ経ヘキ事
但、商議委員ハ東京ニ若干名、鹿児島ニ若干名ヲ置キ、俸給ヲ受ケサルモノトス
第七項　商議委員ハ館長ヲ撰定シ、之ヲ県知事ニ推薦スル事
第八項　商議委員ノ任期ハ五ヶ年以テ一期トシ、期満ツル後続任スルヲ得ル事
第九項　本館歳入出ノ予算ハ館長之ヲ調理シ、商議委員ノ議ヲ経テ県知事ノ認可ヲ経ヘキ事
第十項　歳入出ノ決算及建物・書籍・器械・其他物品ノ増減ハ、商議委員ノ審査ヲ経テ館長ヨリ県知事ヘ報告スル事
第十一項　本館ノ学事年報ハ商議委員ノ審査ヲ経テ毎年（ママ）月限リ館長ヨリ県知事ヘ差出ス事
第十二項　本館職員ノ任罷・進退・職務等ハ、尋常中学校ノ例ニ準セラルヽ事
第十三項　本館ニ金員等ヲ寄付スル者アルトキハ、寄付者ノ指定ニ依リ生徒若干名ヲ撰ミ其授業料ノ全額若クハ幾分ヲ免除シ、又ハ卒業生ニ高等学校・帝国大学等在学中ノ学費ヲ貸付スルコトヲ得ル事
但、其方法及細則ハ別ニ之ヲ定ム
第十四項　本館創設ノ目的・規模等ニ変更ヲ生シ、寄付者ノ情願ニ背馳スル場合アルトキハ、寄付者ハ第三項ノ寄付金ヲ止ムルヲ得ル事

第十五項　県知事ハ学事上ノ都合ニ依リ本館ノ管理ヲ止メラル丶コトアルヘキ事

第十六項　前両項ノ場合ニ於テ、第二項尋常中学造士館ノ所有タリシ建物等及第三項寄付金ノ支弁ニ係リタル物品ハ、総テ寄付者ニ交付セラル丶事(23)

内容から判断して、通則一条中学造士館の性格を解明する上で、最も重要な基本史料である。その基本的性格を整理すると、第一に、島津忠義の年一万円の寄付金を経費とし県知事管理を受けた尋常中学校である点、第二に、文部省の「尋常中学校ノ学科及其程度」に則るとしながらも「県立」中学造士館創立以来の伝統を継承して「高等専門ノ学校ニ入ラント欲スル者並陸海軍出身志願ノ者、又ハ出テ実業ニ就カント欲スル者」を目的としている点、第三に、運営の重要事項を評議し館長推薦権をもつ商議委員を東京と鹿児島に配置する点、第四に、その商議委員の任命権者は寄付者・島津忠義であるという点、である。上記の特徴を踏まえ、もう少し学校の性格を詳しくみておこう。

まず学校の目的についてである。第四項と第五項の規程によれば、「学科及其程度ハ、明治十九年文部省令第十四号及同二十七年同令第七号ニ則トル」(第四項)としながらも、第五項で「本館ハ創立以来ノ緒ヲ継キ、高等専門ノ学校ニ入ラント欲スル者並陸海軍出身志願ノ者、又ハ出テ実業ニ就カント欲スル者ニ完全ナル教育ヲ施スヲ以テ目的トスル」としている点である。一八八四年(明治一七)に、それ以前の鹿児島「県立」中学校と公立鹿児島学校を統合して設立した鹿児島「県立」中学造士館の目的は、「県立中学造士館内規」の第一条に「本館ハ専ラ県下ノ子弟ヲシテ陸海軍学校東京大学其他高等ノ専門学校ニ入ラント欲スル者ノ為メニ高等ノ教育ヲ受ケシ(24)」とあり、教育目的は連続しているとみてよい。

次に、学校の管理運営の形態である。寄付者である島津忠義が「本館重要ノ事件ヲ評議」のために「三十名以内商議委員ヲ撰定」し(東京・鹿児島それぞれに若干名)、「県知事ノ認可」を受けることとある(第六項)。その商議委員は

「館長ヲ撰定」し県知事への推薦権（第七項）を有し、本館歳入出の予決算の審議、県知事へ提出する権（第九項、第十項）をもっていた。つまり、寄付者・島津忠義が、人事権と予決算権をもつ商議委員を任命、その商議委員には鹿児島県内および東京在住の鹿児島県出身実力者たちが関わっていたのである。

確認すべきことは、文部大臣管理の高等中学造士館の通則一条中学造士館への改組に伴って、「県立」造士館時代の教育目的が踏襲されている点、学校運営と管理に関して、寄付者と寄付者の任命する商議委員が人事・予・決算において強い権限を有していた点である。通則一条中学造士館は、教育目的において、また学校管理運営において地域の意向を反映する仕組みをもっていたのである。

三　通則一条中学造士館の資本金の実態

明治初期以降、鹿児島県における近代中等教育機関の学校資本金に占める寄付金の割合は、それがなければ学校運営が不可能なほど大きな比率を占めた(25)。

その全貌を明らかにしうる貴重な史料が次の「造士館資金成立ノ概略」である。本史料と年月日不詳ながら、文中の「昨二十九年」という表現から明らかなように、一八九七年（明治三〇）の、通則一条中学造士館開校に伴って作成された史料だと思われる。長文ではあるが全文を示しておく。

造士館資金成立ノ概略

一、金四万七千六百二十一円九十銭五厘

此ハ、明治六年以来、引続キ県下教育補助費トシテ、年々島津家ヨリ寄付セラレタル員ノ一部ヲ県庁ニ於テ積

立タルモノニシテ、造士館創立ノ時迄ハ鹿児島中学ノ維持資金タリ

一、金五万四千二百円三十一銭四厘

此ハ、公立鹿児島学校設立ノ際、高嶋鞆之助・野津道貫ノ両氏ヨリ寄付セラレタルモノニシテ、造士館創立ノ時迄ハ同校維持資金タリ

一、金八千八百四十五円四十銭七厘

此ハ、黒田清隆氏外有志諸氏ヨリ県下教育費トシテ寄付セラレ、県庁ニ於テ保管セシモノナリ、

右ハ明治十七年十二月、鹿児島中学ト公立鹿児島学校トヲ廃シ県立中学造士館ヲ創設セラレタル際、第一・第三ハ同資金ト定メラレ、第二ハ高嶋・野津両氏ヨリ更ニ同館資金トシテ寄付セラレ、於外ニ島津家ヨリ年々九千四百円ツヽ寄付セラレタリ、而シテ該資金ハ、惣テ県庁ニ於テ管理セリ、其一部ハ金録(ママ)公債証書ニシテ、一部ハ元陸軍御用達商・田中長兵衛ヘノ貸付金並現金ナリキ、其後、金録公債証書ヲ売却シテ帝室御財産中、日本鉄道株十万円ヲ券面金額ニテ譲受ケタリ、故ニ、県立中学ヲ高等中学ノ制ニ改メラルヽ際ニハ、資金十一万円六百六十七円六十二銭六厘ノ内、日本鉄道株十万円ニシテ、其余ハ現金ナリシ、爾来、資金ハ惣テ造士館長ニ於テ之ヲ管理シ、主トシテ増殖ノ方針ヲ執リ、日本鉄道株ヲ売却シテ炭鉱鉄道株ヲ買入レ、又、炭鉱鉄道株ヲ売却シテ諸種ノ株券、又ハ公債証書ヲ買入ルヽ等、資金ノ利殖ヲ謀リタリ、昨二十九年、文部省ノ管理ヲ鮮止セラレタル際ニ於ケル現在ノ公債証書・株券並現金ハ左記ノ如クニシテ、実ニ高等中学ニ更立ノ際ノ現在金ニ較スルハ、殆ト七万円ヲ増殖セリ

一、整理公債証書　八〇、〇〇〇円

一、軍事公債証書　一、〇〇〇円

一、日本鉄道株式会社株　三五、八五〇円
一、同第六回増株　一二、五三〇円
一、日本郵船会社株　二五、〇〇〇円
一、日本銀行株　六、七五〇円
一、横濱正金銀行株　二、〇〇〇円
一、第百四十七国立銀行株　一〇、〇〇〇円
一、第五国立銀行特別当座預金株　五、三七〇円
合計　一七八、五〇〇円(26)

まず冒頭の「金四万七千六百二十一円九十銭五厘」については、「明治六年以来、引続キ県下教育補助費」とあるように島津家の賞典禄に基づく利子の寄付をいう。その一部を積み立て、一八七八年（同一一）設立の鹿児島「県立」中学校、一八八四年（同一七）設立の鹿児島「県立」中学造士館設立に際して資金とした。次の「金五万四千二百円三十一銭四厘」についてだが、ここには「公立鹿児島学校設立ノ際、高島鞆之助・野津道貫ノ両氏ヨリ寄付」とあるが、廃藩置県時に薩摩藩兵が出兵し、その際の積立金（旧兵隊蓄積余剰金）がある。高島・野津の両名はその管理責任者であった。そのため、ここにある両名の巨額な寄付金について、筆者は、高島・野津が個人で寄付したのではなく、両名管理になるその「旧兵隊蓄積余剰金」が使用されたのではないかとみている。もしそうだとすれば、その積立金は、個人の寄付ではなく、当時の公的な財政の活用（地域的共同性の結晶）ということになる。最後の「金八千八百四十五円四十銭七厘」は純然たる寄付金である。(27)

ここまでの考察からわかるように、「明治六年以来」形成された「造士館資金」とは、薩摩藩―鹿児島県における

公費・寄付金であったという事実である。つまり、そこでは地域の公的な資金が活用されたとみるべきなのである。

こうした学校基本金の成立に立って、通則一条中学造士館発足時点での学校基本金の総額をみておこう。

明治三十年七月起之　造士館基本財産根帳

一、整理公債証書額面	六二、〇〇〇円也
一、軍事公債証書額面	一、〇〇〇円
一、金三万五千八百五十円也	日本鉄道会社株券七百十七株
一、金一万七千九百円也	同第六回増株三百五十八株（五十円払込）
一、金九千三百八円也	同第七回増株三百五十八株（二十六円払込）
一、金二万五千円也	日本郵船会社株五百株
一、金一万八千七百五十円也	同新株七百五十株（二十五円払込）
一、金六千七百五十円也	日本銀行株四十五株
一、金二千円也	正金銀行株二十株
一、金五百円也	同新株二十株（二十五円払込）
一、金一万五千円也	第百四十七国立銀行株三百株
総計	金十九万四千五十八円也

明治三十年七月十九日調　現在高[28]

開校が一八九七年（同三〇）一月なのでこれは開校直後の学校基本金である。整理公債証書の額面は少なくなっているものの、総額は、すでに「造士館成立の概略」時点より一万五五五八円増額していることがわかる。

次に、通則一条中学造士館の学校維持金の実態を検討しておこう。

造士館維持資本収入予算　明治三十年七月調株式配当利率ハ最近ノモノニヨル

一、金三千円也　　整理公債証書額面六万二千円ニ係ル年五分利息

一、金五十円也　　軍事公債証書額面千円ニ係ル年五分利息

一、金三千九百三十三円五十銭也

日本鉄道会社株券七百十七株ニ係ル年一割一分ノ配当

一、金千九百六十九円也

同第六回増株三百五十八株（五十円払込）ニ係ル年一割一分ノ配当

一、金千二十三円八十八銭也

同第七回増株三百五十八株（二十六円払込）ニ係ル年一割一分ノ配当

一、金二千五百円也　　日本郵船会社株五百株ニ係ル年一割ノ配当

一、金千八百七十五円也　　同新株七百五十株（二十五円払込）ニ係ル年一割ノ配当

一、金八百七十七円五十銭也　　日本銀行株四十五株ニ係ル年一割三分ノ配当

一、金三百円也　　正金銀行株二十株ニ係ル年一割五分ノ配当

一、金五百円也　　同新株二十株（二十五円払込）ニ係ル年一割五分ノ配当

一、金千五十円也　　第百四十七国立銀行株三百株ニ係ル年七朱ノ配当

一、金九千四百円也　　島津家ヨリ年々御寄付ノ分

総計　金二万六千百五十三円八十八銭也

此内　金一万千九百六十九円十三銭三厘　三十年度造士館経費予算

差引残　金一万四千百八十四円七十四銭七厘(29)

通則一条中学造士館は、つまり、年間の総収入が二万六一五三円八八銭で、一年間の経費予算学が一万一九六九円一三銭三厘、差引一万四一八四円七四銭七厘の次年度繰越金を有していた。おそらく通則一条校の中で最も財政的に豊かな学校だったと思われる(30)。

以上、通則一条中学造士館の資金成立過程および学校資本金の実態を考察してきた。学校資本金は、繰り返すが、「明治六年以来」に形成されてきた全過程である。そして、それはまさに地域の総力が結集されてきたといってよい。通則一条中学造士館は、「明治六年以来」形成されてきた地域的資本金を学校資金とし、その果実を運用する形で学校維持費を形成した。その金額は、県立学校はもちろん、他の通則一条適用校にも類をみないほどに巨額であった。

おわりに

本章では、通則一条適用の文部大臣管理高等中学造士館を前史とする通則一条中学造士館を考察対象とし、同校の地域性を解明することを目的とした。

本章での考察をまとめたい。一八九四年（明治二七）の高等学校令の発令を契機として高等中学造士館の廃止が余儀なくされた。他の高等中学校のように、高等学校への改組ができなかったのは、島津家が文部省の打診を受け、専ら財政的事情により経営を拒否したからであった。高等中学造士館の巨額な学校資本金を活用する方策が、同校の商議委員や中央政界にある鹿児島県出身実力者たちによって検討され、その結果、島津奨学金を設立することと、文部大臣管理高等中学造士館の、通則一条中学造士館への改組が決定した。

通則一条中学造士館の教育目的は、一八八四年（同一七）に設立した鹿児島「県立」中学造士館の目的を踏襲し、その運営と管理については、寄付者・島津忠義と彼の任命する商議委員が人事・予決算に至るまで強い権限を有していた。通則一条中学造士館は、教育目的においても、学校管理運営においても地域の意向を代表・反映する仕組みをもっていたのである。

通則一条中学造士館の学校資本金は、「明治六年以来」に形成されてきた地域的資本金であった。その果実を運用する形で学校維持費を形成した。他に例をみないほどの巨額なその資本金は、地域の総力を集めた結晶と果実であった。

すなわち、通則一条中学造士館とは、地域の資本金を学校資本金とし、地域の要求・意志を学校の目的と管理運営に反映しえた「県立ト同等」（通則一条）の学校だったのである。

註

（1）通則一条適用の尋常中学校に関する研究として、拙著参照。ただし、本書は「県立ト同一」の県管理中学校を研究対象としたため、通則一条適用文部大臣管理の鹿児島高等中学造士館と山口高等中学校の二校を研究対象から外した。
その後、研究を進め、同二校の高等中学校について次のような成果を発表した。「文部大臣管理鹿児島高等中学造士館の地域性に関する一考察」（『地方教育史研究』第三八号、二〇一七年、本書第三部第二章所収）、「文部大臣管理山口高等中学校の『管理』に関する一考察」（『中等教育史研究』第二〇号、二〇一三年、本書第三部第五章所収）。

（2）越井和子「鹿児島県の中等教育」（本山幸彦『明治前期学校成立史』未來社、一九六五年）。

（3）本書第三部第一章の註（2）を参照のこと。

（4）拙稿「鹿児島県における近代的中等教育機関の成立と展開―地域性に着目して―」（『大東文化大学紀要』第五四号〈社会科学〉、二〇一六年、本書第三部第一章所収）。

（5）前掲拙稿「文部大臣管理鹿児島高等中学造士館の地域性に関する一考察」。

（6）中学校設立における地域的共同性については、拙著・序章を参照。

（7）前村智子による一連の翻刻がある。前章註（7）参照。

（8）木場貞長「島津奨学資金に就いて（六）」（『三州』第九巻第三号、一九二八年三月、鹿児島県立図書館所蔵）四九頁。

（9）一八七八年（明治一一）に県会で中学校設立が決定した時点で、中学校費総額三八五二円六銭に占める寄付金比率は、三五・二％であり、この事実をみる限り鹿児島県における「県立」中学校は純然たる地方税支弁の県立学校ではなく寄付金比率の高い「県立」中学校であった。以後、同中学校を中心として「県立」中学造士館、さらには高等中学造士館に至るまで、寄付金は一貫して学校基本金の重要な財源であった。この理由で本章では「県立」にカッコを付すこととする。この点については、註（4）拙稿参照。

（10）「造士館維持資金現在高」（前村智子「資料紹介　造士館関係資料」〈『尚古集成館紀要』第一二号、二〇一三年〉一一一頁）。なお、同史料は年月日不詳であるが、整理公債証書など証券種類別の金額が示されており、それは次の註（11）「造士館資金成立の概略」と一致する。そこには「昨二十九年文部省ノ管理ヲ解止セラレ」とある。よって、一八九七年（明治三〇）作成の史料と推察できる。

（11）「造士館資金成立の概略」（前村前掲「資料紹介　造士館関係資料」）一一七頁。

（12）「造士館善後策ニ関スル甲乙ノ意見二通」（同前所収）。なお、本史料は、すでに中川言美の論文「島津奨学資金による育英事業の成立と展開―造士館との関連を中心として―」（『地方教育史研究』第一六号、一九九五年）で使用されている。

（13）「乙号」には「樺山」「景範」という署名があり、それらは、樺山資紀・仁禮景範と思われる。その他の署名や捺印（またはその両方）には、有村国彦・椎原国幹・高島鞆之助・東郷重持・松方正義ら、島津家家令・高等中学造士館の商議委員・鹿児島出身の政界の実力者の名前がみえる。彼らが「乙号」意見に賛成したという意志表示だと思われる。前村前掲「資料紹介　造士館関係資料」一一二～一一六頁。

（14）木場前掲「島津奨学資金に就いて（六）」四九頁。

(15) 島津奨学資金については、中川による前掲論文の他、同「島津奨学資金による育英事業の成立と展開―財団法人認可後を中心に―」(中国四国教育学会『教育学研究紀要』第四〇巻第一部、一九九四年)を参照。
(16) 前村前掲「資料紹介　造士館関係資料」所収。
(17) 本史料は一八九〇年(明治二三)五月二七日付島津忠義から鹿児島県知事渡邊千秋宛の「乙号」の「別記」中「第十五項」である。「別記(中略)第十五項　文部大臣ハ学政上ノ都合ニ依リ、本館ノ管理ヲ止メラル、コトアルヘク事」とある。前村智子「資料紹介　造士館一巻(続)」(『尚古集成館紀要』第七号、一九九四年)一四四頁。
(18) 「乙号」(前村前掲「資料紹介　造士館関係資料」)一一五～一一六頁。
(19) 鹿児島県は、一八九一年(明治二四)の中学校令中改正を受けて、一八九四年(同二七)に純然たる地方税支弁による鹿児島県立尋常中学校を設立している。このため、高等中学造士館に改組するにあたって、純然たる地方税支弁の県立中学校にするだけの財政状況ではなかったと思われる。
(20) 前村智子「資料紹介　元高等中学校造士館引継并ニ県立尋常中学造士館書類一巻(二)」(『尚古集成館紀要』第一一号、二〇〇二年)三七頁。
(21) 同前所収、三七～三八頁。
(22) 開校に伴い校長は県立尋常中学校長・岩行親が任命された(同前所収、四〇頁)。
　鹿児島県尋常中学造士館長ハ、去ル十八日付ヲ以テ本県尋常中学校長岩行親へ兼任ノ辞令、一昨二十三日到達相成、本日ヨリ始業致候条、右ニ御了知相成度、此段及御通牒候也
　明治三十年一月二十五日　鹿児島県知事子爵　加納久宜
　公爵島津忠義殿(後略)
(23) 前村前掲「資料紹介　造士館一巻(続)」一五五～一五六頁。
(24) 「県立中学造士館内規」(前村智子「資料紹介　造士館一巻」〈『尚古集成館紀要』第六号、一九九三年〉八四頁)。
(25) 註(4)拙稿参照。
(26) 「造士館資金成立の概略」(前村前掲「資料紹介　造士館関係資料」一一七頁)。
(27) 註(4)拙稿参照。

(28)「明治三十年七月起之　造士館基本財産根帳」（前村智子「資料紹介　島津奨学金関係資料」〈『尚古集成館紀要』第一三号、二〇一四年〉四二〜四三頁）。

(29)「造士館維持収入予算」同前、四三〜四四頁。

(30) この他の学校収入金として、生徒一人年三円の授業料があった。「鹿児島県尋常中学造士館規則　授業料規程」（前村智子「資料紹介　元高等中学校造士館引継幷ニ県立尋常中学造士館書類一巻（一）」〈『尚古集成館紀要』第一〇号、二〇一一年〉六九頁）。

第四章　防長教育会の歴史的性格

課題設定

外山正一が、その著書『藩閥之将来』において、「教育ノ盛ナル県ニ於テ（中略）最モ偉大ナルモノノ実行セラレテ居ルモノハ何モナガラ山口県デアル、防長教育会ノ資金ガ六十五六万円アツテ、其レデ一方ニ於テハ高等学校ノ経費ヲ支弁シ、他方ニ於テハ、大学ノ学生其他ニシテ品行方正学力優等ナルニ拘ラズ、貧困ニシテ学資ニ窮スル者ニ学資ヲ補助スルコトヲ成シテ居ルノデアル」(1)と語ったのは一八九九年（明治三二）のことであった。

本章の目的は、これほどまでに巨額な資本金を可能にした防長教育会とはいかなる基盤において成立し、資本金をいかに形成したのか、幹部の学問観・教育観・学校観から教育構想を探り明らかにし、その分析を通じて同会の歴史的性格を解明しようとするものである。

防長教育会に言及する教育史研究は周知のとおり数多くあるが、大別すると主として育英事業に着目する研究(2)と、山口県中学校成立史研究(3)、とに区分できよう。どちらの場合も同会の社会的機能に注目し、会の成立を一つの画期とするため、会の成立に関しては必ず言及している。

しかし、それゆえにこそ防長教育会自体の成立基盤、組織実態、資本金の募金方法と組織、会の学問観や教育観・

学校観に関しては分析が不十分である。

そこで本章は、主として防長教育会に関する第一次史料が多く収集されている『忠愛公伝』(4)所収史料に注目して分析するものである。

より具体的に課題を示し、本章の構成と重ねると、まずは防長教育会設立時の趣意書や各種規則を素材にその性格を明らかにし、同会の資本金の構成をみる(以下、第一節)。次に、資本金を形成していく過程と組織および実態について分析する(以下、第二節)。資本金に着目することの意味は、同会の資本金は多様な性格の財源から成る教育費であるので、教育費という物質的基礎を明らかにすることで、教育費によって規定される同会の歴史的性格が解明できることである。最後に、同会幹部の学問観・教育観・学校観を考察することで防長教育会の教育構想を明らかにする(以下、第三節)。本章ではこれらの分析を総合して、同会の歴史的性格を解明することが目的である。

一　防長教育会の設立と資本金構成

1　防長教育会の設立

先行研究と重複するが、必要な範囲で防長教育会の設立について史料を確認する。

一八八三年(明治一六)一二月、外務卿・井上馨が療養のため愛媛県に向かう際、旧藩主・毛利元徳は県下の学事視察を彼に委託する。彼はこれに応え「県下には萩山口岩国徳山豊浦の五中学あれとも規模狭少《ママ》学則不備教育未た整はすして生徒の数も亦寥々たり」、「其財源たるや中学資本金の積金十万円の利子と地方税の補助金四百円によるのみ」と、厳しい認識を示す。さらに「且つ小学卒業者にして中学に進むもの其の大部分は士族の子弟なり然るに士族の生計たる実に困窮の極にして敢て子弟をして地方に良師を求めしめ或は都会に遊学せしむるの余裕なし」と述べ、井上の問題関心の一端が士族救済にあることを示す。

毛利元徳はこの報告を受け、「教育の廃弛は多く資金の給否に基く資金を給せずして其の侵攻を欲するも得べからさるなり」、「防長の中学と雖も自今以後資金の増殖を図らは何そ他の府県に劣る事あらんや」と述べ、「馨及ひ内務卿山県有朋に委嘱して（中略）防長教育会設立を画し之か資本金を防長二州の有志に求め、其の資本金より生する利子と地方税の補助を以て五中学を経営せんと内決」した。その資本金として、よく知られるように、毛利本家からの一〇万円と、支藩毛利元敏（長府藩）、毛利元功（徳山藩）、毛利元忠（清末藩）、吉川経健（岩国藩）等から寄付金が拠出された(5)（次節にて詳述）。

なお、当時中学校正格化政策が展開され、その一環である中学校通則が翌八四年（同一七）月に発令されている点からみると、まさに時宜に適った提言であった。

さて、こうして成立した防長教育会は、資本金募金のさまざまな規則とともに、「防長教育会趣意書」(6)（以下「趣意書」と略す）を旧藩主連名にて示す。概要は次のとおりである。

元徳元敏元功元忠経健等茲ニ山口県出身ノ諸氏ニ告ク、夫レ方今学事ノ景況ヲ視ルニ、（中略）我カ旧地山口県ノ学事ニ至テハ独リ未タ此景況（注・他県のような学校設置）ニ並馳シ得サルモノアルカ如シ（中略）抑モ元徳ノ山口ヲ去ルヤ予メ学事ノ廃退センコトヲ憂ヘ明治七年賞典禄ノ内千石ヲ寄付シ、以テ中学維持ノ元資ニ充ラシム（中略）元徳等ノ我カ山口県ノ学事ニ於ル未タ嘗テ心ヲ用ヒスンハアラサルナリ（中略）小学卒業ノ生徒ヲシテ其進テ益スルノ業ナキニ困ミ相卒テ方向ヲ失ハシメントス（中略）小学卒業ノ生徒即チ中学ニ入ルヘキモノ十ノ七八ハ士族ノ子弟ニ出ツ（中略）防長二州ノ地ハ（中略）故国ニシテ嘗テ共ニ棲息俯仰セシ処ナリ、嘗テ一藩

同胞ノ情宜アル人ニ於テヲヤ、其郷里ニ対スルノ情宜ニ於テ之ヲ何トカ謂ン（中略）

明治十七年十月　吉川経健　毛利元忠　毛利元功　毛利元敏　毛利元徳(7)

「趣意書」とは、通常は寄付金募金活動において活用されるので「教育とはなにか・教育は何故重要なのか・学校とはなにか」を強調する内容のものが多い(8)。それに対し、この「趣意書」は学校観や教育観を前面に打ち出すのではなく、毛利家の山口県における学事に対する業績・鴻恩を前面に押し出した点に特徴がある。そして文末にあるように「郷里ニ対スルノ情宜」を強調する。ところで、近年の研究では「旧藩主」と「旧藩領民」との関係があらためて注目されている(9)。その一人である上符達紀はこの趣意書を引用し「旧藩主家毛利家は、旧藩領の旧藩士民との『情誼』に基づく関係を重視し、旧藩領・旧藩士民に恵を与え、近代山口県を支えた」と評している(10)。

ところでほぼ同時に出されたと推測される「私立防長教育会規則」（以下「規則」）は「本会ハ防長二州ノ学事就中中学以上ノ教育ノ改良上進ヲ翼賛スルヲ以テ目的」（第一条）とし、「現今既ニ有スル所ノ三十余万円ニ加」えて「終ニ五十万円ニ下ラサル金額ヲ蓄積シ之ヲ本会資本金」とする（第二条）、「資本金ハ其利子ノミヲ支消」し（第三条）、「公債証書若クハ確実ナル株券等ニ換ヘ毛利公ニ寄託」する（第四条）、「本会ノ常務ヲ整理」するため「会長一名」「副会長四名」「顧問無定員」「幹事十名」「副幹事三十名」を置く（第八条）、「本会役員ハ任期及ヒ報酬ナシ(11)」（第十一条）である。

このように防長教育会の性格がよくわかる「規則」である。

さて、翌八五年（同一八）一月、山口県令原保太郎は、広く県民に対し次の訴えを出した。

旧藩主毛利諸氏ノ従来我山口県ノ学事ニ於ケル各自其私費ヲ捐テ、之ヲ賛襄シ、子弟ヲ教育ノ道ニ就カシメントスルモノ百方啻ナラス、実ニ二州士民ノ幸福ト云フヘシ（中略）毛利諸氏ノ我山口県ノ学事ニ於情宜至レリト

表19　防長教育会の資本金収入概算（明治17年12月7日調べ）――明治17年度（従明治17年7月至同18年6月）

（単位：円）

名　目	金額	出金時期	出金内訳	構成比
金	100,000	17年12月中収入	毛利元徳出金ノ分	40.44
金	10,000	同前	毛利元敏同前	4.04
金	1,000	同前	毛利元功同前	0.40
金	300	同前	毛利元忠同前	0.12
公債証書七分利付	13,990	同前	吉川経健	5.66
同六分利付	6,010		同前	2.43
予約概算15,000円ノ三分ノ一	5,000	18年6月中収入	在京有志者同前	2.02
金	20,000	18年3月中収入	就産所出金ノ分	8.09
予約概算20,000円ノ三分ノ一	6,660	18年5月中収入	県内有志者同前	2.69
同前2,000円ノ三分ノ一	660	同前	県庁有志者同前	0.27
金	900	旧約定年賦ノ分 17年12月中収入	協同会社同前	0.36
	500	17年12月中収入	毛利元敏出金ノ分	0.20
金	69,157		旧来資本金付議ノ分	27.97
金	13,082		旧来資本純益金付議ノ分	5.29
合　計	247,259			100.00
誤（ママ）	227,259			

出典　『忠愛公伝』第九編第三章第三項。

云フ可キナリ（中略）該会（注・防長教育会）ノ資本ヲ増大ニシ、之ヲ以テ中学校年々ノ経費ニ充テ愈其隆盛ヲ賛助セントシ（中略）此挙ヲ賛助センコトヲ誘導奨励セラルヘシ（中略）

明治十八年一月　原保太郎(12)

先の「趣意書」と同様ここでも毛利家がいかに山口県の学事に対して業績・鴻恩があるかを前面に述べている。防長教育会設立に関して、前面に押し出された論理は、「趣意書」「規則」「原県令の訴え」にみられるごとく、旧藩主―旧藩領民による鴻恩―情宜という関係性であった。

2　資本金の構成とその特徴

次に、防長教育会設立時の資本金構成をみておこう。表19は会設立時の資本金構成である。表中の旧資本金関係とは、次章で考察する旧中学校の資本金のことである。表19からわかることは、毛利本支藩関係者が占める比率が五三・一九％で総資本金の過半数を超え、在京・県庁・県内有志者の比率が四・九八％、協同会社・就産所合計で八・四五％、旧中学校資本金関係が三三・二六％だということである。協同会社・就産所・旧資本金関係のもつ意味については次章で考察する。

ここで確認したいことは、毛利本支藩関係者の五三・二九％という比率の意味についてである。上符は、毛利家の一八七六年のデータを分析して、同家は「家禄二万三二七六石、賞典禄二万五〇〇〇石、金禄公債一一〇万七七五五円」の「日本有数の資産家」であったと示している(13)。だとするならば防長教育会を設立するまでもなく毛利本支藩関係だけで中学校を維持することは可能だったはずである。毛利家および井上馨・山県有朋が、あえて防長教育会を設立してまで中学校を維持する方策に出たのは、旧藩主―旧藩領民の関係性の上に立った山口県全域での教育事業の勃興（すなわち防長教育会の設立）を意図したからだといえるのではないか。中学校の設立・維持をこうした関係性に立脚したものとして位置付け、実現していった例は他地域にもみられる事例である(14)。

表20　防長教育会寄付金出金人員表

金　　額	人数	構成比
10円未満	144	7.59%
10円以上50円未満	1,514	79.77%
50円以上100円未満	99	5.22%
100円以上150円未満	90	4.74%
150円以上200円未満	13	0.68%
200円以上250円未満	8	0.42%
250円以上300円未満	3	0.16%
300円以上350円未満	12	0.63%
350円以上400円未満	1	0.05%
400円以上500円未満	0	0.00%
500円以上600円未満	7	0.37%
600円以上700円未満	3	0.16%
700円以上1,000円未満	0	0.00%
1,000円	3	0.16%
10,000円	1	0.05%
合　　計	1,898	100.00%

出典　同前より筆者作成。

次に、設立時に募金に応じた一八九八名の募金金額の内訳をみることで、募金に応じた社会階層をみておきたい。表20は、会設立時の募金額とその人員である。

「一〇円以上五〇円未満」が約八割に達している事実からみると、これに応募できる社会階層は、官吏・教員・中上層士族・中上層商人・豪農層などであったと推測できる。この階層こそが防長教育会の支持基盤であった。

以上、本節では「趣意書」「規則」「原県令の訴え」および資本金構成の分析を通じて防長教育会の設立の歴史的社会的背景を考察した。旧藩主―旧藩領民による鴻恩―情宜関係を強く主張し、それを基盤にした会の設立であった。つまり防長教育会の性格は、旧藩的な基盤に強く依存していたのである。

二　資本金募金の組織と実態

1　資本金募金規則と組織体制

防長教育会設立時に「趣意書」が発せられたと同時に「山口県中学校資金募集雑則」（以下「雑則」）が出ている。内容は次のとおりである。

山口県中学校資金募集雑則

一　今回ノ募金ハ固ヨリ山口県中学校ノ資本ニ充ツト雖モ、其元金ハ公債証書若シクハ確実ナル諸株券等ニ換へ、之レヲ毛利公ニ委託シ保護ヲ仰キ、年々其利子ノミヲ中学ニ寄付ス

但公債証書株券等ハ毛利公ノ名前トス

一　中学校ノ廃置其規模ノ伸縮及学科課程ノ変更ハ、予テ山口県令ヨリ会長ニアランコトヲ乞願シ置クヘシ、其廃置伸縮及ヒ変更ニ於テ我カ教育会ノ期望ニ背馳スル時ハ寄付金ヲ謝絶スルコトアルヘシ

一　年々中学校経費予算ノ報告ヲ受ケ必需ノ費用ト認定スル金額ヲ寄付ス、但シ収入利金ノ額ニ超過スルヲ得ス

一　中学校ノ廃置其規模ノ伸縮及学科課程ニ関スル諸般ノ目的ヲ指定シ、及ヒ年々寄付金ノ算額ヲ定ムル等ハ総テ会長幹事ノ協議ニ拠ル

一　出金ハ一時年賦ノ二種ニ分ツ、年賦ハ三ヶ年ニ限ル但シ各人出金額ハ凡ソ百円以上ノ俸給ヲ受ルモノハ一ヶ

月ノ俸額ヲ出サレンコトヲ期ス（中略）

明治十七年十月　私立防長教育会

この「雑則」の特徴は、資本金の着実なる集金・運用と、防長教育会が中学校の経費予算を通じて中学校教育に対する一定の発言権を確保したことにある。

翌一一月二九日には早くも「顧問井上外務卿及ヒ正副会長幹事」の参加による第一回拠集金会議が開催されている。そこでは会長から収支決算が報告された（前節の表19と20が時期的に近いことから会長報告とほぼ同一と推察できる）。続いて、第二号議案として「本会資本金利子ノ幾分ヲ支消ノ目的ヲ付シ年々之ヲ該校費トシテ山口県庁ニ寄付」するため次の「願書ヲ県庁ニ」提出するという（以下「願」）。

中学校寄付金ノ件ニ付願

拙者共貴県下中学資トシテ別記朱書ノ金員寄付可致段申出、一ツ書之通金員既ニ相納候処此度有志輩申合セ私立防長教育会ヲ開設シ（中略）当初ノ申出御取消尚既納之金員元利共悉皆該会へ御引渡被下候ハヽ、一層該会ノ資本ヲ饒足セシメ益中学校ノ隆盛ヲ賛成致度左候ハヽ従来ノ素志相達シ本懐ノ至リニ存候条可然御詮議相成度此段相願候也

明治十七年十二月　東京府華族　従二位毛利元徳　従四位毛利元敏

従五位毛利元功　従五位吉川経健

山口県令　従五位　原保太郎殿

なおこの「願」に続き、後述のように、翌一月に新たな「願」と「規約」を県に提出するが、そこでは寄付の時期と資本増殖の県庁への報告を約束する。

要するに、防長教育会の資本金に組み入れるため、一八八〇年（明治一三）以来毛利家が中心となって取り纏めてきた中学校への寄付金を返金してほしいという願いである。そして返金があった場合の約定を示したが、これに対する対応は次節で検討することにする。

八五年（同一八）二月一〇日に東京高輪の毛利邸に、会長・副会長以下正副幹事、県書記官、山口中学校長、県学務課員が集合して会議を開催し、そこで（一）会員の募集会費（寄付金）の納入方法、（二）教育会会規の制定、等々を協議している。（二）の規則起草委員に白根専一・江木千之・桂太郎の三人を任命した。この三人が起草したのが前節でみた「規則」である。

また、（一）として「私立防長教育会資金拠出等取集概則」を制定している。

その概要は、俸給別の寄付金額と寄付方法であった。つまりここに募金の集金方法が詳細に確定したことになる。

さて、先の八四年（同一七）の「願」に対し、結論のみいえば、政府は翌年二月二八日に許可を下し、これを受けて、原県令は三月九日に教育会に承認を伝えるが、その際「寄付金取扱ひ手続き」として、「新募寄付金は本年五月県庁学務課に於て之を纏め、年賦金は毎年同上貴会に送金」すること、「寄付金は成るべく百十銀行の為替」として「銀行なき地方にては現金を郡区役所に納め」させること、「県庁学務課に寄付金台帳を備へ其の納否の弁別」を行い、「東京の応募者等も学務課に報告」すること、である。

これをみると、県庁と防長教育会が一体となって募金活動を進めたことがわかる。

さらに、同時期に各地域別に集金委員がほぼ決定している。つまり吉敷郡（二名・人名確定）、阿武郡（同）、大津郡（同）、豊浦郡（三名・人名確定）、下関市（同）、佐波郡（一名・人名確定）、都濃郡（二名・人名確定）、熊毛郡（同）、玖珂郡（同）、厚狭・美祢・大嶋の三郡は人数は二名であるが人名は未定ということである。かくして募金活動の組織と体制が整った。

最終的に同会の募金体制と組織は次の「私立防長教育会資金拠出並取集概則」（以下「概則」）として確立した。

私立防長教育会資金拠出並取集概則

第一条　拠金額ハ百円以上ノ月給ヲ受クル者ハ其一ヶ月以上トシ、千二百円以上ノ年俸ヲ受クル者ハ其十二分ノ一以上トス、其他ハ敢テ多寡ヲ論セス

第二条　拠金法ハ分テ一時年賦月賦ノ三種トシテ拠金人ノ採択ニ任ス

第三条　一時拠金ハ本年五月三十一日ヲ期シ総額ヲ出スヘキモノトス

第四条　年賦拠金ハ本年ヨリ三ヶ年ヲ限リ毎年五月三十一日ヲ期シ総額ノ三分ノ一宛ヲ出スヘキモノトス

第五条　月賦拠金ハ本年五月ヨリ三十六ヶ月ヲ限リ毎月十七日ヲ期シ総額ノ三十六分ノ一宛ヲ出スヘキモノトス

第六条　拠金人ハ其金員ヲ毛利家家職ニ向ケ現金又ハ為換ヲ以テ送致スヘシ

第七条　前途送金受取所ヲ定ムト雖トモ東京府外ニ住居スル拠金人ハ其地方ニ集金委員ノ設ケアルトキハ該委員ニ向ケ出金スルモノトス、但出金ヲ受取タル委員ハ直ニ仮領収書ヲ発シ十四日以内ニ毛利公家職ニ転送シ其領収証書ヲ得テ拠金人ニ交付スルモノトス

第八条　東京府下ニ住居スル拠金人ハ最寄ノ副幹事ヘ向ケ出金スルヲ得、但其出金ヲ受取タル副幹事ハ直ニ仮領収書ヲ発シ七日以内ニ毛利公家職ニ転送シ、其領収証書ヲ得テ拠金人ニ交付スルモノトス

第九条　第七条第八条ニ所載ノ拠金人ニシテ直ニ毛利公家職ニ出金スルハ妨ナシ

第十条　集金委員及ヒ東京府外ニ住居セル拠金人ヨリ毛利家公家職ニ送金スル場合ニ於イテハ、駅逓本局又ハ東京府下諸銀行ニ為替ヲ組ミ受取人宛名ハ左ノ如クスヘシ

東京府下芝区高輪南町二十七番地　毛利公家職　柏村信　東条頼介（中略）
明治十八年四月　私立防長教育会

防長教育会は、一八八四年（同一七）一〇月の設立時からこのように繰り返し募金のための規則と体制確立に腐心してきた。その結果この「概則」を制定した。つまり会設立後半年のうちに山口県全域からの募金を組織する体制を整えたのである。

2　旧中学校資本金の処理問題

先にも述べたように、八四年一二月に、防長教育会は「願」と「規約」を県に提出するが、翌年一月に重ねて次の「願」と「規約」を提出している。

拙者共貴県下中学校ノ隆盛ヲ賛成スルノ計画ヲ以テ此度有志輩申合本会創設ニ付、会資ノ利子ヲ以テ永々左ノ規約ニ従ヒ該校経費トシテ年々出金致度此段御聞届相願候也

明治十八年一月　私立防長教育会長　毛利元徳
同　副会長　毛利元敏　毛利元功　毛利元忠
吉川経健

山口県令　原保太郎殿

規約

一　本会へ積立ツヘキ資本凡三十万円ヨリ生スル利子ヲ以テ永久五中学校ヲ維持スベキ目的ニ付、県庁ニ於テハ其所要ノ金額ヲ定メ年々之ヲ本会ニ達セラルベシ

一　本会ニ於テ県庁ヨリノ達ヲ受クルトキハ其旨ニ従ヒ、年々四月十月ノ両度ニ出金スヘシ（※公債証書ヲ以テ資本準備トナストキハ六月十二月両度修正ノ事）

一　本会ノ資金増殖ノ景況ハ時々之ヲ県庁ニ報告スヘシ

一　本会ノ資本漸次増殖ニ至ル時ハ年々寄付ノ金額モ亦従ヒ之レヲ増加スヘシ

一　本会ニ於テハ前項ノ規約ノ旨趣ハ堅ク之ヲ遵守スヘシ

これを受けて、山口県令・原保太郎は、内務卿・山県有朋および文部卿・大木喬任に対し、次の「中学資金処分ノ件ニ付伺」（以下「伺」）を提出する。

中学資金処分ノ件ニ付伺

金八万円

右ハ東京府華族毛利元徳外三名及本県内有志者ヨリ中学資本金トシテ過ル明治十三年以降続々寄付候ニ付乃チ該寄付金八万円ト、明治十年県税残金二万円トヲ合セ之ヲ以テ本県中学校ノ資本トシ（中略）係ル八万円ノ金額該会ヘ申受ケ之ヲ以テ会資ノ基礎トシ、更ニ資金ヲ増加募集シテ三十万円トシテ其利子ヲ以テ永々該校ヲ維持スルニ足ルヘキ金額年々更ニ寄付可致（中略）中学校資本ノ基礎ヘ益確定シ、永々維持ノ目的此度相立可申見込ニテ実際聊不都合ノ廉無之候ニ付、申出ノ通聞置候様致度相伺候也

明治十八年一月　山口県令原保太郎代理　山口県少書記官　頓野馬彦

内務卿伯爵　山県有朋殿　文部卿伯爵　大木喬任殿

この文書は、一八八〇年（同一三）以降毛利家を中心とする有志が続けてきた寄付「八万円」を防長教育会に引き渡すよう求めたことに対して、政府の対応を山口県が伺い出たものである。これに対し、内務卿・山県有朋と文部

卿・大木喬任は、二月二八日に連名で「学二第二百四十八号　書面伺ノ趣聞届候事」と返し、この両卿の対応を受け三月九日、原県令は「書面願之趣聞届候事」と防長教育会に回答する。(15)

かくして、八〇年（同一三）以来の旧中学校資本金のうち、寄付金に該当する「八万円」が防長教育会の資本金に組み入れられるようになったのである。

3　就産所と協同会社

次に、前掲表19で資本金の八・四九％を構成していた協同会社と就産所と、防長教育会との関係を検証する。これらの関係についてはすでに先行研究においても指摘されている。(16)ここで考察すべき問題は、これら協同会社と就産所の歴史的性格と両者の資本金、さらに両者の防長教育会に対する寄付行為との関係である。

まずは基礎的史実を確認しておこう。

山口県では一八七二年（同五）から地租改正に着手するが、その事業は困難を極めた。米納となった地租の上納と士族の給禄を管轄したのが翌七三年（同六）に設立された勧業局であった。勧業局は「旧藩の囲米の一部五万石および士族支配所修甫金・諸郡内修甫金の五〇万円」(17)を資本として、士族授産と農商の勧業を目的に設立された。しかし翌年一一月「県庁大会議」が開催され、「資本金が人民のものであり、その管理を県庁が行うわけにはいかない」(18)との理由で勧業局を解体し、それに伴い農商の保護のための協同会社の設立、士族授産のための授産局の設立、等が決議された。

協同会社とは勧業局の業務と資本米金を引き継いだ組織である。設立当初は木戸孝允を主宰者として迎え、その主要業務として地租引当米の徴集と売却、貸金・定期預金・公債売買などの金融業であった。組織運営は「防長二国の各町村浦島をもって株主とし、その七〇〇町村から一名〈明治一七年改正では二名となる〉ずつの株主をおき、さらに各郡区の株主から四名ずつの『社会議員』を出して、会社の運営について協議した[19]」という。協同会社は八九年（同二二）に解散する[20]。

次に就産所について検討しておこう。維新以後の士族層は秩禄処分に伴う金禄公債の交付により、とくに下級士族は生活困窮を極めた。士族授産が当時の最大の政治課題となったわけで、この課題に対応するため勧業局が設置され、同局解体後に就産所が設置されたのは前述のとおりである。

七八年（同一一）に「就産所第一回総会」が開催され、そこでは「就産所利益金ヲ以テ学校ヲ創立スルノ議」が提案されている。提案をみると「就産所資本金ハ旧勧業局ヨリ得ル所ニシテ、就産所創立以来士族共有ノ資金トナシ、則チ之ヲ以テ性質ト定ム[21]」とある。そして「抑即今全般士族ノ身上ニ就テ論スルニ精神ノ困窮ト形体ノ困窮トアリ（中略）一家生活ノ困窮ハ則チ形体ノ困窮ニシテ不学蒙昧事理ニ通達セサルハ則チ精神ノ困窮ナリ（中略）是レ某等カ眼前形体ノ困窮ヲ捨テ、大ニ学校ヲ創立シ、精神ノ困窮饑渇ヲ涵養シ根本ヲ培植シテ以テ我カ同族ノ幸福栄誉ヲ永遠ニ謀ラントスル所以ナリ[22]」と述べている。早くも士族救済と教育の課題が結び付けられて提案されている点に注目したい。しかし、結局この案は否決される。

就産所による士族授産事業については「不振[23]」の中、八四年（同一七）一月井上馨が総裁に就任し、各種の改革を行うが、この改革は成功せずして井上が辞任、その結果、就産所は解散することになる。

重要な点は、解散に際して資金の一部が防長教育会に寄付された点である。井上は、解散時の演説において「木戸氏ハ同族ノ未来ヲ推察シ、最初ヨリ余程尽力シタル情誼ニ報スル為メ木戸氏ヘノ香典ト思ヒ、山口高等中学教育会ヘ五万円許寄付セラレンコトヲ望ム[24]」と述べた。これを受け、決議では「第一項、就産所資金ヲ中学ヘ寄付ノ儀ハ故木戸公及閣下ノ御厚恩ニ対シ金七万円ヲ防長私立教育会ニ寄付致シ度」(25)と七万円の寄付が決定している。

就産所の歴史的性格をまとめると、協同会社同様、勧業局が母体であるがゆえに資本金が旧藩以来の共有財産であったという点である。そして金融業を主体とし、士族救済を大きな目的としたが、事業は「不振」であった。解散にあたって、防長教育会に七万円という巨額が寄付されたのもそうした歴史的性格に由来しているからであった。

協同会社・就産所ともその資本金は、旧藩以来の共有財産であったことを確認しておく。

4　資本金増殖過程

本節の最後に、防長教育会の資本金増殖過程を検証しておきたい。ここまで考察してきたような募金の体制整備・旧来の中学校寄付金の資本金への組み入れ・協同会社や就産所という共有財産の寄付金および資本金への組み入れによって強固な資本金が成立した。その資本金は実際どのように運用され、増殖していったのかを確認する。

表21は、協同会社、毛利元敏、在京・県内・県庁有志者の出金状況である。各年度の構成比を比較することで出金状況が安定していることがわかる。表22は、金禄公債および有価証券に対する投資と回収状況である。表22の支出をみると、投資が始まった時点では七分利金公債証書と横浜正金銀行への投資が中心で、翌年には加えて中山道鉄道公債への一定の投資が加わったことがわかる。

表23と表24は、設立当初の一八八四年（同一七）度から五年後の資本金増殖過程を、若干の現金以外の七分利付公債と六分利付公債の投資状況で整理したものである。資本金への積立金が毎年順当に増加し、表24にあるように八九年（同二二）度には資本金総額が三六万三〇〇〇円を超過したことがわかる。

さて、本節での考察をまとめておきたい。まず、防長教育会は設立時に立てた資本金五〇万円（「規則」）を募集す

表21　明治19年度の出金状況（自明治19年４月至同20年３月）　（単位：円）

名目	金額	出金時期	出金内訳	構成比
予約概算15,000円ノ三分ノ一	5,000	18年６月中収入	在京有志者出金ノ分	36.40%
予約概算20,000円ノ三分ノ一	6,660	18年５月中収入	県内有志者同前	48.50%
同前2,000円ノ三分ノ一	660	同前	県庁有志者同前	4.80%
金	900	旧約定年賦ノ分	協同会社同前	6.60%
		17年12月中収入		
	500	17年12月中収入	毛利元敏出金ノ分	3.60%
合計	13,720			100.00%

出典　同前。

表22　明治18年10月現在の防長教育会収支決算　（単位：円）

（収入）

名目	金額	内訳	構成比（〆比）
金	138,754.815	但18年10月マテ第一回拠金収入高	51.54%
金	4,382.55	但17年後半期分金禄公債証書利子収入	1.63%
金	4,382.55	但18年前半期同断	1.63%
金	651.857	但第百十国立銀行ヨリ勘定書前利子収入	0.24%
金	271.25	但第三募集中山道鉄道公債証書額面10,000円　時払込ミニ対シ本年12月マテ利子収入	0.10%
金	118.69	但六分利付金禄公債売払中山道鉄道公債買入ニ付相欠金トシテ収入	0.04%
金	40,000	但山口県庁ヨリ送金ノ分	14.86%
金	80,663.20	但同断中山道鉄道公債証書82,600円正金銀行株券買入ニ付売払実価収入	29.96%
〆	269,224.912		100.00%
誤（ママ）	269,224.902		

（支出）

名目	金額	内訳	構成比（〆比）
金	114,085.84	但七分利金禄公債証書額面122,210円実価	42.38%
金	34,339	但中山道鉄道公債額面36,000円実価	12.75%
金	120,625	但正金銀行株686株買入実価	44.80%
金	132.843	但印刷代金其外雑貨	0.05%
金	42.119	但現在金	0.02%
〆	269,224.802		100.00%
誤（ママ）	260,224.902		

公債買入平均　122,210　七分公債額面。此実価114,085円84銭，100円ニ付93円35銭２厘替
36,000　中山道公債額面。此実価34,339円。100円ニ付95円38銭６厘

出典　同前。

表23　明治17年度防長教育会の資本金増殖概算

（単位：円）

時　期	名　　目	金　額	構成比	
12月収入	七分利付公債額面	107, 500	40. 69%	1)
同	同上	10, 000	3. 78%	2)
同	同上	13, 990	5. 30%	3)
同	同上	2, 400	0. 91%	4)
同	六分利付公債額面	6, 010	2. 27%	5)
1月収入	七分利付公債額面	1, 505	0. 57%	6)
6月収入	同上	29, 370	11. 12%	7)
同	現金	5, 000	1. 89%	8)
在来	七分利付公債額面	88, 430	33. 47%	9)
合計①	同上	253, 195	95. 84%	10)
合計②	六分利付公債額面	6, 010	2. 27%	
合計③	現金	5, 000	1. 89%	
総　計		264, 205	100. 00%	
	同上額面からの利子	9, 648. 90	3. 65%	
	本年度経費出金	3, 700	1. 40%	
	資本へ積立金	5, 948. 90	2. 25%	

出典　同前。

註　1)構成比とは，総額に対する割合を示す。
2)毛利元徳の寄付金100, 000円で購入。
3)毛利元敏の寄付金10, 000円の内9, 050円で購入。
4)吉川経健の寄付金20, 000円の内13, 990円で購入。
5)元敏寄付金残金・元功寄付・元忠寄付合計2, 250円で購入。
6)吉川経健寄付残金6, 010円で購入。
7)協同会社900円と元敏500円の合計1, 400円で購入。
8)就産所20, 000円県内有志者予約金6, 660円県庁有志者660円の合計27, 320円で購入。
9)東京有志者予約金の内の３分の１。
10)旧来資本金・県内有志者・旧来資本の増益金で公債に引替。

る目的のため、募金規則と組織体制を構築し約半年ほどで確立した。次に県や国との交渉の結果、防長教育会設立以前の、中学校に対する毛利家を中心とする寄付金を会の資本金として組み入れることに成功した。防長教育会と協同会社・就産所との関係では、協同会社・就産所が近世社会の遺産ともいうべき共有財産を資本として、その収益金から防長教育会への寄付が行われていたこと、である。防長教育会はこうした強固な基盤に支えられ安定した財源を確立した。会は、募金の組織体制が有効に機能し、資本金は順調に増収し当時にはめずらしく巨額な資本金を構築しえた[26]。

三　防長教育会幹部の学問観・教育観・学校観とその論理

防長教育会幹部の演説に示された学問観・教育観・学校観を分析し、防長教育会の教育構想を確認する。

既述のように「趣意書」は、旧藩主・毛利家の県学事に対する業績・鴻恩を前面に押し出したことに特徴があった。では会の幹部たちはどのような学問観・教育観・学校観だったのか。本節では会幹部である毛利元昭・吉川重吉・井上馨の演説から学問観・教育観・学校観を検証し、それを通じて防長教育会の教育構想を考察する。

表24　明治22年度防長教育会の資本金増殖概算　（単位：円）

名目		金額	
前年度繰越額面(ママ)		345,865	1)
前年度繰越額面(正)		349,110.10	2)
内訳	七分利付公債額面	339,855	3)
同	六分利付公債額面	6,010	4)
同	現金	3,245.10	5)
該年度収入予約之分		13,927.611	6)
内訳	毛利元敏寄付一ヶ年分	500	7)
内訳	協同会社年賦二ヶ年分	10,800.000	8)
	県内有志者年賦金取立中	2,627.611	9)
総計		363,037.711	10)

出典　同前。
註　1)史料原文のママ。
2)は3)＋4)＋5)の合計。
6)は7)＋8)＋9)の合計。
10)は2)＋6)の合計。

一八八四年（明治一七）一一月六日、毛利元徳代理毛利元昭（毛利元徳長男）、毛利元功（旧徳山藩主）、吉川経健（旧岩国藩主）代理吉川重吉と外務卿井上馨ら四者が東京を出発し、途中京都・大阪・神戸で三市在住の県出身者を集めて演説する。山口県内での演説も含めて、史料として確認できる演説は次のとおりである。四者共同作成と思われる「主意書」、毛利元昭による「京阪神間寄留紳商ニ告ク」「学校諸員ニ告ク」「二州士民ニ告ク」[27]「岩国地方有志ノ諸氏ニ告ク」「岩国分校ノ諸氏ニ告ク」「豊浦地方有志ノ諸氏ニ告ク」「豊浦分校ノ諸氏ニ告ク」「無題」[28]、毛利元功による「学校諸員ニ告ク」「二州士民ニ告ク」「元敏公ニ代リ豊浦分校諸員ニ告ク[29]」、吉川重吉による「演説[30]」、井上馨による「井上伯山口中学校ニ臨ミ演説セラレタル要旨ノ筆記[31]」「徳山八正寺ニ於テ中学校拡張ノ件ニ付井上伯演説大意[32]」である。

演説の内容をみると、地名を変更しただけというように重複する部分が多くあるため、ここでは、四者による「主意書」、毛利元昭の演説「京阪神間寄留紳商ニ告ク」「学校諸員ニ告ク」、吉川重吉の演説、井上馨の山口中学校と、徳山での二つの演説を採り上げ、その学問観・教育観・学校観を検証し、防長教育会の教育構想を考察しておこう。

1　四者による「主意書」

まず、四者による「主意書」をみておく。

（前略）夫レ教育ハ身家盛衰ノ原ニシテ邦国隆替ノ係ル所重ンセスンハアルヘカラス、苟モ教育ノ方其宜キヲ得サラン歟何ニ由テ人々ヲシテ其身ヲ立テ其産ヲ昌ニシ以テ国家ノ安寧福祉ヲ増進セシムルヲ得ンヤ、熟々方今学事ノ景況ヲ察スルニ各地相競フテ諸種ノ学校ヲ設立シ（中略）其卒業生徒ノ或ハ出テ諸般ノ業務ニ就キ或ハ進テ大学其他専門校ニ入ルモノ千百啻ナラス（中略）二州ノ学事ニ至リテハ独リ未タ此景況ニ並馳シ得サルモノアルカ如シ、是レ元昭等ノ今敢テ諸氏ニ謀ラントスル所ナリ、抑モ元徳ノ山口ヲ去ルヤ学事ノ益々隆盛ナランコトヲ希望シ賞典禄ノ内千百ヲ捐テ以テ学資ニ充テ其後従前ノ出米ヲ止メ毎年金三千円宛ヲ出サンコトヲ約シ尋テ四千円ニ増額シ十箇年間寄付センコトヲ約ス、是時ニ当リ元敏元功元忠経健モ亦各金若干宛年賦寄付ノ約ヲナシ今尚ホ之ヲ履行セリ、元徳等ノ二州ノ学事ニ於ケル未タ嘗テ心ヲ用ヒスンハアラサルナリ（中略）二州中学校ノ如キモ宜ク今ニ及テ其資金ヲ増加スルノ途ヲ求ムヘキナリ、資金ニシテ増加セル之ヲシテ地方ノ中学校ト並馳シテ其功ヲ収メンコト固ヨリ易々タルヘシ、然リト雖モ其資金ヲ増加スルノ法之ヲ地方費ニ求メン歟其中学ニ供給スル所既ニ寡少ナラスシテ復タ其増額ヲ望ムヘカラサレハ則チ今ノ計ヲナス者唯々義金ヲ募ルノ一途アルノミ（中略）元徳ハ更ニ金十万円（中略）ヲ捐テ且ツ遍ク義金ヲ有志者ニ募リ以テ中学拡張ノ資ニ充ントス（中略）願クハ諸氏幸ニ元昭等カ言ヲ諒トシ亦応分ノ金ヲ捐テ同心協力以テ此挙ヲ賛襄スル所アランコトヲ、果シテ此ノ如クナレハ則チ独リ元徳等ノ志ヲ空フセサルノミナラス二州士民ノ子弟ヲシテ其身ヲ立テ其産ヲ昌ニシ以テ国家ノ安寧福祉ヲ増進スルノ地ヲ做サシムルニ庶幾カラン歟（中略）

明治十七年十一月

ここで確認できる教育観は、一身と一家の盛衰が一国の隆替と関わること、つまり人々の教育が国家の安寧福祉の増進に繋がっているという、当時の社会によくみられる教育観である。そうした教育観に基づき教育・学校構想とは、中学校とは卒業生が「諸般ノ業務ニ就キ或ハ進テ大学其他専門校」に進学するための学校階梯の一段階だとする学校観である。そして、ここでも「趣意書」と全く同じ論理で旧藩主―旧藩領民の鴻恩―情宜が強調されている。

2　毛利元昭の演説の内容

京阪神間寄留紳商ニ告ク

（中略）今日諸氏ヲ招待セシモ他ニアラス諸氏ハ京阪神間ニ於テ巨擘ト称スル紳商ノ地位ニアルカ故ニ、特ニ之ヲ謀リ其志ヲ問ハント欲スレハナリ（中略）苟モ旧郷同胞ノ情宜ヲ廃スルコト莫ンハ願クハ亦応分ノ金員ヲ抛シ、且ツ永ク防長教育会員ト為リ後進ノ子弟ヲシテ深ク情宜ニ感応セシメ以テ人才輩出ノ美果ヲ後来ニ期センコトヲ（中略）

明治十七年十一月九日　元昭

学校諸員ニ告ク

（中略）毛利家本末一同相謀リ山口県中学校ノ益々盛大ナランコトヲ企望シ各白金ヲ捐テ且ツ遍ク義金ヲ有志者ニ募リ以テ其資ニ充ントス、夫レ教育ハ身家盛衰ノ原ニシテ邦国隆替ノ係ル所ナリ、願クハ此校ニ出入スル者矯激ノ弊ナク躁進ノ失ナク其心ニ同フシ、其志ヲ一ニシテ夙夜黽勉敢テ怠荒セス、以テ能ク成就スル所アランコトヲ果シテ能ク此ノ如クナレハ則チ独リ父元徳等ノ志ヲ空フセサルノミナラス教育本旨ニ違ハサルニ庶幾カラン歟

（中略）

明治十七年十一月

毛利元昭は「京阪神間ニ於テ巨擘」なる地位にある県出身者に対し、同胞としての「情宜」に訴えて募金を呼びかけ、山口中学校での演説では真摯な学びの必要性を呼びかけている。

3　吉川重吉の演説内容

吉川重吉の徳山での演説は次のとおりである。

（前略）凡ヘテ我害ヲナスハ満足ト不満足ヨリ起ルモノナリ（中略）満足トハ自分ガコレ丈ケノ学問ヲシタト云フテ居ルコト、不満足トハ自分ニ安心シナイコトナリ満足トハ自分ガコレ丈ケノ学問ヲシタト云フテ居ルコト不満足トハ自分ニ安心シナイコトナリ、満足ヨリ害ノ起ルコトヲ述ヘンニ自分ガ実ニ知ラサルコトヲ知タヨウニ今デモ言ヒハヤスヨリ害ヲ招クモノナリ知ラヌコトハ知ラヌトシテ置クガヨシ、諸君ノ中ニハ英語ヲ解セラル丶人アラン、カノ Ignorance is beginning of knowleage（愚ハ智恵ノ始メナリトノ意カ筆記者述）ノ語ハ真ニ然リ、トカク知ラヌコトヲ知タヨウニ云フヨリ害ヲ招クタトヘハ池上ヨリ池ノ氷ヲ軽率ニ望ミテ此氷ハ厚ク我踏ムモアヤ

ウカラヌト思ヒ実ニ踏ムニ及ンデハ按外ニ氷ハ薄クシテ其身ハ却ツテ水中ニ落ツルノ害ヲ招クコトアリトス、不満足ノコトヲ申サバ高キヲ望メバ那諛列翁ノ如キ人アリ、太政大臣参議ノ如キ顕栄ヲ極ムル人アリ、我モ此等ノ人ノ様ニナリタキモノト只管ニ思ヒ込ムト、ツマリ自分ノ業ガ面白クナクナリ怠惰ヲ生ジツイニハ身ノ害ヲ招クモノトス、之ヲ書生ヘノ忠告トス、トカク此ノ如キコトハ書生ノ間ニハアルモノ也（中略）山口県下ヲ歩キテ見レハ耕作ヨクイキ届キテ居ル、自分ガ目撃シタル欧州ノ耕作ニ比スルニ更ニ一点ノ恥ツヘキコトナシト思ハル耕作ノ一事ハ欧州ニ譲ラズト雖モ自分ガ市中ヲ散歩シ、其家ニ入リ其生計ノ様ヲ見レハ、大ニ欧州ニ譲ルアルヲ見ルナリ、彼ニハ不可思議ナル蒸気船アリ、蒸気車アリ我ハ旧習ヲ棄テズカゴノ如キモノニテ貨物ノ運搬ヲナシ又タ当地ハ電信ナク其便否ハ論ヲ俟スシテ明カナリ、欧州ハ則チ否ラズ人生ノ生計ニ一モ不便ヲ告クルモノアルナシ、其欧州ナランヲ欲セハ如何ニセント云フニ一、モ学問ノ助ケニ倚テサルハナシ欧州ノ文明ト競争ヲナサントスルハ学校ノ目的ナリ、乃チ之ヲナサントシテ毛利家一同ト諸官員ノ尽力トニ由リテ応分ノ金ヲ抛チ今度ノ美挙ニ至レルナリ、偖此目的ヲ達シ此事業ヲナサントセハ一ニ生徒ノ勉強ニ倚ラサルヘカラズ（後略）

吉川は、学ぶ者の心構え、すなわち無知を自覚する、知らないことを知らないと認める謙虚さの必要性を述べ、文明化するなかで西洋学問（実学）を学ぶことの重要性を強調する。

4　井上馨の演説内容

会の顧問である井上馨の二つの演説をみておこう。まず山口中学校での演説である。

井上伯山口中学校ニ臨ミ演説セラレタル要旨ノ筆記

（前略）毛利家ノ宗支綿々トシテ長防二州ノ領主トナリ善ク其士民ヲ撫育セラレタルコトハ諸氏ノ稔知スル所

（中略）世運ノ変遷ニ会シ一旦藩籍ヲ朝廷ニ奉還セラレタレハ今日ノ毛利家復旧領地ニ対シテ関係ス可キ権利義務ヲ有セス、専其家門ヲ保全シ華族タルノ本分ヲ尽クス可キナリ要スルニ君臣ノ義ハ業ニ已ニ断絶シタルヲ以テ彼此ノ痛痒ニ於ケル仮令秦越ノ看ヲ為ストモ誰カ之ヲ非理無情ナリト言フヲ得ンヤ然リト雖モ毛利家カ二州ヲ領セラルヽ数百年ノ間上下相愛シ相親ミタルノ恩義ハ承ケ、双方ノ感情ニ存シ忘レント欲スルモ忘ル可カラス絶タント欲スルモ絶ツ可カラス（中略）

此中学ヨリ多人ノ英雄ヲ出タサント言ヘルカ如キハ、其目的タル徒ニ高尚ニ馳セテ修業必ス着実ナラス、恐クハ弊害ヲ惹起スルニ至ラン苟シクモ斯ノ如キノ思想ヲ抱キ以テ自ラ得タリトセハ独諸公及余等ノ冀望ニ反スルノミナラス大ニ中学教育ノ本旨ニ背戻ス可シ（中略）

学門《ママ》ノ貴フ所ハ躬行実践ニ在リ（中略）惟学業ヲ成就スルヲ務ムヘシ而シテ他日退校ノ後ハ必其位地ニ従ヒ当テ学習セシ所ヲ以テ之ヲ実際ニ活用センコトヲ要ス、即退キテハ恒産ヲ保チ進ミテハ事業ヲ興シ、道徳ヲ失ハス法律ニ服従シ権理ヲ全クシ義務ヲ尽シ以テ国民タルノ本文ヲ忽忘セサル可シ（中略）往々軽躁過激ニシテ放言横議ヲ喜ミ、未タ政治法律ノ何物タルヲ弁セスシテ猥リニ政党ニ入リ演説ヲ為シ以テ自ラ得タリトスル者ノ如シ（中略）畢竟前文ニ述ヘタルカ如ク諸氏ヲシテ充分ニ学術ヲ修メ卒業ノ後進ミテハ事業ヲ興シ、退キテハ恒産ヲ守リ著々地歩ヲ占メ身ヲ立家ヲ治メ能ク独立ノ人士タラシメント欲スルニ在ルノミ（中略）

世上事物ノ変遷ハ実ニ究極ナキナリ（中略）欧米ノ学問ハ固ヨリ和漢ト主義ヲ異ニスル所アルカ故ニ之ヲ我邦ノ子弟ニ授クルトキハ自ラ其徳義上ト習慣上トニ影響ヲ及ホサヽルヲ得ス、然レトモ是決シテ泰西学術ノ悪シキニ非ス又其子弟ノ罪ニ非ス抑其父兄ノ憂慮スル所ヲ咎ム可カラス、畢竟時勢ノ変遷ニ際シテ避ク可カラサルノ結果ト謂フ可キノミ（中略）我モ亦泰西ノ学ヲ修メテ其理ヲ明ニシ交際上ト貿易上ト共ニ彼ニ対スルノ準備ヲ為サヽルヲ可カラス、其レ然リ故ニ彼ノ法律制度ハ勿論鉄道電信汽船ノ如キ凡開明ヲ進ムルノ事業ハ皆彼ニ取ラサル可カラス彼ニ取ラント欲セハ則百科ノ書ニ就キテ其術ヲ考究セサル可カラス（後略）

ここで井上は、まずはやはり旧藩主―旧藩領民の主従関係に立った鴻恩―情宜を強調し、毛利家の教育事業に対する貢献とそれに応える必要性を強調する。次に、生徒との問答の中で生徒が「この中学が英雄を多数輩出した」ことを述べ英雄となる決意を強調したことに対し、それを戒める説明を行っている。そのこととの関係で「軽躁過激」なる「放言」を「喜ミ（中略）猥リニ政党ニ入」ることを「法律上ノ罪人」と厳しく批判する。さらに時代の流れの中で、学問の力点を漢学から西洋学問（実学）にシフトすることを強調して演説を終えている。

井上の、徳山でのもう一つの演説をみよう。

徳山八正寺ニ於テ中学校拡張ノ件ニ付井上伯演説大意

（前略）廃藩置県ノ事行ハレテ諸侯ハ華族ノ名称トナリ、東京ニ居住スルコトニナリタレハ人民トノ関係ハナキモノ也（中略）人民モ旧藩主ハ吾々ヲ他人ノ如クニナサルト咎ムルコトモ出来マジ（中略）義務コソナカレ情義ニ至ツテハ決シテ絶タレズ（中略）毛利家一同ハ因ノアル人ニ対シテ子々孫々ニ至ル迄恩恵ヲ与ヘタク思ハルヽヨリ今度ノ美挙ニ至レルナリ（中略）産ヲ起シ父ノ産ヲ亡ハズ父ノ産ヲ守ル丈ケノ識力ヲ与ヘテ置キタイ其識力ヲ得ルノ術ヲ施シタイト云フ一点ヨリ今度ノ美挙ニ至レル也（中略）今日ノ世ノ中ハ一新ノ世ノ中トナリテ昨日ノ新ハ今日ノ旧トナリ今日ノ工夫ハ明日ハ既ニ陳腐ニ属シ事物ノ進歩ハ進ムアツテ一歩モ退クコトナク世ノ中ノ進歩ハ人ノ意ノ表ニ出テ計ルヘカラサルモノト知ルベシ（中略）世界広シト雖モ日ニ月ニ年々狭ク縮マルト知ルヘシ事物ノ変遷ハ迅速ナレドモ脳髄ハ容易ニ変遷ノ付カヌモノナレバ宜シク事物ノ変遷ニ伴レテ学問モ旧ニ泥ムコトナク進歩スヘキナリ（中略）其学問ヲスルハ何故カト尋ヌル畢竟ハ第一ニ父ノ産ヲ亡ハズ増スアルモ減スルコトナキガ為ナリ其一身ヲ立テ其一家ヲ亡ボサヌ方便ニ至リテハ（中略）種々ニ分カルヽモ目的ハ一ナリ（中略）詰マル処ハ財産ヲ増殖スルニ過キサルナリ（中略）学問ト云ツテモ高キヲ望ム勿レ、高尚ナル学問ヲスレハヨイト思フトコトモ間違ツタルコト也（中略）事実ニ実着スルノ学問ヲセヨ（中略）中学位ノ処デハ専門家ヲ養成スル処ニアラズ何事モ此レニ由リテ一通リガワカリサヘスレハヨシ其一通リガワカラヌユヘ失敗ノ生スルコトナリ（中略）学問ノ方向ハ事実ニ離レナイヨウナ書物ヲ読マサナケレハナラナイ生徒ノ風習ハヨキニ非スワルシナレドモ不得已必要ト云フ点ヨリ漢学ヨリハ寧ロ欧州ノ学問ノ主義ヲ学ハシメ其要領ヲ知ラサルヘカラズ（中略）今日ノ法律ハ漢書ニアルノ法律ニアラズ（中略）技術師ニナラントスルモ其道ハ漢書ニナシ（中略）漢学ハ産ヲ守リ業ヲ起スニ付キテハ一モ功（ママ）能ヲナサヽルニ非スヤ（中略）欧羅巴ノ学問ニ由リ欧羅巴ノ経験ヲモ引入レテ我ニ施サヽルベカラズ（中略）此ノ如ク欧州ノ風ヲ引キ入レナバ其風俗トナル、今、人ノ真似ヲスレハ形コソ異ナレ其人ノ様ニナラザルコトヲ得ン、政治ノ事モ欧州ノ風ニ習ヒナバ茲ニ一ツノ欧州ノ国ガ出来サルコトヲ得ン、サスレハ此レヨリ後チ日本人モ商工農トモ分析ヲシテ欧州ノ如キ事業起ルモ間違ヒナシ、サスレハ其学問ヲナサナイデハナルマイ、然ル中ハ今迄ノ学問ノ仕方ト異ナラサルヘカラズ、業ヲ起シ産ヲ守ルノ傾キヲ有スルノ学問ヲナサヽルヘカラズ（中略）ソレカト云ツテ、漢学ヲ棄テヨト云フニ非ス、今漢学ヲ棄テルト便利ヲ欠ク、（中略）三時間勉強スルナラバ二時間ハ欧羅巴主義ノ学問ヲナスベシ（後略）（注・圏点―原文）

ここでも井上は、旧藩主―旧領民の関係に基づく鴻恩―情宜を強調した上で、教育が身を興すこと、つまり財産を守り拡張することにあることを説く。しかし、中学校段階では「高尚ナル学問」（＝専門）ではなく「一通リ」がわかることでよいのだという。そして最後には時代の趨勢が漢学から西洋学問（実学）に力点が移っていることから、「欧羅巴主義ノ学問」を強調して演説を終えている。

本節での考察をまとめておこう。本節では、防長教育会幹部の学問観・教育観・学校観を検討し、会の教育構想を考察した。演説で強調されている点の第一は、旧藩主毛利家と旧藩領民との鴻恩—情宜の関係である。最後にみた井上の演説では、毛利家は「華族」で東京居住、人民との関係はない中で、教育事業に主体的に関与していることが強調されている。その論理は「だから我々も応じよう」という論理である。徹底してこの点が強調されているのはすでにみたとおりである。第二は、中学校の果たす役割の確認である。中学校は卒業して「業」に就くか大学等に進学するための学校階梯の一環として捉えられていた。だからこそ充実させる必要があった。しかし中学校では、高尚なる学問ではなく「一通リ」（井上馨）の学びが強調されている。専門は高等教育でのことで、中学校で学ぶべき独自の教養が想定されている。第三は、時勢の趨勢から、学問の主流が、漢学から西洋学問（実学）にシフトしているという点である。だから「西洋学問を学べ」が主張の中心であった。その際、猥りに出世を求めたり「軽躁過激」なる「放言横議ヲ喜」ぶことを戒め、国家に有用な立身斉家の西洋学問（実学）を修むべきことを論じている。

おわりに

本章の目的は、防長教育会は何故に資本金募金に成功したのか、という素朴な疑問のもと、会の基本理念、組織の実態、寄付金募金の規則と体制、会の幹部指導者たちの学問観・教育観・学校観の検証から会の教育構想を分析し、会の歴史的性格を考察することであった。

繰り返し指摘したように、会は旧藩主—旧藩領民による鴻恩—情宜関係を「趣意書」や「演説」を通じて山口県民に強く主張し、その精神的基盤に立脚して設立された。また、会の資本金の構成で明らかになったように、協同会社や就産所などの旧藩以来の共有財産を資本金に組み入れ、しかも一八八〇年（明治一三）以降の中学校寄付金も資本金に組み入れた。これらが強固な資本金を形成した。

防長教育会の教育構想は、会幹部の演説を通じてある程度まで明らかにできた。すなわち、一身の教育が一家と一国の安寧福祉になるという教育観のもと、中学校の果たす役割は卒業して「業」に就くか大学等に進学するための学校階梯の一環だという認識である。だからこそ充実させる必要があった。言い換えると、高度な専門は高等教育の役割で、中学校では独自な教養が想定されていた（井上の「一通リ」）。そこで必要とされた学問は、時代の趨勢で、西洋学問（実学）なのであった。

防長教育会は、精神的にも物理的にも旧藩主―旧藩領民による鴻恩―情宜関係を土台に成立した組織であった。後年、山口高等学校の入学者の中で、山口県人の比率が低下した際、同会が学校経営から離れることになったのもそうした歴史的性格があったからこそなのである。

註

（1）外山正一『藩閥之将来』（博文館、一八九九年）八一頁。

（2）主として中川言美による以下の一連の研究がある。「防長教育会の設立過程における『教育授産』の理念」（中国四国教育学会『教育学研究紀要』第三七巻第一部、一九九一年）、「防長教育会による育英事業の展開」（『広島大学教育学部紀要』第一部〈教育学〉第四一号、一九九二年）、「士族授産から育英事業への展開過程―防長教育会を中心として―」（『日本の教育史学』第三七集、一九九四年）。

（3）永添祥多『長州閥の教育戦略―近代日本の進学教育の黎明―』（九州大学出版会、二〇〇六年）がある。

（4）『忠愛公伝』とは、一九〇一年（明治三四）から一九四七年（昭和二二）にかけて作成された史料群で、幕末期の萩藩主・毛利元徳（忠愛公）の事績を顕彰するため編年史料および伝記の編纂事業としてまとめられた。山口県文書館所蔵。『忠愛公伝』所収史料は、第一次史料に限りなく近い史料群として評価しうる。先行研究の中でも上述した中川の諸論文や永添の前掲書では『忠愛公伝』も一部使用されている。
（5）前掲『忠愛公伝』第九編第三章第三項。
（6）本文では「防長教育会趣意書」としたが、『忠愛公伝』では「山口県私立教育会旨意書」となっている。この「趣意書」だけではなく会の名称も「防長教育会」、「私立防長教育会」、「防長私立教育会」等多様であり、趣意書の名称も多様である。本章では「防長教育会」と「防長教育会趣意書」を使用する。
（7）前掲『忠愛公伝』第九編第三章第三項。
（8）拙著第三部第一章、参照。
（9）内山一幸『明治期の旧藩主家と社会—華士族と地方の近代化—』（吉川弘文館、二〇一五年）は旧柳川藩主立花家と旧藩社会との構造を分析した。また上符達紀「明治期における旧藩主家と旧藩士民の結合—公爵毛利家の事例を中心に—」（山口県史編さん室『山口県史研究』第二八号、二〇二〇年）は研究史が整理されている。
（10）上符前掲論文、六一頁。
（11）前掲『忠愛公伝』第九編第三章第三項。『防長教育会百年史』（一九八四年）三七〜三八頁。
（12）前掲『忠愛公伝』第九編第三章第三項。
（13）上符前掲論文、六一頁。
（14）内山前掲書第三部第二章では、旧柳川藩主立花家の私立尋常中学校との関係が分析されている。また拙著第二部第一章と第二章で旧藩主の関係する中学校設立について考察している。
（15）以上の論述で使用した史料はすべて前掲『忠愛公伝』第九編第三章第三項。
（16）中川の前掲諸論文、および永添前掲書。
（17）中川前掲「士族授産から育英事業への展開過程—防長教育会を中心として—」二一一頁。
（18）『山口県史　通史編　近代』（二〇一六年）九八頁。
（19）小林茂『長州藩明治維新史研究』（未來社、一九六八年）三九四頁。
（20）協同会社に関する詳細な研究は、同前参照。
（21）「就産所利益金ヲ以テ学校ヲ創立スルノ議」（『山口県史　史料編　近代一』二〇〇〇年）五一〇頁。

(22)　同前五一四〜五一五頁。
(23)　前掲『山口県史　通史編　近代』一一六頁。
(24)　「明治二十二年三月十四日山口水ノ上蚕事模範所ニ於テ井上伯ヨリ各郡区士族惣代ヘ演達ノ大意」（前掲『山口県史　史料編　近代二』）五九一頁。
(25)　「就産所処分決議書」（前掲『山口県史　史料編　近代一』）五九五頁。
(26)　防長教育会ほどの寄付金を資本金とした例は管見の限り見あたらない。文部大臣管理の鹿児島高等中学校造士館の例が最高額で、それでも資本金は一一万円程度である。拙稿「文部大臣管理鹿児島高等中学造士館の地域性に関する一考察」（『地方教育史研究』第三八号、二〇一七年、本書第三部第二章所収）参照。
(27)　以上すべて前掲『忠愛公伝』第九編第三章第三項所収。
(28)　以上すべて山口県文書館所蔵『明治十七年元昭公山口県下向日誌』所収。
(29)　以上、前掲『忠愛公伝』第九編第三章第三項所収。
(30)　山口県文書館所蔵『徳山八正寺ニ於テ中学校拡張ノ件ニ付井上伯演説ノ大意』所収。
(31)　「井上伯山口中学校ニ臨ミ演説セラレタル要旨ノ筆記」（前掲『忠愛公伝』第九編第三章第三項所収）。
(32)　前掲『徳山八正寺ニ於テ中学校拡張ノ件ニ付井上伯演説ノ大意』。

第五章　文部大臣管理山口高等中学校の「管理」

課題設定

本章の目的は、通則一条適用の文部大臣管理山口高等中学校を対象に、主として学校管理・運営の問題に焦点を合わせて該校の性格の一断面を明らかにすることである。

すでに拙著で明らかにしたように、通則一条校は非常に複雑な性格をもたざるをえない。なぜならば学校資本金に着目すると、学校を「設置維持スル」寄付金拠出の主体が、何故どのような理由で学校を設立維持するための寄付金を拠出したのか、という寄付金拠出主体の教育要求の問題があり、次に何故に「府県立ト同一」の管理運営を求めたのかという学校の性格・構想の問題があるからである。さらには寄付金拠出主体と府県や国（文部省）との学校管理・運営に関する重層的な関係性の問題がある。(1)

こうした通則一条の適用になる文部大臣管理の高等中学校は、山口高等中学校と鹿児島高等中学造士館の二校である。すでに、鹿児島高等中学造士館に関する事例は拙稿で分析したので、(2)今回は山口高等中学校を分析対象とした。山口高等中学校の場合、寄付金拠出主体は防長教育会である。しかるに、防長教育会はどのような性格の組織であり、何故に学校を設立・維持しようとしたのかという点の解明が求められるが、それについては別稿で検討した。(3)

問題は、高等中学校という学校の管理をめぐって、寄付金拠出主体である防長教育会と山口県・文部省との関係性である。本章はここに焦点を合わせて、この視点から山口高等中学校の性格を解明しようと試みたものである。

ところで、学制期以降の山口県における中学校成立史については、防長教育会の果たした役割も含めて豊かな先行研究がある。(4)これらに関する必要な叙述は先行研究に委ねるとして、先行研究がほとんど言及できていない問題が文部大臣管理となった山口高等中学校の学校管理の視点からみた高等中学校の性格分析である。

一般に、高等中学校は従来帝国大学に人材を送り出す教育機関として理解されてきた。(5)しかし、高等中学校を地域の視点から捉え直す試みが提起され、そうした中で、近年では豊かな研究成果が提出されるに至った。(6)

ここで本章で使用する史料について述べておく。使用する史料は『私立防長教育会関係山口高等中学校一件』(7)（以下『一件』と略す）である。この史料は、すでに永添がその著書において使用している。(8)しかし以下の論述で明らかにするように、この史料には山口高等中学校の管理に関するさまざまな草稿を見ることができる。それらの草稿は、残念ながら年月日不詳のものが多い。それゆえに草稿が作成された時期を明確に特定することができないが、その内容からおおよそ特定することが可能となる。また、それらの草稿を駆使することで管理の実態が浮かび上がってくる。

本章での叙述についてだが、使用する史料の年月日が不詳で、かつ無題のものも多いために史料番号を付し、史料名が付けられるものについては付けるようにした。

次に本章の構成について述べる。まず、山口県における一八八六年（明治一九）中学校令と通則一条の受容についてその特徴点を整理する（以下、第一節）。次に、「学校管理」をめぐる草稿を分析し、学校管理・運営に関する管理要項の成立過程を整理する（以下、第二節）。最後に、鹿児島高等中学造士館の事例も比較対象にしながら山口高等中学校の学校管理・運営の特徴についてまとめておく（以下、第三節）。

一　通則第一条適用への途

一八八六年（明治一九）中学校令と諸学校通則が発令された。この中学校令第六条によって、一県における地方税支弁の中学校は一校に限定されるのであるから、山口中学校をはじめとして県下に合計五中学校を有する山口県では対応を余儀なくされた。

史料『一件』中において、最初期のものと思われる「中学校改正案」が残っている。史料一である。この草稿は最初期の文章の上に後から朱書きして重ねた部分がある。そのまま翻刻すると次のようになる（以下、傍線部は朱線で消去され（　）内は訂正された文である。ここで（朱）とは朱書きでの訂正文である）。

史料一「中学校改正案」

一　本校ヲ高等中学校トシ（朱・ノ制ニ改メ）文部大臣ノ管理ニ帰セシメ分校ハ総テ之ヲ廃ス

　但前段手続キハ別紙御調書ニ依ルモノトス

一　高等中学校ハ本科ノ外別ニ予備科七ヶ年ヲ置クモノトス

　但予備科ハ甲乙ニ分チ甲科三年乙科四ヶ年トス其学科及程度ハ別表ニ依ル

一　高等中学校ノ経費ハ一ヶ年金一万九千円トシ内五千円ハ地方税ヨリ一万四千円ハ教育会資金ノ利子之ヲ支出ス

一　前項経費支消ノ目的ハ別紙御調書ニ依ル

一　高等中学校ノ授業料ハ一人金七十（朱・五）銭予備甲科金五十銭乙科金三十銭トス
但他管ヨリ来学スルモノハ本文ノ倍額トス

一　前項授業料ハ総テ翌年経費ノ内ニ支消ス故ニ教育会資金ノ利子ヨリ支出ス第三項ノ金額ハ年々増減アルモノトス

一　高等中学校ノ予備（朱・乙）科ハ該校ニ置ク外（山口）萩豊浦徳山岩国ノ四（五）ヶ所ニ之ヲ置ク
但本文（消し）予備（朱・乙）科ハ乙科（朱で消し）四ヶ年トス

一　前項予備学（朱・乙）科ハ各地ノ公立小学校ニ付属シテ之ヲ（ノ別科ト）シテ置キ其教場ハ従前四分校ヲ以テ之ヲ充ツ

一　予備乙科ノ経費ハ一ヶ年金一千円トシ此金額ハ私立防長教育会ノ寄付金（区町村教育補助費）ヲ以テ之ニ充ツ其支消ノ目的ハ別紙御調書ニ依ル

一　予備乙科ノ外国語ハ英語ニ限ル

一　予備乙科ノ経済ハ小学校ノ経済ト共通スルモノトス

一　予備乙科ノ管理ハ左ノ人員ヲ以之ヲ任ス
主幹　一人　郡長ヲ以テ之充ツ
委員　二人

一　予備学科ノ生徒ハ其ノ望ニヨリ校内ニ寄宿セシム

一　予備学（朱・乙）科ハ一百名ヲ以テ限リトス
（以下朱書）但本文高等中学校ニ置ク者ハ百五十名ヲ定限トス(9)

この史料から初稿がわかる。初稿をまとめると、本科と七年制の予備科からなる高等中学校に改変すること、その高等中学校は文部大臣の管理とすること（つまり通則一条の適用を受けること）、学校経費を一年金一万九〇〇〇円とし、そのうち五〇〇〇円を地方税から支出し、残額一万四〇〇〇円を防長教育会の利子による運営とすること、などが確認できる。この「中学校改正案」は、山口県立中学校他県内の中学校改革に主体的に取り組む山口県が作成した改正案ではないかと思われる。

次に、この基本方針を変更せざるをえなくなった草稿も確認できる。

史料二「無題」

今般中学校令発布府県中学校ノ制変更ニ付テハ、本校規模ノ改正四分校廃止ノ処分等、各其規則ニ従ヒ忽ニ之カ処置ヲナサヽルヲ得ス、就テハ従来生徒教育上ニ於テ予期シタル目的モ中途廃止ニ属セシトスル憾アルニ付、諸学校通則第一条ニ依リ此際山口中学校ノ規模ヲ改メテ高等中学校ノ制ニ変シ、文部大臣ノ管理ヲ請求シ、益々子弟教育上進ノ途ヲ開キ之レカ便利ヲ求メントス、就テハ従来地方税寄付金等経費二途支弁ニテハ中学校令ニ抵触シ事実行ハレ難キ場合有之ニ付、自今該校ノ経費ハ寄付金一途ニ帰セシメ、従来地方税ヨリ支出スル所ノ五千円ハ転シテ之ヲ区町村教育補助費ノ内ニ組入レ、以テ山口萩豊浦徳山岩国ノ五小学校ニ補助シ、以テ高等中学校ニ進学セントスルモノヽ為メニ其予備科ヲ授ク、之カ階梯ヲ得セシムルノ費用ニ充テハ甲乙ノ費途各単一ニ帰シ、且其支弁上ニ於テモ規則ニ抵触スルノ愚ナキノミナラズ、生徒教育進歩上便利ノ途ニ得ル少ナカラサラントス如何(10)

この「無題」（草稿）では、先の史料一にあった地方税支出が中学校令および地方税規則に抵触すること、しかるに五〇〇〇円を区町村教育補助費に組み入れ、それゆえに山口・萩・豊浦・徳山・岩国の五学校を高等中学校の予備科に位置付けること、これによって山口高等中学校本科と五学校予備科とする学校体系が確立すること、がわかる。
なお、この草稿に前後する部分で山口県知事・原保太郎と県庁の頓野馬彦書記官、大多和学務課員、県会常置委員・吉富某との間での文書が散見できる。県の対応の確認であろう。

一八八六年（明治一九）七月二〇日、山口県知事・原保太郎から防長教育会顧問・井上馨外務大臣宛に次の書簡が出された。この書簡は、『防長教育会百年史』や『山口高等商業学校沿革史』に掲載されている有名な書簡である。

史料三　山口県知事[11]・原保太郎から防長教育会顧問・井上馨外務大臣宛書簡

拝啓時下益御精穆奉賀候、陳ハ山口中学校計画之事兼テ御指授之旨趣謹承罷在、尚過日辻文部次官来県段々同官ヨリ承合候義モ有之候故、旁以其手続取調、吉富其外常置委員等ヘ入々示談致候処、右ニ関シ格別異存無之ニ付県会ニ持出シ候トモ別段異議ハ有之間敷事ト相考ヘ申候ヘ共、再三熟考仕見候得ハ、到底地方税ヲ相手ニ取リ候仕事ニテハ兎角取扱上面倒多ク、一旦纏リ候事モ年月相立候内ニハ議員ノ交代モ有之、且議員四十八人之内ニハ種々ノ意見モ持候モノモ不少、彼是従来ノ事懸念致候ニ付、此際イツソ地方税ヨリ出サシムル五千円支払之目的ヲ換ヘ、此金ヲ本校経費ノ内ニ支払フ事ヲ止メ、四分校ノ代理トシテ今後設置セントスル中学校予備科ノ費用ニ充テヽ之ニ支払候事ニ致候時ハ、地方税支出上ニ於テモ規則ニ抵触スル等ノ煩絶テ無之ノミナラス、其名義ハ地方税中区町村教育補助費ノ目ニ依レハ至極穏当之事ニ付、容易会議ノ可決ヲ得ラルベク、又此五千円ヲシテ以往四五ヶ年間継続セシムル等之事ハ其事情常置委員等ヘ充分申含置度、左ナクトモ既ニ承知致シヽモノモ有之候故、一年ヤ二年ニテ之ヲ廃スル等ノ議論ハ決シテ有之間敷義ト相考申候、左候時ハ今後山口中学校費用之一万九千円ハ、全ク私立防長教育会資金ノ利子ノミヨリ支弁シ、此際一旦該校ヲ私立ニ変シ財産ノ処分等後来煩無之様手続ヲモナシ置キ、然ル後更ニ其管理ヲ文部大臣ニ委託シテ高等中学校ノ制ニ改候都合ニ致候ハヽ、費途単一ニ帰スルノ便利ヲ得ルノミナラズ、目下今後共併セテ取扱上ノ面倒ヲ省キ、教育会ノ経済ニアリテモ学校ノ経済上ニアリテモ一向損得ハ無之事ニテ、当初寄付金募集之際地方人民ヘ対シ御説示之事モ此改正ト共ニ廃絶ニ属シタルト申訳モ無之シテ、何ニモ御計画之通目的達セラレ至極好都合歟トモ奉存候ニ付気付候儘申上試候、右ハ吉富ヘモ相談致候処、至極同意ト申事ニ御座候間御繁劇之央申上兼候得共早々御指図被下度様奉願候　草々頓首

明治十九年七月三十日　原保太郎

井上外務大臣殿

追テ本文ノ如キ趣向ニ致シタキ事由為念左ニ申添候

中学校令第六条（中略）此明文ニ依ルトキハ尋常中学校ハ地方税五千円ヲ以テ山口高等中学校ノ費用ニ充テントスルハ地方税規則ニ抵触致故、二十一費目ノ外ニ於テ特別費目ヲ設ケ補充又ハ補助等ノ名義ヲ以テ之ヲ支出セシメザルベカラズ、如此スルトキハ県会等ニ於テ今後種々ノ議論湧出デ面倒ヲ引起サンノ懸念有之申候、又勅令第十六号諸学校通則第一条（中略）右明文中寄付ハ一己人民又ハ人民共有ノ私金ヲ其篤志ヨリ官ニ寄付スル等ノ事ヲ指スモノニシテ、地方税ノ如キハ之ヲ寄付スベキモノニアラズ、又寄付ノ名義ヲ付シテ取扱フベキモノニモアラズ、右之次第ニ付山口中学校ハ現今県立ナルヲ以テ其儘直ニ管理ヲ文部大臣ニ願出ル等ハ、本条明文ノ許可ヲ与ヘラレタル部分ノ外ニシテ事実頗ル穏当ヲ失シ候様被相考候故、此際一旦今ノ県立ヲ廃シテ私立トナシ、而ル後年々其経費ヲ官ニ寄付スル等ノ規定ヲ設ケ、文部大臣ノ直轄トナシ候方尤穏当ニ可有之哉ニ相考候[12]

この書簡は、非常に重要な内容である。この書簡から次の五点を確認することができる。まず第一に、防長教育会の実質的な運営上の実権が井上馨にあったこと、である。県知事が県立山口中学校の改組について彼に相談したのがその根拠である。第二に、改組にあたって文部次官辻新次と相談したことがわかる。だからこそ解釈で混乱すること

がありうる通則一条の適用をかなり正確かつスピーディーに解釈なしえた。第三に、県議会対策に慎重であり、それゆえ地方税支出に異論が出ることを想定している点である。これは史料二の解説で県知事・書記官・学務課員・常置委員による相談があったことの裏付けでもある。第四に、その結果、高等中学校に地方税を支出することは地方税規則に抵触する可能性があると認め、山口高等中学校を本科・山口他四学校を予備科として接続させる「五学校体制」を確立したこと。第五に、通則一条適用にする場合、一旦県立を廃して私立とし、後年その経費を官に寄付する規定を設けて文部大臣の直轄と使用とした点である。理由は不明であるが、県立を廃止した事実は確認できておらず防長教育会が資金を提供した高等中学校として改組した。なお、付け加えていえば、当時、第一から第五に至る高等中学校の設置区域が文部省内で検討されていた時期である（山口高等中学校が認可されたのが一八八六年〈明治一九〉一一月二〇日で、その一〇日後の一一月三〇日には設置区域が公表される）。結果的に山口県は第三高等中学校の設置区域に属するのであるが、こうした動きをみる限り、同県は独自の高等中学校を有することに専念しており、第三高等中学校の設置区域内に甘んじる気配は微塵もみられない。

かくして、山口県立中学校を通則一条適用の文部大臣管理高等中学校とし、山口他四学校を予備科として接続する学校体系を確立した。

二　管理要項成立過程

ここでいう管理要項とは、山口県が文部大臣に提出した「中学校管理ノ件ニ付願」に付記された学校管理の基本方針のことである。

最終的に確認されている「中学校管理ノ件ニ付願」と管理要項は以下のとおりである。山口県知事による提出日時は一八八六年（明治一九）一〇月二〇日、文部大臣による「聞届」は一一月五日である。

史料四「中学校管理ノ件ニ付願」

本県中学校管理ノ件ニ付先キニ貴省へ経伺ノ次第有之、県会私立防長教育会へ及商議候処、該会ノ情願有之、自今本校ヲ高等中学校ノ制ニ改メ、文部大臣閣下ノ管理ニ属セラレ、併セテ別記之項々御聞届相成候様致度、左候ハヽ、該会ニ於テモ益満足可致此段御聞届相願候也

明治十九年十月二十日　山口県知事　原保太郎

文部大臣　森有禮殿

但シ別記第十四項但書ニ関スル方法細則等ハ追テ取調可相伺候

願之趣聞届候事

明治十九年十一月五日

記

第一項　山口中学校ヲ高等中学校ノ制ニ改メ文部大臣ノ管理トシ山口高等中学校ト称スル事

第二項　山口中学校在来ノ建物用地書籍器械其他学校付属ノ物品ハ総テ山口高等中学校ノ所有トナス事

第三項　私立防長教育会ハ山口高等中学校維持ノ為メ該会資金ノ利子等ヨリ毎年金一万九千円ヲ寄付シテ其経費ニ充ツル事

第四項　本校ノ経費不充分ニシテ増額ヲ要スルトキハ文部大臣ヨリ六箇月前山口県知事ニ通知シテ其補充ノ計

画ヲ為サシメラル丶事

第五項　本校ノ学科及其程度ハ文部省令第十六号ニ則トル事

第六項　文部大臣ハ私立防長教育会々員中ヨリ五名ノ商議委員ヲ選命シテ本校重要ノ事件ヲ評議セシメラル丶事

但商議委員ハ俸給ヲ受ケサルモノトス

第七項　商議委員ハ学校長及幹事ニ適当ナリト認ムル者ヲ選ヒテ之ヲ文部大臣ニ推薦スルコト

第八項　商議委員ノ任期ハ五箇年ヲ以テ一期トシ期満ル後続任スルヲ得ル事

第九項　商議委員会ハ学校長之ヲ整理シ校長事故アルトキハ幹事之ヲ代理スル事

第十項　本校歳入出ノ予算ハ学校長之ヲ調整シ商議委員ノ議ヲ経テ文部大臣ノ認可ヲ要スル事

第十一項　歳出入ノ決算及地所家屋物品ノ増減ハ商議委員ノ審査ヲ経テ学校長ヨリ文部大臣ニ報告スル事

第十二項　本校ノ学事年報ハ商議委員ノ審査ヲ経テ毎年三月限リ学校長ヨリ文部大臣ニ出ス事

第十三項　本校職員ノ任罷進退職務等ハ高等中学校ノ例ニ準セラル丶事

第十四項　私立防長教育会及本校ニ金円等ヲ寄付シタル者ハ其寄付金等ノ額ニ応シテ生徒若干名ヲ選ヒ其授業料ノ全額若クハ幾分ヲ免除シ得ル事

但其方法及細則ハ別ニ之ヲ定ルモノトス

第十五項　高等中学校ノ目的規模等ニ変更ヲ生シ私立防長教育会ノ情願ニ背馳スル場合アルトキハ該会ハ第三項ノ寄付金ヲ止ムルヲ得ル事

第十六項　文部大臣ハ学制上ノ都合ニ依リ本項ノ管理ヲ止メラル丶コトアルヘキ事

第十七項　前両項ノ場合ニ於テハ第二項山口中学校ノ所有タリシ建物等及第三項寄付金ノ支弁ニ係リタル物品等総テ山口県ニ交付セラル丶事[13]

この「中学校管理ノ件ニ付願」に「記」として付記されている管理要項がいかに成立したのか、ここでは残されている史料を手がかりに解明する。

先に、中学校令と諸学校通則を受けて作成したと思われる最初期の史料一「中学校改正案」を示したが、それに続いた「中学校改正案草稿」がある。

史料五　「中学校改正案草稿」

一　本校ヲ高等中学校ノ制ニ改メ文部大臣閣下ノ管理ニ帰セシメ分校ハ総テ之ヲ廃ス

但前段手続キハ別紙御調書ニ依ルモノトス

一　高等中学校ハ本科ノ外別ニ予備甲科ヲ置ク

但予備科ハ甲乙ニ分チ甲科三ヶ年乙科四ヶ年トス、其学科及程度ハ別表ニ依ル

一　高等中学校ノ経費ハ一ヶ年金一万九千円トシ総テ教育会ノ寄付ヲ以テ支弁ス

一　前項経費支消ノ目的ハ別紙御調書ニ依ル

一　高等中学校ノ授業料ハ一人金一円五十銭予備甲科金一円同乙科金六十銭トス

但県内ノ子弟ニ限リ本文ノ半額トス

一　前項授業料ハ総テ翌年度経費ノ内ニ支消ス故ニ教育会資金ノ利子ヨリ出ス第三項ノ金額ハ年々増減アルモノトス

一　高等中学校ノ予備乙科ハ山口萩豊浦徳山岩国ノ五ヶ所ニ之ヲ置ク

一　前項予備乙科ハ各地ノ公立小学校ノ別科トシテ之ヲ置キ、其教場ハ従前四分校ヲ以テ之ヲ充ツ

一　予備乙科ノ経費ハ一ヶ年金一千円トシ此金額ハ区町村教育補助費ヨリ支弁ス、其支消ノ目的ハ別紙御調書ニ依ル

一　予備乙科ノ外国語ハ英語ニ限ル

一　予備乙科ノ経済ハ小学校ノ経済ト共通スルモノトス

一　予備乙科ノ管理ハ左ノ人員ヲ以之ヲ任ス

主幹　一人　山口ヲ除クノ外郡長ヲ以テ之充ツ

教員　三人以内

一　予備学科ノ生徒ハ其ノ望ニヨリ校内ニ寄宿セシム

但其費用ハ自弁勿論タルヘシ

一　予備甲科ノ生徒ハ当分二百五十名トシ其乙科ハ五校共各百名ヲ定限トス(14)

この改正案草稿の作成主体は不明であるが、史料一同様、山口県による「中学校改正案草稿」ではないかと推測する。史料四と比較しての大きな特徴は、史料四第六項から第十項までの商議員に関する規程が全くみられない点である。

じつは一〇月二〇日山口県知事提出「中学校管理ノ件ニ付願」に先立つ一ヵ月前に山口県知事から文部大臣宛に同様の「中学校管理之儀ニ付伺」が提出されていた。その全文は次のとおりである。

史料六　「中学校管理之儀ニ付伺」

本県中学校之儀従来私立防長教育会之寄付金ト地方税之幾分ヲ以テ維持シ来候処、今般中学校令御発布府県中

学校之制被定候ニ付テハ、従前之規模変更ヲ生シ当初計画之目的ヲ達スルヲ得サル場合ニ立至リ候ニ付、自今右中学校経費之義ハ該会寄付金一途之支弁ニ帰セシメ諸学校通則第一条ニ依リ文部大臣之管理ニ属セラレ高等中学校ニ充用願出候ハヽ御許可相成義ニ可有之哉該会ニ対シ指示致候義モ有之候条御管理之方法順序等夫々御示シ相成度此段相伺候也

明治十九年九月二十二日

山口県知事　原　保太郎

文部大臣　森有禮殿

伺之趣可及詮議候条別記ノ要項ニ依リ夫々処理シテ更ニ願出ツヘシ

明治十九年九月二十四日

別　記

第一項　山口中学校ヲ高等中学校ノ制ニ改メ文部大臣ノ管理トシ山口高等中学校ト称スル事

第二項　山口中学校在来ノ建物用地書籍器械其他学校付属ノ物品ハ総テ山口高等中学校ノ所有トナス事

第三項　私立防長教育会ハ山口高等中学校維持ノ為メ該会資金ノ利子等ヨリ毎年金一万九千円ヲ寄付シテ其経費ニ充ツル事

第四項　本校ノ経費不充分ニシテ増額ヲ要スルトキハ六箇月前山口県知事ニ通知シテ其補充ノ計画ヲ為サシメラルヽ事

第五項　本校ノ学科及其程度ハ文部省令第十六号ニ則トル事

第六項　文部大臣ハ私立防長教育会々員中ヨリ凡三名ノ商議委員ヲ選命シテ本校重要ノ事件ヲ評議セシメラル

ヽ事

但商議委員ハ俸給ヲ受ケサルモノトス

第七項　商議委員ハ学校長及幹事ニ適当ナリト認ムル者ヲ選ヒテ之ヲ文部大臣ニ推薦スル事

第八項　商議委員ノ任期ハ五箇年ヲ以テ一期トシ期満ル後続任スルヲ得ル事

第九項　商議委員会ハ学校長之ヲ整理シ校長事故アルトキハ幹事之ヲ代理スル事

第十項　本校歳入出ノ予算ハ学校長之ヲ調整シ商議委員ノ議ヲ経テ文部大臣ノ認可ヲ要スル事

第十一項　歳出入ノ決算及地所家屋物品ノ増減ハ商議委員ノ審査ヲ経テ学校長ヨリ文部大臣ニ報告スル事

第十二項　本校ノ学事年報ハ商議委員ノ審査ヲ経テ毎年三月限リ学校長ヨリ文部大臣ニ出ス事

第十三項　本校職員ノ任罷進退職務等ハ高等中学校ノ例ニ準スル事

第十四項　私立防長教育会及本校ニ金円等ヲ寄付シタル者ハ其寄付金等ノ額ニ応シテ生徒若干名ヲ選ヒ其授業料ノ全額若クハ幾分ヲ免除セシムルヲ得ル事

但其方法及細則ハ別ニ之ヲ定ルモノトス

第十五項　高等中学校ノ目的規模等ニ変更ヲ生シ私立防長教育会ノ情願ニ背馳スル場合アルトキハ該会ハ第三項ノ寄付金ヲ止ムルヲ得ル事

第十六項　文部大臣ハ学政上ノ都合ニ依リテ本校ノ管理ヲ止ムルコトアルヘキ事

第十七項　前両項ノ場合ニ於テハ第二項山口中学校ノ所有タリシ建物等及第三項寄付金ノ支弁ニ係リタル物品等総テ山口県ニ交付セラルヽ事(15)

これでわかることは、まず山口県から「御管理之方法順序等夫々御示シ相成度」と管理方法等を示すよう文部省に依頼していること、それに応えて文部省から「別記ノ要項ニ依リ夫々処理シテ更ニ願出ツヘシ」とある。つまり、山口県から「管理方法順序」を求め、それに応えて文部省が「別記」を示したのである。

つまり先の史料四でみた第六項から第十項に関する商議員関係規程は、文部省が原案を作成したということだ。流れを確認すると、一八八六年（明治一九）九月二一日に史料六で山口県から文部省に「伺」を出し、九月二四日に文部省から商議員に関する規程を含む「管理要項」が示され、それを受け「別記ノ要項ニ依リ夫々処理シテ更ニ願出」たのが一〇月二〇日付史料四という流れなのだ。繰り返すが商議員規程を含む管理要項を示したのは文部省だった(16)。

一方、この高等中学校改革の基本方針は、山口県から防長教育会へも打診されたと推測できる。次の史料は、その草稿ではないかと思われる。

史料七 「無題」

今般中学校令発布府県中学校ノ制変更ニ付テハ本校規模ノ改正四分校廃止ノ処分等各其規則ニ従ヒ忽ニ之カ処置ヲナサヽルヲ得ス、就テハ従来生徒教育上ニ於テ予期シタル目的モ或ハ廃止ニ属セシトスルノ憾アルニ付諸学校通則第一条ニ基キ此際山口中学校ノ規模ヲ改メテ高等中学校ノ制ニ変シ文部大臣ノ管理ヲ請求シ益子弟教育上進歩ノ途ヲ開キ之レカ便利ヲ求メントス、然ルニ地方税及寄付金等経費二途支弁ニテハ中学校令ニ抵触シ事実行ハレ難キ場合有之ニ付、自今該校ノ経費ハ寄付金一途ニ帰セシメントス、而シテ従来地方税ヨリ支出スル所ノ五千円ハ転シテ之ヲ区町村教育補助費ノ内ニ組入レ、以テ山口萩豊浦徳山岩国ノ高等五小学校ニ補助シ以テ高等中学校ニ進学セントスルモノヽ為メニ其予備科ヲ授ケ之カ階梯ヲ得セシムルノ費用ニ充ツル等ノ計画ヲナサント欲ス、果シテ然レハ甲乙ノ費途各単一ニ帰シ、且ツ其支弁上ニ於テモ規則ニ抵触スルノ愚ナキノミナラズ生徒教育進歩上便利ノ途ニ得ル少ナカラサラントス、乃所謂規模ヲ改メ費用支弁ヲ一途ニ帰セシムルノ二点本会ノ所見如

何

諮問之通リヲ可トス

明治十九年九月二十二日(17)

この草稿の文案から判断すると、山口県が文部省に「伺」を出した同日（九月二二日）に、防長教育会に対しても高等中学校への規模改変と防長教育会の費用負担を示し「所見如何」と意向を尋ねたのではないか。それに対し「諮問之通リヲ可」という回答だった。

かくして、一〇月二〇日に史料四「中学校管理ノ件ニ付願」が提出され、一一月五日に文部大臣・森有禮名で「聞届」が回答されたのであった。

その結果、同年一一月二〇日文部省告示第二号をもって以下のように認可された。

史料八　文部省告示第二号

勅令第十六号諸学校通則第一条ニ従ヒ山口中学校ヲ高等中学校ノ制ニ改メテ当省ノ管理トナシ山口高等中学校ト改称ス

明治十九年十一月二十日　文部大臣　森有禮(18)

かくして、文部省管理山口高等中学校が正式に発足した。

三　学校管理の主体をめぐる問題

前節までで確認できることは、山口高等中学校の改組（規模変更）に関する問題において終始積極的に動いたのは山口県であり、その反面、防長教育会は学校運営・管理については全く関与していないということである。さらに前節でみたように一〇月二〇日の山口県知事による「中学校管理ノ件ニ付願」と一一月五日付森有禮文部大臣による「願之趣聞届候事」（史料四）により、山口高等中学校の管理問題は終止符が打たれたかに思われた（事実その後については『防長教育会百年史』も『山口高等商業学校沿革史』も全く述べていない）。

しかし、その後も管理をめぐる問題は、じつは動き続けていたのである。

同年一一月二〇日に文部省告示第二号（史料八）により認可を受けた後で、在京の原保太郎山口県知事から県の服部参事官に次のような電報が届く。

史料九　一一月二六日付原保太郎知事から服部参事官宛電報

　商議委員等ノ事ハ野村氏ヨリ近々報知有ル筈委細ハ手紙(19)

ここで終わっているため続きは不明である。一二月四日にはさらに電報が続く。

史料一〇　一二月四日付原保太郎知事から野村靖宛電報

　此地幹事会員ヨリ山口学校ニ付キ約束書第六項左ノ通改正シテ文部大臣へ開申ヲ乞フ

　山口県知事ハ本校重要ノ事件ヲ評議セシムル為メ私立防長教育会々員ヲシテ七名以内ノ商議委員ヲ選定セシメ文部大臣ノ認可ヲ得ヘシ(20)

この電報を受け、一二月六日には次のような電報が山口県知事から文部大臣に発信される。

史料一一　山口県知事から文部大臣へ電報

　電報案　山口高等中学校御聞届ニ付願書中第六項ヲ都合ニヨリ左ノ通改正之義御聞届相成度有之御指揮ヲ乞フ

　山口県知事ハ本校重要ノ事件ヲ評議セシムル為メ私立防長教育会々員ヲシテ七名以内ノ商議委員ヲ選出セシメ

文部大臣ノ認可ヲ得ベキ事(21)

それに対して一二月八日文部大臣から山口県知事へ次の電報が発信された。

史料一二　文部大臣から山口県知事へ電報

山口高等中学校管理願別記第六項改正之義ハ伺之通(22)

つまり一〇月二〇日に山口県知事から文部大臣宛の「中学校管理ノ件ニ付願」（史料四）に「別記」とあった管理要項中の第六項は、最終的には「山口県知事ハ本校重要ノ事件ヲ評議セシムル為メ私立防長教育会々員ヲシテ七名以内ノ商議委員ヲ選出セシメ文部大臣ノ認可ヲ得ベキ事」となった(23)。

史料六で示したように、管理要項第六項は山口県の伺いに対する文部省の回答中に「文部大臣ハ私立防長教育会々員中ヨリ凡三名ノ商議委員ヲ選命シテ本校重要ノ事件ヲ評議セシメ」とあったはずである。だから原案は「文部大臣」が商議委員を選ぶことになっており、一〇月二〇日付「中学校管理ノ件ニ付願」（史料四）でもそれは踏襲されている。にも関わらず原県知事が在京中に、わざわざ電報を使用してまでこの変更を確認させたのはよほどの緊急事態だったに違いない。

考えられるのは、在京幹事が文部省関係者と下交渉を進め、原県知事の在京中に最終的に文部省関係者と交渉、その結果第六項の商議委員選出の主体を、文部大臣から山口県知事に変更することに成功したのではないかという点である。

こうすることで山口県知事は、山口高等中学校の管理運営の主導権を握ることに成功したことになる。

ちなみに、ここで鹿児島高等中学造士館の場合でみておこう。

史料一三　乙号

（中略）

第六項　寄付者島津忠義ハ本館重要ノ事件ヲ評議セシムル為メ、十名以内ノ商議委員ヲ選定シ、文部大臣ノ認可ヲ経ヘキ事

但、商議委員ハ東京・鹿児島ニ限リ之ヲ置キ、俸給ヲ受ケサル者トス

第七項　商議委員ハ館長ヲ撰定シ、之ヲ文部大臣ニ推薦スル事

第八項　商議委員ノ任期ハ三箇年ヲ以テ一期トシ、期満ツル後続任スルヲ得ル事

第九項　本館歳入出ノ予算ハ館長之ヲ調理シ、商議委員ノ議ヲ経テ文部大臣ノ認可ヲ要スル事

第十項　歳入出ノ決算及地所・家屋・物品ノ増減ハ商議委員ノ審査ヲ経テ館長ヨリ文部大臣へ報告スル事

（後略）(24)

商議委員の権限が、学校長および幹事を文部大臣に推薦する権限があること（山口の第七項と鹿児島の第七項）・学校予・決算の承認権をもつこと（山口の第十項と鹿児島の第十項・第十一項）にあることは、両校とも同じである。しかし、決定的に異なるのは第六項である。鹿児島高等中学造士館の場合「寄付者島津忠義」が商議委員を選定して文部大臣に推薦するのに対し、山口高等中学校の場合は以前の「管理要項」では「文部大臣」だったのに対し、ここでは「山口県知事」が商議委員を推薦することとなった。

かくして、同じように通則一条の適用を受けた文部大臣管理高等中学校であるにも関わらず、学校管理・運営に大きな権限をもつ商議委員の文部大臣への推薦権を、鹿児島高等中学の場合には寄付者の島津忠義が、山口高等中学校の場合には山口県知事がもつ、という違いがあったのである。

おわりに

本章の目的は、通則一条の適用になる文部大臣管理山口高等中学校を対象として、その学校管理・運営の側面から、同校の性格の一断面を明らかにしようとした。

一八八六年（明治一九）の中学校令への対応は、確かに同県にとっては一大事件であった。それに対し原保太郎県知事から井上馨外務大臣宛書簡（史料三）にあるように、辻新次文部次官の助言を受け、通則一条適用の文部大臣管理高等中学校への途を選択した。地方税からの支出も当初は考えていたが、結果的に防長教育会からの寄付金のみで運営する道を選択した。学校管理・運営についていえば、商議委員規定を含む管理要項は、文部省が原案を示したのであった。それに対して、学校の管理・運営に強い権限をもつ商議委員の選定権者を文部大臣から山口県知事に変更することになった。

これによって通則一条適用の文部大臣管理山口高等中学校は、県知事の主導性を強く発揮できる基盤が成立した。

かつて筆者は、通則一条適用文部大臣管理鹿児島造士館高等中学校に対し、その地域性を寄付金募金の実態と学校管理・運営面から分析し、内実においては「官立ト同一」ではなく「私立ト同一」ともいうべき性格を実現しえたと指摘したが(25)、山口高等中学校は、文字どおりの「県立ト同一」の文部大臣管理高等中学校だったのである。

最後に今後の課題について言及せざるをえない。それは前掲拙著で解明した府県管理中学校の事例と合わせて、本書第三部第二章・第三章・第五章で明らかにした文部大臣管理高等中学校の管理主体をめぐる問題である。「私立ト同一」（鹿児島）、「県立ト同一」（山口）である「文部大臣管理」を実現したのはなぜか、という問いである。この問いは、森文政全体の分析の中でこそ可能となると考える。筆者の次の課題である。

註

（1）拙著、一二頁参照。なお通則一条適用府県管理中学校に関して、神辺靖光による論文「北陸東海地方の戊辰戦争と府県立中学校の本体観への道程」（神辺靖光・米田俊彦編『明治前期中学校形成史　府県別編・北陸東海』梓出版社、二〇一八年）が発表されたが、通則一条校に関する神辺の叙述は、学校資本金に限定しているため全く平板なものである。叙述の根拠として自身の四〇年以上も前の研究を挙げているが、前掲拙著による研究成果について全く言及がない。先行研究に対する紹介・言及は学問研究の基本中の基本のはずである。先行研究を軽視すると平板な叙述になる（神辺論文の七〇～七三頁と拙著の一二頁を読み比べれば一目瞭然であろう）。さらにいえば、神辺の同論文一一六～一一七頁に奈良県の「大和国学資金」に関する記述があるが、これも拙著三二六～三三二頁で詳述した。これに関する言及も全くないのはいかがなものか。

（2）拙稿「文部大臣管理鹿児島高等中学造士館の地域性に関する一考察」（『地方教育史研究』第三八号、二〇一七年、本書第三部第二章所収）。

（3）拙稿「防長教育会の歴史的性格に関する一考察―資本金に着目して―」（『大東文化大学紀要』第六一号、二〇二三年、本書第三部第四章所収）。

（4）代表的なものとして中川言美「防長教育会の設立過程における『教育授産』の理念」（中国四国教育学会『教育学研究紀要』第三七巻第一部、一九九一年）、同「士族授産から育英事業への展開過程―防長教育会を中心として―」（『日本の教育史学』第三七集、一九九四年）、永添祥多『長州閥の教育戦略―近代日本の進学教育の黎明―』（九州大学出版会、二〇〇六年）がある。

（5）例えば、通史として代表的な国立教育研究所『日本近代教育百年史』をみてみよう。「高等中学校は（中略）帝国大学への進学に必要な予備教育と、法科・医科・工・文科・理科・農業・商業等の分科ないし学部による専門教育を施すところとして発足」したと指摘する（『日本近代教育百年史　第四巻　学校教育（二）』〈一九七四年〉四三四頁）。さらにいえば、高等中学校の章は「中等教育」ではなく「高等教育」の中の「大学予備教育の確立」（第四編第三章の第二節）にある。筆者が問題にしたい点は、果たして高等中学校の構想は、帝国大学に接続することだけを想定していたのかという点である。次の例は、山口高等中学校の第一回卒業生の進路である。

一八九一年（明治二四）七月　第一回卒業生　村重俊槌　山口県平民　法科　大学へ留学、芳川太郎吉　山口県士族　文科大学へ留学、山中政亮　山口県士族　法科　山口地方裁判所職員、張　令紀　山口県士族　工科　山口学校・山口高等中学校教員、白根熊次郎　山口県平民　理科　豊浦学校教員

（『山口高等学校一覧　明治二十六年』六一丁、山口大学経済学部東亜研究所所蔵）

この場合、五人中三人が県内の裁判所職員と学校の教員に就職している。つまり高等中学校は設置区域にしても財政にしても学校設置後に基本的な性格を修正した点も多々あり、いわば学校設立が最初にあって、後から性格付けがなされていったとも考えられる。

(6) 田中智子『近代日本高等教育体制の黎明―交錯する地域と国とキリスト教界―』（思文閣出版、二〇一二年）。
(7) 山口県文書館所蔵。
(8) 永添、前掲書。
(9) 『私立防長教育会関係山口高等中学校一件』所収。
(10) 同前。
(11) 県令・原保太郎は、官名変更により一八八六年（明治一九）七月一九日に県知事となっている。
(12) 前掲『一件』所収。財団法人防長教育会『防長教育会百年史』（一九八四年）五一〜五二頁、山口高等商業学校『山口高等商業学校沿革史』（一九四〇年）一七三〜一七五頁。
(13) 前掲『防長教育会百年史』五四〜五五頁、前掲『山口高等商業学校沿革史』一七六〜一七八頁。
(14) 前掲『一件』所収。
(15) 同前。
(16) 文部省が商議委員を設置するよう指示した例として、大谷派本願寺経営尋常中学校の例がある。拙著、三九九頁。
(17) 前掲『一件』所収。
(18) 同前。
(19) 同前。
(20) 同前。

(21) 同前。

(22) 同前。

(23) 『一件』中には、最終的な管理要項が残されている。以下のとおりである。

山口高等中学校管理条項

第一項　山口中学校ヲ高等中学校ノ制ニ改メ文部大臣ノ管理トシ山口高等中学校ト称スル事

第二項　山口中学校在来ノ建物用地書籍器械其他学校付属ノ物品ハ総テ山口高等中学校ノ所有トナス事

第三項　私立防長教育会ハ山口高等中学校維持ノ為メ該会資金ノ利子等ヨリ毎年金一万九千円ヲ寄付シテ其経費ニ充ツル事

第四項　本校ノ経費不充分ニシテ増額ヲ要スルトキハ文部大臣ヨリ六箇月前山口県知事ニ通知シテ其補充ノ計画ヲ為サシメラルヽ事

第五項　本校ノ学科及其程度ハ文部省令第十六号ニ則トル事

第六項　山口県知事ハ本校重要ノ事件ヲ評議セシムル為メ私立防長教育会々員ヲシテ七名以内ノ商議委員ヲ選定セシメ文部大臣ノ認可ヲ経ルベキ事

第七項　商議委員ハ学校長及幹事ニ適当ナリト認ムル者ヲ選ヒテ之ヲ文部大臣ニ推薦スル事

第八項　商議委員ノ任期ハ五箇年ヲ以テ一期トシ期満ル後続任スルヲ得ル事

第九項　商議委員会ハ学校長之ヲ整理シ校長事故アルトキハ幹事之ヲ代理スル事

第十項　本校歳入出ノ予算ハ学校長之ヲ調整シ商議委員ノ議ヲ経テ文部大臣ノ認可ヲ要スル事

第十一項　歳出入ノ決算及地所家屋物品ノ増減ハ商議委員ノ審査ヲ経テ学校長ヨリ文部大臣ニ報告スル事

第十二項　本校ノ学事年報ハ商議委員ノ審査ヲ経テ毎年三月限リ学校長ヨリ文部大臣ニ出ス事

第十三項　本校職員ノ任罷進退職務等ハ高等中学校ノ例ニ準セラルヽ事

第十四項　私立防長教育会及本校ニ金円等ヲ寄付シタル者ハ其寄付金等ノ額ニ応シテ生徒若干名ヲ選ヒ其授業料ノ全額若クハ幾分ヲ免除スルヲ得ル事

但其方法及細則ハ別ニ之ヲ定ルモノトス

第十五項　高等中学校ノ目的規模等ニ変更ヲ生シ私立防長教育会ノ情願ニ背馳スル場合アルトキハ該会ハ第三項ノ寄付金ヲ止

ムルヲ得ル事

第十六項　文部大臣ハ学政上ノ都合ニ依リ本項ノ管理ヲ止メラルヽコトアルヘキ事

第十七項　前両項ノ場合ニ於テハ第二項山口中学校ノ所有タリシ建物等及第三項寄付金ノ支弁ニ係リタル物品等総テ山口県ニ交付セラルヽ事

なお、本草稿が管理要項の最終案だとする根拠は、一八九二年（明治二五）一一月九日付文部省への商議委員推薦において、

第六項　山口県知事ハ本校主要ノ案件ヲ評議セシムル為メ私立防長教育会々員ヲシテ七名以内ノ商議委員ヲ選定セシメ文部大臣ノ認可ヲ経（ママ）ベキ事

右ニ依リ目下商議委員トシテ大臣ノ認可ヲ得タルモノハ左ノ如シ（人名略）

とあり、商議委員の選定が山口県知事になっていることによる。

(24) 前村智子「資料紹介　造士館一巻（続）」（『尚古集成館紀要』第七号、一九九四年）一四三〜一四四頁。

(25) 前掲拙稿「文部大臣管理鹿児島高等中学造士館の地域性に関する一考察」。

あとがき

「はしがき」でも述べたように、前著では、文部大臣管理の鹿児島高等中学造士館と山口高等中学校の研究を課題として残していた。これらの課題についていえば、前著をまとめる前からすでに調査に着手していた。山口高等中学校の例でいえば、山口大学や山口県文書館に調査に出かけていた。論文にまとめようとした矢先、本書第三部第四章で紹介した『忠愛公伝』と同第五章で紹介した『私立防長教育会関係山口高等中学校一件』に出会った。膨大なこれらの史料群の分析を優先すべきであると判断して、論文化を先送りすることにした。

私には調査と解読・分析のための時間がさらに必要であった。

そんなとき、二〇一四年度に勤務校である大東文化大学から一年間の国内研究員に選出される幸運に恵まれた。この期間を利用して数回にわたって山口県・鹿児島県を訪問し、また史料の確証をつかんでいた長崎県と同県立大村高等学校にこちらも数回足を運ぶことができた。以後一〇年を経過したが、いずれも論文としてまとめることができたことを嬉しく思う。

ことに文部大臣管理の二高等中学校をひとまず形にすることができたことで、私が大学院生時代から取り組んできた諸学校通則第一条適用の府県管理中学校・文部大臣管理中学校の研究にピリオドを打つことができた。

この研究と同時に進めてきた「就学告諭」研究と「就学督責規則・就学規則」の研究は、中等教育史研究を中心的視点に据えてきた私にとって、視野を広げる上でかけがえのない機会であった。それは「はしがき」で述べたとおりである。誠に遅々とした歩みであったが、私のような歴史研究では、時間がかかることはありうることであると思っている。近年、学術研究に対し速効性を求める風潮・政策動向があるが、私はその動向に対して賛成できない。

次に本書掲載の元になった論文の初出は次のとおりである。いずれも大幅に加筆・修正した。

序章　「日本における国家の近代化と教育の近代化」（教育史学会第五四回大会国際シンポジウム『東アジアにおける教育の近代化とは何か』〈二〇一〇年一〇月九日・於早稲田大学〉での報告。『日本の教育史学』第五四集、二〇一一年）

（第一部）

第一章　「近代日本におけるアーティキュレーション形成史序説―一八七〇年代を中心に―」（『一八八〇年代教育史研究年報』第二号、二〇一〇年）

第二章　「就学告諭研究の課題と方法」（荒井明夫編『近代日本黎明期における「就学告諭」の研究』東信堂、二〇〇八年）

第三章　「就学告諭における『強迫性』の考察―就学『義務』論生成序説―」（荒井明夫・川村肇編『就学告諭と近代教育の形成―勧奨の論理と学校創設―』東京大学出版会、二〇一六年）

第四章　「（研究ノート）就学督責研究ノート（一）―一八七〇年代から一八八〇年代への教育構造転換に関する研究試論―」（『一八八〇年代教育史研究年報』第四号、二〇一二年）

第五章　「地域からの義務教育成立史の考察―山形県を事例にして―」（『大東文化大学紀要』第五八号、二〇二〇年）

（第二部）

第一章　「山形県における尋常中学校の成立」（神辺靖光編『明治期尋常中学校成立史―東日本編―』第五章、梓出版社、二〇一四年）

第二章　「私立尋常大村中学校の設立と性格に関する一考察―徴兵令認定中学校の性格に関する一断面―」（『地方教育史研究』第四四号、二〇二三年）

（第三部）

第一章　「鹿児島県における近代的中等教育機関の成立と展開―地域性に着目して―」（『大東文化大学紀要』第五四号、二〇一六年）

第二章　「文部大臣管理鹿児島高等中学造士館の地域性に関する一考察」（『地方教育史研究』第三八号、二〇一七年）

第三章　「鹿児島県管理尋常中学造士館の地域性に関する一考察」（『中等教育史研究』第二三号、二〇一六年）

第四章　「防長教育会の歴史的性格に関する一考察―資本金に着目して―」（『大東文化大学紀要』第六一号、二〇二三年）

第五章　「文部大臣管理山口高等中学校の『管理』に関する一考察」（『中等教育史研究』第三〇号、二〇二三年）

本書掲載の諸論文は、研究関心を共有する多くの研究者との共同研究がもとになっている。とりわけ、中等教育史研究会・第一次「就学告諭」研究会・第二次「就学告諭」研究会・就学史研究会、ではとくに多くのことを学び、またその結果、論文にまとめることができた。いちいちお名前は挙げないが深謝したい。

また、本書所収の論文執筆に際し、いうまでもなく、史料所蔵の各学校・図書館・文書館のお世話になった。関係者・各機関に深謝したい。

本書所収の論文を執筆した時期は、同時に勤務先の大東文化大学で、学科主任や文学部長・ラグビー部部長の要職にあり多忙を極めていた時期であった。その中でも研究を継続できたのも、文学部の各学科主任、東松山担当主任をはじめ、文学部の同僚の先生方、文学部事務室の職員のみなさん、大東文化大学研究推進室のみなさんのご援助・ご協力のお蔭である。感謝申し上げたい。

とりわけ二〇二三年四月一日にご着任になられた高橋進学長には、ご着任前からさまざまな問題で精神的にもサポートしていただいた。心から感謝申し上げる次第である。

二〇二〇年度から再スタートした第二次荒井ゼミに参加してくれたゼミの学生諸君とも楽しく厳しい学びを共有できた。学生諸君に感謝する。

また、筆者の高校時代からの友人でいつも激励してくれた関根茂久さんに感謝の言葉を贈りたい。

最後に、教育・研究および大学の要職にあって忙しい日々を支えてくれた妻・康江と、いつも激励してくれた長男・正輝、長女・小川亜梨沙、次女・江梨香、三女・真梨奈に感謝する。同じく本書掲載の論文を執筆していた時期は、九人の孫たちにも恵まれた。論文執筆がはかどらないとき、気分転換で遊びに誘ってくれた荒井勇翔君・翔真君、小川はなちゃん・真帆ちゃん・凪ちゃん・幹太君、荒井杏奈カロリーナさん・海ルシアーノ君・仁マルセロ君に感謝したい。

本書の刊行は、二〇二四年度独立行政法人日本学術振興会研究成果公開促進費（課題番号：24HP5133）を得た。

二〇二四年九月

町田市の寓居にて子どもたちと花々に囲まれて

荒　井　明　夫

索　　引

Ｉ 人　　名

あ　行

か　行

さ　行

た　行

な　行

は　行

ま　行

や　行

ら・わ行

Ⅱ　事　　項

あ　行

か　行

さ　行

た　行

な　行

は　行

ま　行

や　行

ら　行

著者略歴

一九五五年　東京都に生まれる

一九九一年　東京大学大学院教育学研究科博士課程修了、博士（教育学）

大東文化大学文学部専任講師、助教授を経て

現在　大東文化大学文学部教授

〔主要著書・編著〕

『明治国家と地域教育』（吉川弘文館、二〇一一年）

『就学告諭と近代教育の形成』（東京大学出版会、二〇一六年、共編著）

『近代日本における「就学告諭」の研究』（東信堂、二〇〇八年、編著）

明治前期の国家と地域教育

二〇二四年（令和六）十一月一日　第一刷発行

著　者　荒《あら》井《い》明《あき》夫《お》

発行者　吉川道郎

発行所　株式会社　吉川弘文館

郵便番号一一三―〇〇三三

東京都文京区本郷七丁目二番八号

電話〇三―三八一三―九一五一〈代〉

振替口座〇〇一〇〇―五―二四四番

http://www.yoshikawa-k.co.jp/

印刷＝亜細亜印刷株式会社

製本＝誠製本株式会社

装幀＝山崎　登

ISBN978-4-642-03935-2

荒井明夫著

明治国家と地域教育

府県管理中学校の研究

〈オンデマンド版〉Ａ５判・四五二頁

一六〇〇〇円

明治初期の文明化・近代化において、国家政策として提起された近代学校制度。民衆の支持基盤が不可欠だった地域の教育制度の創設・確立と学校造りの営みは、どのように展開したのか。全国のいくつかの府県管理中学校を通して、国家と地域との関係性のダイナミズムを解明。現代の「地域教育」のあり方に歴史的立場からの検証と問題提起をする。

（価格は税別）

吉川弘文館